AF218709

MODA
IN
MOR
TAL

A mi padre, que asistió a los primeros balbuceos de esta obra, pero no pudo verla terminada. Con su estilo intemporal, chic y un tanto singular, él dio forma al hilo conductor de este proyecto y me acompañó en todo el proceso de escritura, arropándome con místicos efluvios de tabaco y perfume Équipage.

BREVE ANTOLOGÍA DE LA MODA

MODA
IN
MOR
TAL

78 prendas esenciales
60 creaciones icónicas
22 estilos emblemáticos

BLUME

HAYLEY EDWARDS-DUJARDIN

VESTIRSE NO ES UN GESTO ANODINO

Las prendas que vestimos, segunda piel aceptada o no, nos relacionan
con el mundo. Nos protegen, nos embellecen, nos hacen sentir mejor.
Cuentan quiénes somos y nos transforman o nos camuflan. Dibujan
nuestros paisajes íntimos, pero también relatan nuestra historia social,
política, cultural y económica. Eso es la moda. Un fenómeno.
Una industria. Una norma. Una autoridad.

Sin embargo, no sabemos casi nada de nuestro vestuario. Hemos
olvidado su historia. La moda es así de ambivalente: es a la vez efímera
y duradera. Algunas prendas trascienden su época; otras, nacidas en
pasarelas y casas de alta costura, son mitos inalterables que narran
el imaginario de sus creadores y expresan sus sueños y referencias.

Buscar el origen de las piezas que banalizamos o que veneramos
es sumergirse en una historia confeccionada por hombres y mujeres
con retazos de cultura popular, frivolidad y reflexión; es honrar su valor,
ahora que parecen más corrientes que nunca. Cuando ensalzamos
la moda y la apariencia, ensalzamos al individuo.

PRIMERA PARTE

VESTUARIO

78 IMPRESCINDIBLES

CAMISETA BLANCA
COMO UN LIENZO

EMBAJADORES ···························· **MARLON BRANDO, JEAN SEBERG**

PASARELA ···························· **JIL SANDER, VIVIENNE WESTWOOD, DIOR**

Modesta prenda interior, cómoda, práctica
y universal en su origen, la camiseta blanca se
convierte, a mediados del siglo XX, en el prototipo
de los esenciales de la moda. Trivial y singular
a la vez, adopta sentidos diferentes en todas
las disonancias de la industria.

↑ Marlon Brando en *A Streetcar named Desire* (*Un tranvía llamado deseo*, 1951).

**«SIEMPRE HE PENSADO
QUE LA CAMISETA ES
EL ALFA Y EL OMEGA DEL
VOCABULARIO DE LA MODA».**

GIORGIO ARMANI

EN FORMA DE T

Ya en la Edad Media existía
una prenda interior con forma
de T. Modesta, resistente y
tosca, protegía el cuerpo de la
rugosidad de ciertos materiales
y, al mismo tiempo, impedía
que la grasa de la piel manchase
la vestimenta exterior. Estas
camisolas fueron reemplazadas
progresivamente por la camisa,
pero reaparecieron en el
siglo XIX de la mano de la
corriente higienista.

HEROÍNA DE GUERRA

La camiseta adopta su forma
moderna en 1898. El Ejército
estadounidense la integra en el
uniforme militar y hace de ella
casi una bandera, usándola a
menudo como prenda exterior
en los países más calurosos.
Tras la Segunda Guerra
Mundial, se incorpora a la
vida civil de la mano de una
iconografía triunfalista, en
la que los soldados lucen
camisetas ceñidas de una
virilidad sensual y ambivalente.

PRENDA AJUSTADA

Hollywood adopta esta
ambigüedad. Marlon Brando
se muestra en la gran pantalla
con una camiseta blanca
que subraya su musculatura
y dibuja su figura. Se apropian
de ella los hombres rebeldes,
las mujeres intrépidas,
los estudiantes formales y los
revolucionarios de Mayo del
68. Las feministas la llevan
sin sujetador y los gais la
convierten en aliado erótico.

ORIGEN LITERARIO

Se atribuye al escritor
estadounidense Francis Scott
Fitzgerald la primera mención
al término inglés *T-shirt*
(«camisa en forma de T»),
en la descripción del contenido
de una maleta en *This Side
of Paradise* (*A este lado del
paraíso*), obra de 1920.

CONTAMINACIÓN TEXTIL

La camiseta blanca es la prenda
absoluta: todo el mundo la
viste en todas partes. Quizá
demasiado. Lujosa cuando
se vende por cantidades
desorbitadas y ordinaria
cuando se compra al por
mayor a precio de ganga, la
camiseta blanca encarna toda
la moda. También sus defectos,
pues simboliza el impacto
medioambiental de la industria.

QUE LLEGUE EL MENSAJE

En la década de 1940, el
Ejército estadounidense
produjo las primeras camisetas
con eslogan, con los nombres
de los cuerpos militares y sus
campos de entrenamiento.
Entraron en el cine en 1948
gracias a un público que
estampó la primera camiseta
como promoción de su
campaña; después llegarían
las camisetas de Walt Disney,
los lemas contestatarios de la
década de 1960 y, por último, los
logotipos de las marcas de lujo.

TRANSMITA EL MENSAJE

1871
MARCA ICÓNICA
Nace
Fruit of the Loom

1898
PLEBISCITO MILITAR
La camiseta blanca de punto
se impone en el Ejército
estadounidense durante
la guerra contra México.

1901
SOCIO OFICIAL
Se funda la manufactura
textil Hanes, proveedora
del Ejército estadounidense.

1942
ESTRENO EN PRENSA
En la portada de la revista *Life*,
un soldado estadounidense
luce una camiseta con el
nombre de su campo
de entrenamiento.

1939
PUBLICIDAD
Primera camiseta promocional,
creada para el estreno de la
película *The Wizard of Oz*
(*El mago de Oz*).

1920
HONORES
Francis Scott Fitzgerald
establece el apelativo *T-shirt*
en su novela *This Side
of Paradise* (*A este lado
del paraíso*).

1948
CAMISETA CON MENSAJE
Durante las elecciones
presidenciales en Estados
Unidos, Thomas Dewey
promociona su candidatura
con camisetas con el lema
Dew-it-with Dewey
(«Hazlo con Dewey»).

1951
SEX SYMBOL
Marlon Brando y su ceñida
camiseta en *A Streetcar named
Desire* (*Un tranvía llamado
deseo*) enloquecen a las masas.

1960
EN PANTALLA
Jean Seberg deambula
por los Campos Elíseos
con su camiseta del *New
York Herald Tribune* en
À bout de souffle (*Al final
de la escapada*).

2017
POSICIONAMIENTO
Dior presenta sus camisetas
«We should all be feminists»
(«Todos deberíamos ser
feministas»), inspiradas por
las palabras de la escritora
Chimamanda Ngozi Adichie.

1984
MANIFIESTO IMPRESO
La diseñadora británica
Katharine Hamnett se reúne
con Margaret Thatcher vestida con
una camiseta contestataria: «58%
Don't Want Pershing» («Un 58 % no
quiere Pershings», en referencia a
una encuesta sobre estos misiles).

1977
MODELO MÍTICO
Primera camiseta
«I Love New York».

← The Ramones, en Santa Monica (1976).

↑ Camiseta de cuello redondo, Velva Sheen.

BAILARINA
DEL ESCENARIO A LA CIUDAD

| EMBAJADORAS | ············ | BRIGITTE BARDOT, AUDREY HEPBURN, KATE MOSS |
| PASARELA | ············ | VALENTINO, CHRISTIAN DIOR, MIU MIU |

En el siglo XVIII, la bailarina belga Marie-Anne de Cupis de Camargo retira de sus zapatillas de danza los tacones que lastran sus movimientos. Más práctico y ligero, el nuevo calzado propone una nueva femineidad: romántica, moderna y ambiguamente ingenua.

↑ Bailarinas Cendrillon, de Repetto.

«SI UN ZAPATO OS HACE SUFRIR, DESHACEOS DE ÉL».

CLAIRE MCCARDELL

LA INFLUENCIA DE LA DANZA

A principios del siglo XIX, las bailarinas utilizan ya zapatillas flexibles y planas, que mejoran con el tiempo para contribuir a la postura y la técnica. En Nueva York, Salvatore Capezio abre un taller especializado en este arte. La calle se inspira en las zapatillas de las escuelas de danza y se ponen de moda los zapatos sin tacón con lazos de corte romántico anudados en los tobillos.

DE LAS TABLAS A LA CALLE

El ruso Jacob Bloch, que abre su taller de zapatillas de baile en Sídney en 1932, es el primero que las llama «bailarinas», pero es en Estados Unidos donde toman la calle. Claire McCardell, pionera diseñadora de gusto minimalista, define el aire sencillo, elegante y cómodo al que aspira esta moda.

ESTILO DE POSGUERRA

En 1944, Salvatore Capezio diseña para McCardell unos zapatos adaptados a su colección de *prêt-à-porter*. En 1950, la bailarina ya es patrimonio de la moda: las jóvenes aprecian su toque discreto y ligeramente *garçon*, y lo prefieren al estilo más encorsetado propio de la posguerra. La actriz Audrey Hepburn es fiel a las bailarinas de Salvatore Ferragamo.

BAILARINA DE LUJO

En 1960, Fiamma Ferragamo toma las riendas de la marca de lujosos y originales zapatos homónimos con la que su padre, Salvatore, se había ganado a las élites internacionales. En 1978, diseña un modelo que inspira su forma en la bailarina, con un tacón cuadrado pequeño y un lazo de gorgorán en la parte delantera. Este superventas no ha dejado de reinventarse y es un icono de la casa.

ICONO PARISINO

En Francia, Brigitte Bardot pasea con las Cendrillon («Cenicienta»), diseñadas para ella por Rose Repetto en 1956. La *nouvelle vague* se apropia de la bailarina y esta se convierte en sinónimo del estilo parisino, relajado y engañosamente modoso. Es una identidad que se ha conservado hasta nuestros días, a caballo entre el romanticismo, la audacia y la sensualidad.

ESTADOUNIDENSE

Pionera de la moda estadounidense, Claire McCardell se adapta a las restricciones impuestas por la Segunda Guerra Mundial y concibe un vestuario femenino de piezas funcionales, sencillas y asequibles, en las que priman los materiales naturales. Los zapatos de ciudad sufren las restricciones del racionamiento, no así las zapatillas de baile. McCardell lanza la moda de las bailarinas de calle y esboza el estilo contemporáneo, simplificado, polivalente y activo que definirá la identidad de la moda estadounidense e influirá en diseñadores como Calvin Klein y Ralph Lauren.

CÁRDIGAN
LEYENDA URBANA

EMBAJADORES ················ KURT COBAIN, EDIE SEDGWICK, HARRY STYLES

PASARELA ················ CHRISTOPHER KANE, PRADA, JACQUEMUS

El cárdigan (o rebeca) es elegante y a la vez desenfadado. Es tan cómodo como coqueto, indefinición que seguramente guarda relación con su pasado aristocrático y funcional. El cárdigan se consolida en el siglo XIX, aunque tiene su origen en la indumentaria utilizada por los pescadores desde el siglo XVII.

↑ Cardigan con automáticos Le Classique, de Agnès b.

MITO GUERRERO

El cárdigan debe su posteridad a la batalla de Balaclava (Ucrania), librada en 1854, durante la guerra de Crimea. En aquella ocasión, James Thomas Brudenell, conde de Cardigan, decide cambiar el uniforme militar por una chaqueta de lana sin cuello, adaptada al clima y de más abrigo. Allí nace el mito de los supuestos éxitos militares del conde.

A LA FRANCESA

En 1979, Agnès Troublé (agnès b.), aburrida de sus sudaderas, decide cortar una por delante y añadirle unos botones a presión a modo de cierre. Nace así el prototipo de la prenda que llegará a convertirse en un cárdigan de algodón forrado con muletón. Es su prenda estrella, que la casa renueva cada año.

ÉXITO COMERCIAL

Los sastres aprovechan esta narrativa con fines comerciales y bautizan la chaqueta con el nombre del conde. Gracias a sus características de abrigo y comodidad, el cárdigan gana popularidad rápidamente, sobre todo en la aristocracia inglesa.

LA ÉLITE DEPORTIVA

En la década de 1920, se vincula al deporte de la mano de diseñadores como Lucien Lelong y Jean Patou, que crean prendas de lujo para esta práctica. Y de allí salta al armario femenino cuando Gabrielle Chanel propone un elegante traje de calle con chaqueta y falda de punto (*vease* pag. 203). En las décadas de 1930 y 1940, la prenda se democratiza entre las mujeres, en especial las estudiantes estadounidenses; por el contrario, para los hombres, sigue siendo el símbolo de la élite.

UNÁNIME

En la década de 1950, está por todas partes: desde los correctos estudiantes de la Ivy League (*véase* pág. 334) hasta los intelectuales germanoparlantes, pasando por las *pin-ups* (que la combinan con un top) y los bohemios *beatniks*. Las lesbianas lo convierten en emblema de su identidad sexual, mientras que la televisión lo asocia al patriarcado tranquilo y conservador. Fresco y serio a un tiempo, el cárdigan incluso puede ser decadente y *grunge* (*véase* pág. 338), como demostró Kurt Cobain al ofrecer su mítico concierto en la MTV ataviado con un cárdigan viejo y excesivamente grande.

MATICES

En España, a raíz del estreno de la película de Alfred Hitchcock *Rebeca* (1940), cuya protagonista viste chaquetas de punto, esta prenda empieza a conocerse como «rebeca». En concreto, se trata de una chaqueta femenina de cuello redondo, mientras que el cárdigan, de aire más deportivo, suele tener escote en pico.

GRUNGE PARA SIEMPRE

En 2019, el cárdigan verde oliva de Cobain para su concierto *Unplugged* de la MTV (1993) se vende en una subasta por 334 000 dólares.

JERSEY MARINERO

«EL MAR NAVEGA AL HOMBRE»

| EMBAJADORES | ·················· | ANDY WARHOL, PICASSO, GABRIELLE CHANEL |
| PASARELA | ·················· | BALMAIN, JEAN-PAUL GAULTIER, JACQUEMUS |

En Francia, hasta el siglo XIX, mientras que los oficiales de la Marina tienen derecho a un uniforme, los marineros rasos embarcan con sus vestimentas personales. En 1858, una orden ministerial define el atuendo reglamentario de la tripulación y su nueva silueta: cuello marinero, blusa marinera, pantalón con doble botonadura, chaquetón marinero y jersey de rayas azules y blancas.

↑ Jersey marinero bretón clásico, de Le Minor.

JERSEY DE RAYAS

En el siglo XX, la élite emancipada se pavonea en las playas francesas con jerséis marineros de algodón. Según el reglamento de 1858, las mangas deben ser de tres cuartos, de forma que queden ocultas debajo de la blusa marinera. Reducir el color azul a unas escuetas franjas permite ahorrar en el uso del costoso tinte añil.

EL JERSEY EN CIFRAS

1858: en Francia, una orden ministerial define la estética del jersey de rayas.

21 rayas blancas: 20 milímetros de ancho en el tronco, 15 milímetros en las mangas.

20 o 21 rayas azules: 10 milímetros de ancho en el tronco, 14 o 15 milímetros en las mangas.

«AQUEL JERSEY MARINERO DE RAYAS ERA TAN PODEROSO COMO LA PIEL DE UN LEOPARDO. MÁS AÚN: ERA EL PROPIO ANIMAL AGAZAPADO EN SÍ MISMO».

JEAN GENET

VIENTO EN POPA

Desde finales del siglo XVIII, la ropa infantil toma elementos prestados del mundo marino. En la *belle époque*, con el desarrollo del ocio vinculado a los balnearios, las mujeres se apropian de las formas y los motivos del uniforme marinero y lo convierten en fuente de ensoñaciones: es la aventura, la libertad, la sensualidad. Incluso en el siglo XX, lucir referencias náuticas es atribuirse una suerte de independencia.

ELEGANCIA BOHEMIA

En la década de 1920, se populariza el jersey marinero. El artista japonés Foujita lo viste en el París bohemio y después lo hacen Pablo Picasso y Andy Warhol. Coco Chanel parece recrear en sus suéteres la apariencia algo extraña de las blusas marineras y ella misma, en la década de 1930, presenta un conjunto de jersey de rayas y pantalón.

ENCANTO EN PANTALLA

Tras la Segunda Guerra Mundial, el jersey marinero llega al cine gracias a la *nouvelle vague*: lo lucen Jean Seberg y Brigitte Bardot.

BELLEZA CARNAL

Mientras que en la mujer adquiere toques recreativos, en el hombre alimenta las ilusiones homoeróticas, como en las novelas *Der Tod in Venedig* (*La muerte en Venecia*), de Thomas Mann; y *Querelle de Brest* (*Querella de Brest*), de Jean Genet.

CALENTITO

En 1850, Léon Legallais funda una hilandería en Saint-James (en Normandía); a finales de siglo, confecciona camisas largas de lana, similares a jerséis, que llama *chandails de marin*, en referencia a los que vestían esa prenda originariamente, los *marchands d'ail* o vendedores de ajo (tal es el origen de la palabra española «chándal»). La Marina francesa se convierte en su principal cliente: rayas para la marinería, jersey liso para la oficialidad.

CUERPO Y MOTIVOS

UNA HISTORIA DE MOTIVOS

Desde la prehistoria, hombres y mujeres han adornado las telas con las que se visten tejiendo hilos teñidos o estampando motivos con la ayuda de plantillas o de piezas de madera grabadas. Estas técnicas nacieron en la India y se desarrollaron en Oriente antes de llegar a Europa, que, ansiosa por imitar los paños importados, fundó sus primeras manufacturas de estampado textil en el siglo XVII.

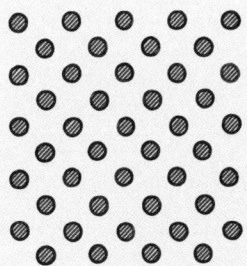

LUNARES

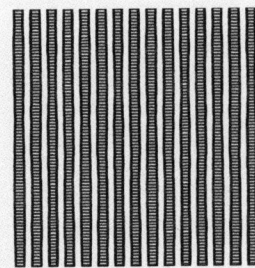

RAYAS

VICHY

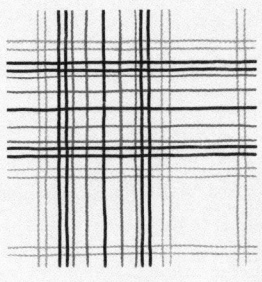

TARTÁN

PATA DE GALLO

CEBRA

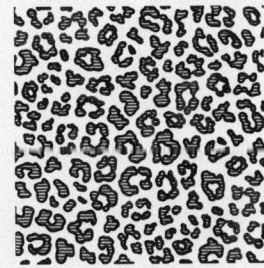

LEOPARDO

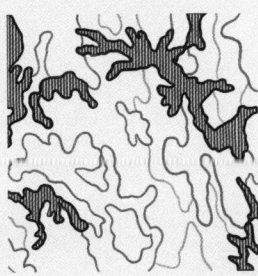

CAMUFLAJE

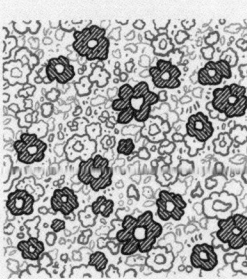

LIBERTY

↑ **Botas 1460**, de Dr. Martens.

→ **Punk británico**, en el Reino Unido (1982).

DR. MARTENS
MODA A PATADAS

EMBAJADORES	PETE TOWNSHEND, DREW BARRYMORE
PASARELA	PERRY ELLIS, JEAN-PAUL GAULTIER

Hacia 1946, el médico alemán Klaus Märtens concibe, con el ingeniero Herbert Funck, unas suelas ortopédicas con cámara de aire, las Doc Maertens. Tras una guerra que había aprisionado los pies de los hombres en botas militares y los de las mujeres en zapatos de madera, estas suelas son un soplo de aire fresco.

↑ **Pete Townshend,** guitarrista de The Who (1975).

«ERAN RESISTENTES Y FLEXIBLES, PERFECTAS PARA SALTAR. SENTÍA QUE VOLABA».

PETE TOWNSHEND (THE WHO)

EL CALZADO TRABAJADOR

En el Reino Unido, la R. Griggs Company consigue la licencia exclusiva de la suela, la acanala y la usa para fabricar unos botines redondeados de cuero rígido, pespunte amarillo y lengüeta con el lema: «AirWair with bouncing soles» («AirWair con amortiguación»). Son las Dr. Martens 1460, nombre con el que homenajean a su inventor y a su fecha de creación: el 1 de abril de 1960. Funcionales, las botas seducen a los obreros y a los trabajadores del metro de Londres.

ARMA FATAL

Pero las contraculturas también toman nota. A mediados de la década de 1960, son adoptadas por los cabezas rapadas ingleses, que ven en su carácter obrero un símbolo de sus reivindicaciones. Además, las botas imponen: les permiten «crecer» unos centímetros. Han encontrado su público y las ventas se disparan.

DEL PUNK...

En la década de 1970, son el elemento esencial del estilo punk (*véase* pág. 328). Esta tribu valora su estética militar casi amenazadora. También es unisex y personifica la rabia, el anticonformismo y la ferocidad de su música.

RABIA EN LAS TRIPAS

Los cabezas rapadas tienen su origen en la clase obrera del este de Londres y de las ciudades industriales inglesas. Herederos de los *mods,* prefieren la música ska y el rocksteady, estilos de los *rude boys* jamaicanos. A finales de la década de 1970, una parte del movimiento —violento desde sus inicios— cae en el fascismo y el extremismo, y esta es aún la identidad que se le asocia.

... AL *GRUNGE*

Inspiradas por el punk, en la década de 1980, la mayor parte de las corrientes musicales alternativas de Estados Unidos calzan Dr. Martens. En 1990, entra en el *grunge* con la lazada

deshecha y la lengüeta suelta, y confiere un vocabulario propio a esta juventud revuelta.

HISTORIA INTERMINABLE

Las Dr. Martens sufren el desprecio de la década de 2000, tan ostentosa, antes de regresar como objeto de culto en 2010. Renace la deconstrucción, pero con un ánimo más brutal. Y aunque las marcas de lujo proponen versiones prohibitivas, los jóvenes se vuelcan en el modelo original y asequible.

BANDA CALLEJERA

Los *skinheads* han dado mala fama a las Dr. Martens, ya que la simbología de su vestuario las ha erigido en alegoría de la violencia y el fascismo. En *A Clockwork Orange* (*La naranja mecánica,* 1971), Stanley Kubrick calzó con Dr. Martens a sus perversos y salvajes protagonistas, los «drugos», liderados por Alex DeLarge.

CUELLO VUELTO
UNO PARA TODOS

EMBAJADORES	STEVE JOBS, ANDY WARHOL, HALSTON
PASARELA	GUCCI, MAX MARA, YVES SAINT LAURENT

Cuando el cuello vuelto o cisne aparece a finales del siglo XIX, con todas sus cualidades térmicas y prácticas, es adoptado rápidamente por los deportistas y por el mundo náutico, al igual que ya había ocurrido con el cárdigan y los jerséis.

↑ Angela Davis, *fotografiada por Bernard Gotfryd* (1974).

CUELLO ALTO

Las prendas de cuello alto se popularizan en el Renacimiento. Ocultar el cuello es una forma de protegerlo, de disimularlo o de acentuar el aire de nobleza, y las personas más poderosas muestran cuellos tan fantasiosos como las extravagantes golas. A partir del siglo XVII, las mujeres descubren la garganta, mientras que los hombres siguen apreciando la elegancia de un buen pañuelo o una chalina. A finales del XIX, el cuello alto se despoja de los hábitos aristocráticos y apuesta por la funcionalidad.

JERSEY DE ESCÁNDALO

Tras el estreno de *They Won't Forget* (*Ellos no olvidarán*, 1937), en la que Lana Turner lleva un suéter ceñido, la actriz es conocida como *sweater girl* o «chica del jersey», un apelativo que señalaba su atractivo sexual. La expresión se populariza en la década de 1950, con la aparición de los sujetadores cónicos. Se explota la feminidad: es la década de las *pin-ups* con mallas y cuellos vueltos ambiguamente modosos.

CUELLO DEPORTIVO

La cantidad de escote que se descubre depende de la moda del momento, si bien parece que los hombres son más propensos a cubrirse el pecho que las mujeres. A finales del siglo XIX, el cuello cisne se hace muy popular entre los deportistas, sobre todo los jugadores de polo, y en el ámbito náutico.

CANALLA Y SEXI

En la década de 1920, libre de yugos y conservadurismos, el cuello cisne entra en el vestuario cotidiano. Lo asimilan los hombres de la alta sociedad canalla, así como algunas feministas que aprecian su aire andrógino. En la década de 1950, su sentido cambia: para los hombres, es sinónimo de masculinidad indolente; las mujeres lo usan para acentuar la forma cónica del pecho.

UNISEX Y POLIVALENTE

La década de 1960 derriba tales estereotipos. Unisex, esquemática y minimalista, es una prenda de lo más común, pero sobre todo es polivalente: puede ser tan intelectual como los filósofos que frecuentan Saint-Germain-des-Prés o conferir un aire futurista a los obnubilados por la era espacial (*véase* pág. 266), y es tan *cool* para los *mods* londinenses (*véase* pág. 304) como militante para los Panteras Negras (*véase* pág. 340). Se alía con las mujeres modernas, con los exploradores, como Jacques Cousteau, y con Halston (*véase* pág. 219) y otros diseñadores del estilo disco.

¿UN CISNE ESQUIZOFRÉNICO?

Es moldeable, se adapta a todos. En la década de 1960 se normaliza hasta el punto de ser omnipresente e invadir incluso el severo entorno laboral: al hombre se le permite ya abandonar la camisa (*véase* pág. 166) y la corbata (*véase* pág. 182). Las feministas también lo incorporan a su vestuario, pues, aunque subraya las curvas, disimula el cuerpo con generosidad. Es un básico discreto que deja al individuo expresar su singularidad.

CORPORATIVO

En la década de 1980, Steve Jobs visita la sede de Sony en Japón, cuyos empleados visten un depurado uniforme de Issey Miyake. Jobs decide encargar al diseñador una línea de jerséis de cuello vuelto para Apple. Así nace el característico estilo de la compañía, sencillo pero perfectamente identificable, y que, sin eclipsar del todo al individuo, le confiere una imagen corporativa.

← **Michael Douglas,** *con cuello vuelto y chaqueta de ante.*

↑ **Jersey de cuello vuelto de cachemira,** de Tricot.

POLO
LOGOTIPO DEPORTIVO

EMBAJADORES ················· PAUL NEWMAN, AMY WINEHOUSE

PASARELA ················· MARNI, FENDI, PRADA

El polo adopta, en la década de 1920, la forma
con la que lo conocemos en la actualidad: una prenda
de punto de manga corta, con cuello abotonado.
Anteriormente, el polo era una camisa cómoda,
nacida en la India, en los terrenos deportivos
de los colonos británicos.

↑ Carlos de Inglaterra, *durante un partido de polo en el Gran Parque de Windsor.*

«¡INVENTOR! ESA ES LA PROFESIÓN QUE PONDRÍA EN MI TARJETA DE VISITA. LLEVO TODA LA VIDA INVENTANDO».

RENÉ LACOSTE

AL GALOPE

En el siglo XIX, los soldados
británicos destacados en la India
juegan al polo con una camisa
de algodón de cuello abotonado,
que les permite una mayor
comodidad. A finales de siglo,
la marca estadounidense Brooks
Brothers acerca la prenda
al gran público y la convierte
en una pieza indispensable
del estilo americano.

MALA REPUTACIÓN

El polo Fred Perry sufre
las consecuencias de su
fagocitación por grupos
extremistas como los cabezas
rapadas neonazis de finales
de la década de 1970, que eligen
el polo M12 con ribete doble,
o los *proud boys*, que visten
el modelo con ribete amarillo.
Fred Perry suspende la venta
de este último modelo en
Estados Unidos y Canadá para
desmarcarse del neofascismo.

EL COCODRILO

En 1926, el tenista francés René
Lacoste, que va a competir en
el Open de Estados Unidos,
encarga a un sastre varias
prendas con cuello flexible
y manga corta, para no tener
que remangarse. Algunas
son de lana; otras, de
algodón piqué, que ayuda
a la transpiración del cuerpo.
Además, añade a la chaqueta
el logotipo concebido por
su amigo Robert George:
un cocodrilo, homenaje al
apodo por el que era conocido
en la cancha.

POLOS A TODO COLOR

El polo seduce a los demás
tenistas y, en 1933, Lacoste
se asocia con el fabricante
textil André Gillier para
comercializarlo a gran escala.
En la década de 1950, la marca
amplía su gama de colores
y el polo se convierte en la
bandera de los privilegiados,
siempre elegantes incluso
cuando están relajados.

LAURELES, COCODRILOS Y CABALLOS

El tenista británico Fred Perry,
de clase obrera, acerca el polo
a las masas populares. En
1952 crea su propia versión,
adornada con una corona de
laurel, un distintivo con el que
proclama su legitimidad frente
a la alta sociedad. En la década
de 1970, los *mods* londinenses y
los cabezas rapadas adoptan el
polo para subvertir los blasones
de la burguesía, al igual que
harán los raperos franceses
en la década de 1980 con el
polo Lacoste y los cantantes
estadounidenses de hiphop
(*véase* pág. 316) en la de 1990,
con el polo Ralph Lauren.

CHIC

Con la presentación de su
polo en 1972, Ralph Lauren
vincula el tenis con el deporte
que da nombre a la prenda:
su logotipo es un jugador de
polo a caballo. Y es una forma
de subrayar el valor elitista de
su modelo.

TIERRA BATIDA

SIGLO XIX

ATUENDO DEPORTIVO

En la India, se desarrolla la práctica del polo y los jugadores visten una camisa con cuello abotonado.

1926

EN LAS PISTAS DE TENIS

Para el Open de Estados Unidos, y dar mayor libertad a sus movimientos, René Lacoste cortó las mangas a su camisa y nació el polo deportivo: la camisa (*chemise*) Lacoste.

1927

LOGOTIPO ICÓNICO

Nace el cocodrilo de Lacoste.

1955

EN LA GRAN PANTALLA

Sidney Poitier viste un polo Fred Perry en *Blackboard Jungle* (*Semilla de maldad*).

1952

LOGOTIPO ICÓNICO

Fred Perry lanza su polo con corona de laureles.

1933

LOS ALBORES DEL ÉXITO

René Lacoste comercializa su polo.

1972

MODELO EMBLEMÁTICO

Ralph Lauren presenta su versión, con el célebre logotipo del jugador de polo a caballo, que rinde homenaje a su línea Polo, lanzada cinco años antes.

1988

BANDA ORGANIZADA

Nace el movimiento *lo-life*, devoto de Ralph Lauren y que organiza asaltos a centros comerciales neoyorquinos para robar prendas de la marca.

2016

AFIRMACIÓN IDEOLÓGICA

El grupo neofascista *proud boys* elige el polo negro con ribetes amarillos de Fred Perry como bandera contra la multiculturalidad.

2020

DECISIÓN POLÍTICA

Fred Perry retira de la venta su polo negro y amarillo en Estados Unidos y Canadá.

2017

EN LA GRAN PANTALLA

Timothée Chalamet viste un polo Lacoste en *Call Me by Your Name* (*Llámame por tu nombre*).

← **René Lacoste,** *en el torneo sobre pista dura North London* (13 de abril de 1929). ↑ Polo original L.12.12, de Lacoste.

BOTA AMARILLA
CLIENTES POR SORPRESA

EMBAJADORES	RIHANNA, JAY Z, JENNIFER LÓPEZ
PASARELA	MOSCHINO, MOWALOLA, CELINE

En 1952, Nathan Swartz empieza a comprar acciones de un fabricante de zapatos. Tras hacerse con toda la empresa, se instala en un entorno natural imponente y expuesto a un clima extremo, y se concentra en la creación de un calzado práctico y resistente a los elementos más feroces.

↑ Bota 6-Inch impermeable, de Timberland.

«CON MI CUERO Y MIS TIMBS, COMO SI FUERA 1998».

DRAKE

UNA IDEA: IMPERMEABILIDAD

El problema es de primer orden y Swartz decide innovar: sustituye las costuras que unen la suela con el cuero por un sistema de moldeado por inyección. En 1973, su hijo Sidney concibe una bota impermeable de piel amarilla de nobuk, forro también de piel y suela dentada. Destinada al cliente masculino, sale al mercado con el nombre Timberland y gana adeptos entre los trabajadores y entre quienes buscan un calzado adaptado a la vida al aire libre.

IMITACIÓN TIMBERLAND

En 2002, la marca de calzado chic Manolo Blahnik presenta sus zapatos Oklamod, que tienen el aspecto de unas Timberland con tacón. Las lucen en sus videoclips Jennifer López, Beyoncé y otras estrellas femeninas del rhythm and blues. El éxito es mundial y demuestra que el calzado obrero puede entrar en el mundo del lujo.

TRIUNFO INMEDIATO

Es tal el éxito que, en 1978, la familia Swartz cambia el nombre de su marca por el de la bota y a esta última la llama Yellow Boot, «bota amarilla». En la década de 1980, la compañía se abre al mundo de la moda y empieza a exportar sus creaciones a Europa (a Italia en primer lugar) y a abrir sus propias tiendas. No obstante, el verdadero despegue llega en la década de 1990: la bota seduce a los seguidores de un género musical de gran influencia, el rap.

EMBAJADORES NO DESEADOS

De la naturaleza a la cultura popular no hay más que un paso: el de los camellos de los guetos neoyorquinos, que calzan Timberland para ejercer su negocio. Desde el momento en el que entra en la contracultura, la bota amarilla sube inevitablemente a lucirse al escenario del rap, donde incluso se le dedican canciones. Este empujón comercial no agrada a la marca, que prefiere que su imagen siga asociada a la del trabajador de toda la vida. Pero resulta difícil ignorar un fenómeno que permite triplicar las ventas.

EXPLÍCITO

El nombre Timberland procede, por un lado, de la palabra inglesa *timber*, que designa a la madera para fabricar estructuras o vigas; así, también es el grito con el que los leñadores advierten de la caída de un árbol. *Land*, significa «tierra». ¡El cliente potencial está claro!

MULTICULTURAL

Los fans imitan a sus ídolos, incluso las chicas. Timberland ya no puede ignorar que, aparte del leñador y del obrero blanco, es la comunidad afroamericana la que garantiza su éxito comercial.

CAMISA DE LEÑADOR
DEL BOSQUE AL DESFILE

EMBAJADORES ·············· KURT COBAIN, GWEN STEFANI, AXL ROSE

PASARELA ·············· DRIES VAN NOTEN, BOTTEGA VENETA

Los paños de cuadros están presentes en la historia
textil desde el siglo XVI. En Escocia se confecciona el
tartán, mientras que en la India se fabrica, desde
el siglo XVII, un algodón de rayas llamado «madrás».
En Estados Unidos, el gusto local se inclina
por una franela de lana inspirada en el tartán.

↑ Camisa *vintage* de lana, de Pendleton.

LEÑADORES

En 1850, la empresa Woolrich
Woolen Mills presenta su
Buffalo Check: es una camisa
de cuadros de franela que evoca
el tartán de los trabajadores
escoceses del siglo XVIII.
A finales de siglo, le añade
motivos y coloridos variados,
que tienen buena acogida
entre los deportistas.

OBREROS

Tras la Segunda Guerra
Mundial, la camisa de leñador
cruza las fronteras sociales: los
padres de familia la utilizan
los fines de semana, señal de
que ya es popular en la sociedad
del ocio estadounidense.
Con la cultura *hippie* (*véase*
pág. 326) de finales de la década
de 1960, se erige en reina de la
concepción proletaria y utopista
de la vida en la comuna. En la
década siguiente, la comunidad
homosexual de San Francisco
la adopta como símbolo de
una virilidad exacerbada.

INSIGNIA *GRUNGE*

La década de 1990
representa la edad de oro
de la camisa de leñador.
El movimiento musical *grunge*
(*véase* pág. 338) adopta su
propio estilo: pantalón vaquero
(*véase* pág. 136), deportivas
usadas (*véase* pág. 92),
camiseta amplia (*véase* pág. 10)
y camisa de leñador comprada
en cualquier tienda de
segunda mano.

MODA DE APAÑO

El *grunge* es un estilo funcional.
En su origen, los jóvenes con
pocos recursos adquieren esta
ropa por necesidad, pero el
atuendo acaba por propagarse
como una señal identificable
y colectiva. Anudada a la
cintura o abierta sobre una
camiseta vieja, la camisa
de leñador se convierte en
unisex y forja una moda.

«ANTES MUERTO QUE *COOL*».

KURT COBAIN

ANTIMODA, ¿O NO?

Cuando las marcas absorben
el estilo *grunge*, las deslucidas
camisas de segunda mano
se convierten en piezas
inmaculadas, que invaden
el mercado mundial. Algunos
diseñadores se arriesgan, como
Marc Jacobs para Perry Ellis.
Y fracasan: la camisa de leñador
ha nacido de la necesidad y la
moda no tiene nada que ver
con ella. Sin embargo, en
Japón, la prenda es un icono
del *streetwear* y marcas de culto
como como Pendleton o Bode.

COLOR LOCAL

Las primeras huellas del
madrás se remontan al siglo XVI,
en Chennai (India): se trata
de un tejido de fibra de
bananero, que evoluciona hasta
convertirse en un paño ligero
de algodón. Los ingleses lo
exportan y, en el siglo XVIII,
se populariza en Europa y sus
colonias. Se asocia a las Antillas,
donde el tejido llega con la mano
de obra india en el siglo XIX, tras
abolirse la esclavitud.

↑ *Getas* japonesas tradicionales.

→ **Barrio de Kinosaki**, en la ciudad japonesa de Toyooka (2022).

GETA
LA SINFONÍA DE LAS SUELAS DE MADERA

EMBAJADORES	·········	KANSAI YAMAMOTO, SAYOKO YAMAGUCHI
PASARELA	·········	PRADA, CHRISTIAN DIOR, KENZO

La *geta* aparece en Japón por influencia china. Heredera de la sandalia de madera de la Antigüedad, este calzado, que se desarrolla en la Edad Media, es a la vez elitista y popular. Permite elevarse sobre el suelo, por razones simbólicas y también por una cuestión práctica.

↑ Un hombre posa en el jardín de la residencia de la familia Asaka, en Tokio (1926-1927). *Colección del Museo Albert-Kahn.*

«ADORO EL TAP, TAP, TAP DE LAS SUELAS DE MADERA».

MAURICE CHEVALIER

PLATAFORMA SOCIAL

En la época feudal japonesa, esta sandalia de madera con soportes en la suela es patrimonio de las élites, las *geishas* y los vendedores de pescado. La alta sociedad reafirma su poderío y se eleva, imponente y elegante, sobre *getas* muy altas y laqueadas; las *geishas* evitan que sus caros kimonos se dañen al rozar el suelo; y los vendedores de pescado protegen sus pies del contacto con los desechos.

CALZADO CON DIENTES

La *geta* consiste en una plataforma de madera, que reposa sobre uno o varios dientes llamados *ha* (normalmente dos). Una tira de tejido —el *hanao*, a veces confeccionado con tela procedente de un kimono— sujeta el pie entre los dos primeros dedos. Esta sandalia es el complemento habitual del *yukata*, el kimono informal de algodón; también puede combinarse con calcetines *tabi*.

PASOS LLAMATIVOS

La *geta* se calza dejando que los talones sobresalgan ligeramente, con el fin de equilibrarse y no bascular sobre los dientes. Esto genera un paso ordenado, al que acompaña el sonido rítmico que las sandalias producen al chocar contra el suelo. Es una buena forma de llamar la atención...

DE EXTREMO ORIENTE

La diseñadora japonesa Hanae Mori presenta su primera colección de *prêt-à-porter* en Nueva York en 1965. Mori vincula la tradición japonesa y la moda occidental, difundiendo su cultura mientras adula el gusto bohemio chic de la élite estadounidense. En 1977, se convierte en la primera mujer en ingresar en la Cámara Sindical de la Alta Costura parisina.

MEZCLA DE GÉNEROS

La *geta* ha caído en desuso. Sin embargo, muchas personas la reivindican y la combinan con estilos de la moda europea. La recuperación de los zapatos con plataforma (*véase* pág. 131), tan populares en la década de 1970, no es ajena a esta asimilación de lo viejo y lo nuevo. Tan poética como rústica, la *geta* sobresale sin apabullar.

OBJETO DE CULTO

En su colección de primavera / verano de 1989, Martin Margiela presenta su primer botín Tabi, inspirado en el *jikatabi* (el calzado japonés a medio camino entre un zapato y un calcetín, en el que el dedo gordo queda separado de los demás). El Tabi, icono de la casa, que se renueva constantemente, desafía los principios estéticos del calzado y el canon de belleza occidental.

SARONG
UNA FALDA PARA TODOS

EMBAJADORES	DOROTHY LAMOUR, YOHJI YAMAMOTO
PASARELA	JEAN-PAUL GAULTIER, MICHAEL KORS

Quizás la sociedad occidental pueda considerar el pantalón como una prenda imperativa en el hombre, pero carece de autoridad en otras muchas culturas. En el sur de Asia, así como en el continente africano y en la gran mayoría de las islas del Pacífico, es costumbre vestir un paño anudado a la cintura a modo de falda.

↑ *Sarongs* tradicionales indios de algodón.

DESOBEDIENTE

En 2021, en Myanmar (antigua Birmania), el *sarong* se convierte en un arma de resistencia contra la Junta Militar. Las feministas cuelgan sus *htamein* tradicionales en cuerdas y cables eléctricos. ¿La razón? En la cultura local, pasar bajo una prenda que la mujer vista por debajo de la cintura trae mala suerte al hombre y a su virilidad. Los soldados no se arriesgan.

CUBRIR EL CUERPO

El *sarong*, palabra inglesa procedente de *sarung* —vocablo malayo e indonesio que significa «cubrir»—, era originariamente la vestimenta de los marineros de Malasia. Es posible que llegara a Asia con los musulmanes indios, aunque en el continente se registran muchas variantes ya desde la Antigüedad. Formal y corriente a un tiempo, cada cultura lo reviste de sus propios símbolos y costumbres. En Indonesia, es una prenda de calle unisex.

UN *SARONG* PARA CADA UNO

Confeccionado con algodón o con seda, sus coloridos motivos y estampados se logran mediante técnicas de impresión tradicionales, como el *ikat* o el batik. El *sarong* se anuda con firmeza a la cintura —en las mujeres, a veces por debajo de los brazos— y forma de esta manera un tubo apretado en la parte inferior del cuerpo, que llega hasta los tobillos.

FETICHISMO ORIENTALISTA

En la década de 1930, Hollywood convierte la prenda en la encarnación del exotismo, que subraya tanto la sensualidad de las actrices como la iconografía inspirada en otras culturas. Dorothy Lamour es la primera en vestir algo parecido a un *sarong*, en *The Jungle Princess* (*La princesa de la selva*) —en realidad, era una tela drapeada ceñida a las caderas que dejaba sus piernas al descubierto—. Quimera orientalista,

la prenda se reinterpreta y redefine según el criterio occidental, hasta el punto de llegar a significar «un pareo de playa».

TIEMPO PARA VESTIRSE

El *sarong* sigue siendo un bien tradicional que narra la alianza entre géneros: es una prenda masculina y femenina. Y no solo nace del trabajo artesano:

EN LA ARENA

En Tahití nace una prenda parecida al *sarong*, el pareo (del tahitiano *pāreu*). En su origen, la palabra designa solamente los paños anudados vestidos por las mujeres, mientras que, en el caso de los hombres, estas telas se llaman *maro*. Con el paso del tiempo, todos los paños de la isla se denominan pareos.

TROTAMUNDOS

El *sarong* tiene muchos nombres.
Arabia Saudí: *futa.*
Sri Lanka: *saram.*
Somalia: *macawis.*
Malasia: *kain.*
Filipinas: *malong.*
Sudáfrica: *kikoi.*
Brasil: *kanga.*
India: *lungi.*
Camboya: *sampot.*
Hawái: *kikepa.*

también exalta el acto de vestirse, de tomarse el tiempo de tocar, doblar, anudar y honrar el tejido que cubre el cuerpo.

← Ali MacGraw (1972).

↑ Sombrero de pescador Adicolor Trefoil, de Adidas.

SOMBRERO DE PESCADOR
ENTRE LO ALEGÓRICO Y LO MUNDANO

EMBAJADORES	RUN-DMC, JANET JACKSON, LAUREN HUTTON
PASARELA	FENDI, PRADA, VALENTINO

El sombrero de pescador actual parece tener su origen en los gorros usados por los pescadores y agricultores irlandeses a finales del siglo XIX. Es un sombrero práctico, ligero, impermeable y con un ala que protege del sol. Y lo más importante: cabe en el bolsillo, detalle que no se le escapó al Ejército estadounidense.

↑ **Pescador** de Estados Unidos (década de 1930).

UN LUGAR EN EL SOL

Durante la Segunda Guerra Mundial, el Ejército de Estados Unidos elige el sombrero de pescador para proteger a sus soldados del sol. En la guerra de Vietnam, se populariza el *boonie*, de ala más rígida y muy deseado por los aficionados a las tiendas de efectos militares.

ACCESORIO IDENTITARIO

Aparte de su uso funcional, el pescador reviste una simbología cultural y a veces también política. En Israel, el *tempel*, de origen turco, se convierte a partir de la década de 1940 en el distintivo de los primeros colonos, que promulgan la ideología socialista y la vida agreste. En Sudáfrica se llama *ispoti* y caracteriza a los bailarines de *pantsula* en los arrabales de Johannesburgo.

CLASE TURISTA

La juventud estadounidense, en especial la de la contracultura, encuentra en este complemento un medio de expresión de su desidia y rebeldía, a imagen del escritor Hunter S. Thompson. Por su parte, la televisión propone un arquetipo descerebrado y popular: el protagonista de la telecomedia de la década de 1960 *Gilligan's Island* (*La isla de Gilligan*). Porque el sombrero de pescador también es el turista, el pequeño burgués, el Tour de Francia... Representa lo subversivo y lo proletario.

ROBERT...

La leyenda dice que un tal Robert inventó el sombrero de pescador en 1924, y de ahí que, en muchos idiomas, se conozca como *bob*, diminutivo del nombre de su padre putativo.

> **«LA MEJOR FORMA DE LLEVAR UN SOMBRERO DE PESCADOR ES INCRUSTÁRSELO EN EL CRÁNEO Y NO MIRARSE EN EL ESPEJO».**
>
> STEPHEN JONES, SOMBRERERO BRITÁNICO

EL IMPULSO DEL HIPHOP

A finales de la década de 1970, se populariza de la mano del hiphop (*véase* pág. 316) y la juventud lo descubre en las cabezas de raperos como Run-DMC o la banda Sugarhill Gang. Las mujeres lo usan para expresar indolencia. Ahora que lo *kitsch* y lo cotidiano han entrado en la moda y son más populares que nunca, el sombrero de pescador puede reconciliar sus dos identidades: pasado de moda y pura tendencia.

... O ROBERTS

Otros consideran que *bob* procede del apodo con el que los franceses llamaban a los soldados estadounidenses de la Segunda Guerra Mundial: los Roberts. Sus sombreros de ala ancha empezaron a conocerse con el mismo nombre.

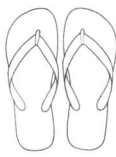

CHANCLA
NO ME PISES

EMBAJADORES .... GISÈLE BÜNDCHEN, JENNIFER ANISTON, BRAD PITT

PASARELA .... MARNI, ISABEL MARANT, JACQUEMUS

Gracias a su simplicidad y funcionalidad, la chancla no ha dejado de usarse desde la prehistoria. En su origen, se fabricaba con materiales orgánicos; en el siglo XX, se hace sintética y roba el corazón de la sociedad del ocio.

¿HAY ALGO MÁS SENCILLO?

La chancla es muy antigua y básica: una suela plana y una tira en uve entre dos dedos. Debido a su falta de adecuación para el frío y a su aspecto primitivo, cae en desuso cuando la sociedad se moderniza, en favor de un calzado más elaborado y de abrigo, sobre todo en Europa.

UNA CHANCLA JAPONESA

En la década de 1940, aparece en Osaka una chancla de neopreno, indudablemente inspirada en las sandalias tradicionales *zori* y *geta* (*véase* pág. 32). Durante la guerra, se desarrolla la goma sintética, que permite la industrialización del calzado. El equipo de natación japonés muestra esta chancla moderna en los Juegos Olímpicos de Melbourne de 1956 y el mundo deportivo la copia.

LA LLAMADA DE LA PLAYA

En la década de 1960, el vestuario se simplifica y la chancla invade las playas estadounidenses. En 1962, tras haber observado en Hawái los modelos japoneses, el escocés Robert Fraser decide crear su propia versión de caucho. Desde su fábrica en Brasil presenta la marca Havaianas («hawaianas», en portugués), que se erige en estandarte de una cultura local que, a medio camino entre el cliché y la autenticidad, evoca playas de arena fina, fiesta y desenfado. En la década de 1990, la hawaiana brasileña conquista el planeta gracias a una doble campaña de *marketing* perfecta: el Mundial de Fútbol de 1998 y el auge de las *top models* brasileñas. Es un accesorio de moda lúdico, turístico y universal.

↑ **Chancla con el logo de Brasil,** de Havaianas.

«SOY ALÉRGICO A LAS CHANCLAS».

KARL LAGERFELD

CONTRADICCIONES CULTURALES

Su simbolismo es muy variado. Emblema de humildad de los líderes espirituales y religiosos, calzado diario o placer puntual vinvulado a las vacaciones, la chancla navega entre la banalidad y el regocijo, entre el exotismo y la occidentalización vulgar.

UN NUEVO NOMBRE

Durante la guerra de Vietnam los soldados estadounidenses se fijan en las sandalias con tiras que los vietnamitas llevan en los arrozales y empiezan a referirse a ellas como *thong*, que en inglés significa «correa». En muchos países se conoce con el nombre de *tong*.

BANDANA
UN PAÑUELITO MUY GRANDE

| EMBAJADORES | .... | TUPAC, MADONNA, AXL ROSE |
| PASARELA | .... | LOEWE, SACAI, CHILDREN OF DISCORDANCE |

Ya en la Antigüedad, los indios confeccionan pañuelos coloridos con motivos estampados a mano. En sánscrito, el prefijo *bandh* significa «anudarse»: la de la bandana es una historia de lazos. En el siglo XVIII, ingleses y holandeses empiezan a exportar este textil con el nombre de «bandana».

↑ Tupac, en el estreno de la película *I Like it Like That* (*Así me gusta*), en Nueva York (1994).

> «ENTRE LA INTEMPORALIDAD, LA AUTENTICIDAD Y LA MODERNIDAD».
>
> CALVIN KLEIN

CRISOL DE CULTURAS

En el siglo XIX, Napoleón despierta el deseo europeo por los pañuelos estampados de la India, cuando los soldados franceses destacados en Egipto se los llevan como *souvenir* a Francia. Los ingleses industrializan y popularizan el estampado de cachemira, de origen iraní; lo imprimen sobre pañuelos cuadrados de algodón teñidos de rojo turco, que imitan los originales indios. Empieza a tomar forma una bandana de influencia multicultural.

EL OESTE

En 1775, los ingleses prohíben la impresión textil en sus colonias de América. En señal de protesta, Martha Washington encarga un pañuelo de lino estampado con la efigie de su marido, George Washington. Esta primera bandana estadounidense define una simbología política y contestataria que ha sobrevivido hasta nuestros días. Inspirados por los pañuelos de los campesinos españoles y de los migrantes alemanes, los vaqueros del Oeste utilizan la bandana para protegerse del polvo y el sol.

PROPAGANDA MASCULINA...

Por influencia del *cowboy* hollywoodiense de las décadas de 1920 y 1930, el pañuelo se convierte en arquetipo de una masculinidad con tintes de rebeldía.

... Y FEMENINA

Durante la Segunda Guerra Mundial, el aire patriótico de la bandana le insufla nueva vida: protege el cabello de las mujeres que sustituyen a los hombres en las fábricas, entre ellas la feminista Rosie la Remachadora.

BANDANA ICÓNICA

Forma: cuadrada

Dimensiones: de 50 a 55 centímetros de lado

Colores: 3, entre ellos el negro y el blanco

Motivo: cachemira o *paisley*

SÍMBOLO DE PERTENENCIA

Como seña identitaria, en la década de 1970, la bandana se incorpora al lenguaje erótico de la comunidad homosexual: el color y la forma en que se lleva anuncian las preferencias y prácticas de cada individuo. Más adelante acompaña a los rockeros y a los raperos inspirados por las bandas callejeras. El pañuelo expresa pertenencia, a veces burguesa, más a menudo insumisa, y no puede ignorar su significado político: protege, enmascara y trasciende a los contestatarios que se manifiestan en las calles del mundo.

DOBLAR Y ANUDAR

UNA HISTORIA DE CÓDIGOS

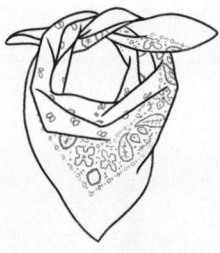

① EN EL CUELLO

En su versión original, a la manera de los vaqueros, para protegerse la boca.

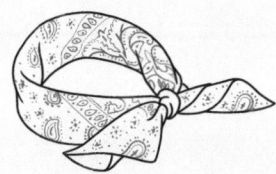

② TAMBIÉN EN EL CUELLO

Pero esta vez con un estilo más clásico y universal.

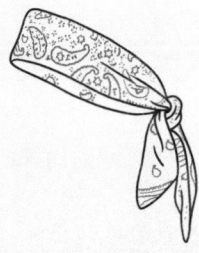

③ EN LA CABEZA, POR DETRÁS

Es el estilo de los hippies y de los rockeros de la década de 1980.

④ A LO TUPAC

El rapero estadounidense populariza el nudo en la frente que caracteriza a las bandas callejeras.

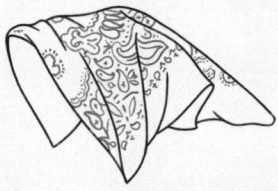

⑤ BAJO LA BARBILLA

¿Por qué no llevarla a modo de pañuelo tradicional?

⑥ EN LA RODILLA

Es el estilo de los herederos del rock duro.

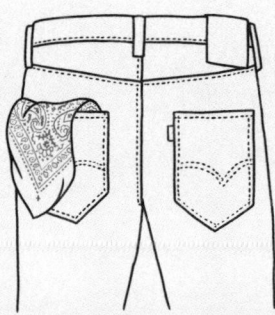

⑦ EN EL BOLSILLO DE ATRÁS

Sobre todo en la década de 1970, la comunidad gay utiliza el flagging («código del pañuelo») para indicar la práctica sexual preferida.

⑧ EN LA MUÑECA

También heredera del rock, esta posición identifica a los miembros de una banda.

100% COTTON MADE IN USA

↑ Bandana clásica con motivo de cachemira o *paisley*.   → Obrera de la fábrica Vultee Aircraft en Nashville (Tennessee). *Fotografiada por Alfred T. Palmer* (1943).

CHAQUETA DE *TWEED*
ARISTOCRÁTICA PERO SIN PASARSE

EMBAJADORES ···················· **CARLOS DE INGLATERRA, DAVID BECKHAM**

PASARELA ···················· **MIU MIU, RALPH LAUREN, VIVIENNE WESTWOOD**

En el siglo XVIII, los campesinos irlandeses y escoceses buscan ropa que les proteja. Así nace el *tweel*, un paño espeso de sarga de lana tejida en diagonal. A finales de la década de 1820, un comerciante inglés entiende mal la letra de un proveedor y, sin querer, rebautiza el tejido como *tweed*.

↑ Chaqueta de *tweed* con estampado príncipe de Gales, de Drake.

TWEED PERSONALIZADO

La alta sociedad adopta este tejido resistente y aislante a medida que se desarrollan las actividades en el exterior, como la caza y la pesca, y se le incorporan matices de color terrosos y vegetales para que cumpla también objetivos de camuflaje. Con el fin de distinguirse, numerosos terratenientes confeccionan su vestuario con algún *tweed* distintivo, por ejemplo un tartán.

AL SILLÍN

El *tweed* escapa de la campiña y empieza a vestir el ocio deportivo de los aficionados al golf y al tenis. Es ahí cuando se libera de la exigüidad del mundo aristocrático y llega a la clase burguesa. La revolución está en marcha: las inglesas lo adoptan para montar en bicicleta.

FAMILIAS DE *TWEEDS*

Tweed **Donegal:** nacido en Irlanda, rústico y deportivo.

Tweed **Saxony:** más suave y ligero.

Tweed **cheviot:** por la oveja de la que procede esta lana, más gruesa.

Tweed **Shetland:** muy fino y suave.

Tweed **deportivo:** de camuflaje, para la caza.

EL CABALLERO GRANJERO

Con el cambio de siglo, el encanto rústico de la chaqueta de *tweed* seduce a las familias acomodadas y a la clase media. Aunque no se prodiga mucho en la ciudad, es inevitable encontrarla en el guardarropa masculino, y el rey Eduardo VII la convierte en el epítome de la elegancia.

TRAJE SASTRE PARA MUJER

Gabrielle Chanel introduce el *tweed* en la alta costura. En la década de 1920, el duque de Westminster invita a Chanel a acompañarlo en sus propiedades en Escocia y él le presta sus chaquetas de *tweed* para las cacerías. Fiel a sus costumbres, la diseñadora se inspira en esta prenda masculina para confeccionar su mítico traje sastre de la década de 1950 (*véase* pág. 203).

CORRECTO A MEDIAS

El *tweed* se vuelve canalla en la década de 1960, e incluso la diseñadora punk Vivienne Westwood le rinde tributo en la década de 1980 (*véase* pág. 294). Pero tiene que esperar hasta la década de 2010, y al éxito de series de televisión como *Downtown Abbey* y *Peaky Blinders*, para volver a seducir a una nueva generación: la apasionada por la cultura popular.

LO MÁS DE LO MÁS

El *tweed* Harris, confeccionado con lana teñida e hilada, es el Rolls de los *tweed*s. Procede de una pequeña isla rocosa de Escocia y goza de denominación de origen: debe cumplir unas estrictas normas de fabricación y las imitaciones están prohibidas. Se identifica con un logotipo en forma de orbe. En 1987, Vivienne Westwood le rinde homenaje en su colección «Harris Tweed».

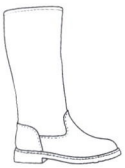

BOTA
SIETE LEGUAS

EMBAJADORES ⋯⋯⋯⋯⋯ JULIA ROBERTS, BEYONCÉ, MICK JAGGER

PASARELA ⋯⋯⋯⋯⋯ BALENCIAGA, CHANEL, BALMAIN

Las primeras botas de cuero aparecen en la Antigüedad, en los climas rigurosos del continente asiático. En la Edad Media, se populariza un calzado similar a la bota: los hombres lo utilizan para la caza, el trabajo en el campo y la vida militar; para las mujeres, los modelos de terciopelo son una señal de estatus.

↑ Botas altas Ella, de La Botte Gardiane.

«PREFIERO UN BUEN PAR DE BOTAS A SHAKESPEARE».

LEÓN TOLSTÓI

EL ESTILO MOSQUETERO

El siglo XVI es el siglo de la bota, sobre todo en el hombre, y llega a ser muy alta, por encima de la rodilla. Protectora e imponente, confiere un aire viril y poderoso a quienes la calzan: el hombre adopta aires de guerrero incluso en la vida civil. El estilo del siglo XVII es más ecuestre y caballeroso. El pantalón empieza a llevarse por dentro de la bota de cuero.

BOTAS DE VAQUERO

En Estados Unidos, la guerra de Secesión impulsa el uso de la bota y, a finales del siglo XIX, varios fabricantes de calzado desarrollan la bota campera, con tacón biselado, puntera pronunciada y, a veces, dibujos grabados en el cuero. Popularizada por las películas del Oeste, la bota vaquera se ha hecho un hueco en el vestuario cotidiano.

ACCESORIO MILITAR

Luis XIV dicta la moda de la aristocracia francesa y el zapato con tacón sustituye a la bota, que queda reservada a la guerra o a la equitación. Sin embargo, esta identidad militar le concede una nueva época gloriosa: la bota es húsar, prusiana o de caballería, y su forma se diferencia para distinguir la graduación. Es el calzado de la conquista: Napoleón la convierte en uniforme.

EN EL ZAPATERO FEMENINO

La Revolución Industrial canta otra victoria, la del dinero. Se abandona la bota en favor de un calzado más adecuado a los trajes oscuros que marcan la estética de la burguesía urbana. En la segunda mitad del siglo XIX, la mujer se apropia de ella: fatal, sensual y seductora, la bota lleva ahora tacón y cordones, para atarla como si fuera un corsé.

EDAD DE ORO

En la década de 1960, la bota resucita como accesorio de moda. Los hombres usan botín, sobre todo en el Reino Unido, donde la bota Chelsea hace las delicias de los *mods*; las mujeres que buscan un aire andrógino calzan botas planas juveniles. En la década de 1970, expresa la liberación de las costumbres y los cuerpos: la bota es alta, a veces con plataforma, y se combina con pantalón muy corto o minifalda.

DEL POTRERO AL ASFALTO

Los jinetes y soldados de la Edad Media aprecian la bota porque protege del roce no solo la ropa, sino también las tibias. En el siglo XIX, se estandariza el diseño de la bota de montar de piel, normalmente negra, de corte recto y alto de caña asimétrico. Es una bota distinta, porque el ocio de la élite lo es. A principios de la década de 1970, la casa Hermès se permite un guiño a sus vínculos con el mundo ecuestre y convierte la bota en complemento de moda, de nuevo diferente de sus pares: le añade cierres que evocan el bolso Kelly.

← George Bush, en el Air Force Two (1985).

↑ Botas camperas *vintage*.

CAFTÁN
EL TRAJE PARA GRANDES OCASIONES

| EMBAJADORAS | ·········· | ELIZABETH TAYLOR, LEILA SHENNA, TALITHA GETTY |
| PASARELA | ·········· | ELIE SAAB, VALENTINO, NAEEM KHAN |

El caftán tiene sus raíces en la Persia del siglo VIII y es posible que se inspire en abrigos prehistóricos de Extremo Oriente. Hoy conocemos su versión femenina marroquí, pero en su origen era una prenda de hombre.

↑ **Caftán largo Hepburn**, de Norya Ayron.

CABALLEROS IMPORTANTES

Durante el Imperio otomano, el caftán es un regalo diplomático y viaja de una corte a otra. Es habitual entre los aristócratas venecianos, que aprecian sus bordados y sus sedas iridiscentes. Esta túnica larga, sin cuello y de amplias y largas mangas (cuando las lleva), se abre en la parte delantera y se ornamenta con los cordones y pasamanerías correspondientes al estatus de quien lo viste. Algunos modelos se cruzan ligeramente sobre las caderas y evocan la imagen de los jinetes de Anatolia.

FETICHE ORIENTAL

Influenciado por los Ballets Rusos y sus representaciones de *Sherezade*, el diseñador Paul Poiret se atreve, en la década de 1910, con prendas orientalizantes que se asemejan más a trajes de teatro que a prendas de vestir. Sus polémicas propuestas contradicen las convenciones del vestuario femenino y demuestran ya entonces el gusto europeo por apropiarse de los trajes «exóticos».

LA MODA DEL ORIENTALISMO

En el siglo XVIII, durante el reinado de Luis XV en Francia, la nobleza desarrolla el gusto por el exotismo, las tierras lejanas y el folclore. En la intimidad, las mujeres visten reinterpretaciones del caftán, seducidas por el orientalismo naciente, que se prolonga durante el siglo XIX.

AMULETO

El caftán de ceremonia marroquí se completa con un cinturón llamado *mdama*, ornamentado con una tortuga de la buena suerte que protege de la envidia (*aïn*) y atrae la felicidad.

A LA CONQUISTA DE LA MUJER

La expansión del Imperio otomano y del islam democratiza el caftán en el Magreb. El caftán marroquí aparece con los artesanos que llegan al país cargados de conocimiento sobre las artes textiles y el bordado.

Finalmente, entra en el vestuario femenino en el siglo XVIII y, en el XIX, se populariza en la clase urbana acomodada como prenda doméstica, de terciopelo y profusamente ornamentada.

«ALTA CULTURA»

Las nuevas generaciones descartan el uso diario del caftán y lo reservan para las grandes ocasiones, un uso para el que no ha dejado de recrearse. Al terminar el protectorado francés en 1956, diseñadoras marroquíes como Zhor Sebti y Tamy Tazi recuperan el patrimonio cultural y artesano del país para actualizarlo y ponerlo al servicio de la alta costura local.

VIDA BOHEMIA... ELEGANTE

En la década de 1960, con la cultura *hippie,* aparece una estética bohemia y exótica que se inspira en las culturas del mundo. Celebridades y jóvenes pacifistas adoptan las túnicas y caftanes del mundo árabe. Algunos diseñadores occidentales, como Ossie Clark, Yves Saint Laurent o Halston, se apropian de estas prendas y proponen lujosas versiones: fluidas, opulentas y coloridas.

PETO
EL DURO TRABAJO

| EMBAJADORES | KATHARINE HEPBURN, COLUCHE, WILL SMITH |
| PASARELA | VETEMENTS, JEREMY SCOTT, ISABEL MARANT |

Asociado a la infancia y la despreocupación que la caracteriza, el peto tiene en realidad orígenes mucho más duros. Prenda que ofrece una gran comodidad, ha intervenido no solo en los juegos infantiles, sino también en el trabajo en cadena de la Revolución Industrial y en la explotación de seres humanos. ¡Valiente mezcla!

↑ Lady Diana Spencer, *Club de Polo Cowdray Park, en Midhurst* (1981).

DEL PANTALÓN DE TRABAJO AL PETO

En 1844, Louis Lafont confecciona para su suegro carpintero un pantalón de trabajo amplio y ligeramente ceñido en los tobillos; en la cintura, añade un bolsillo que permite llevar encima las herramientas. En 1896, su nieto Adolphe funda la marca de vestuario laboral Lafont y patenta el modelo diseñado por su abuelo, al que ha añadido una pieza en el pecho sujeta con tirantes: nace el peto de algodón.

PARA CUBRIR EL PECHO

En su origen, el peto se lleva por encima de la ropa de trabajo. La palabra procede del latín *pectus*, que significa «pecho».

TIEMPOS MODERNOS

Al otro lado del Atlántico, Levi Strauss (*véase* pág. 136) confecciona su primer peto vaquero. Es una prenda de obreros, de mineros y, sobre todo, de aparceros negros (esclavos libertos). Encarna el trabajo mecánico o manual, y es omnipresente en las imágenes de la Gran Depresión. También simboliza el trabajo en cadena, como el de Charlie Chaplin en *Modern Times* (*Tiempos modernos*).

HAGAN SITIO A LA MUJER

En la década de 1930, el peto se reinterpreta como objeto de moda. Más tarde, en la Segunda Guerra Mundial, cuando las mujeres sustituyen a los hombres en las fábricas, se convierte en su uniforme. Al acabar el conflicto, los modelos se multiplican, hasta que, en la década de 1970, los niños se apropian de la prenda: es el cómplice ideal para ensuciarse jugando.

> «PERO SERVÍA AL ARTE, NO A LA IGLESIA NI AL PAÍS. SUS CUENTAS, SUS PETOS Y SU CHALECO DE PIEL DE OVEJA NO REPRESENTABAN UN TRAJE, SINO UNA EXPRESIÓN DE LIBERTAD».
>
> PATTI SMITH

NADIE ESCAPA

El peto es glamuroso en las discotecas, impertinente en las revistas, deportivo, unisex... y radical cuando simboliza una protesta social. Diverso y cambiante, posiciona y reafirma a quien lo viste.

REBAUTIZADO

Cuando los petos Lafont llegan a Estados Unidos, se rebautizan como «elefantes», debido a la forma de pronunciar en inglés el nombre que aparece en la etiqueta: «A. Lafont».

RECONOCIBLE

En 1974, el humorista francés Coluche hace del peto su traje de escena. El guiño al mundo obrero es indiscutible. Es un modelo azul con rayas blancas y queda tan vinculado al cómico que, cuando se erige una escultura en su memoria en Montrouge en 2011, el artista Guillaume Werle decide prescindir de la persona y representar tan solo el peto.

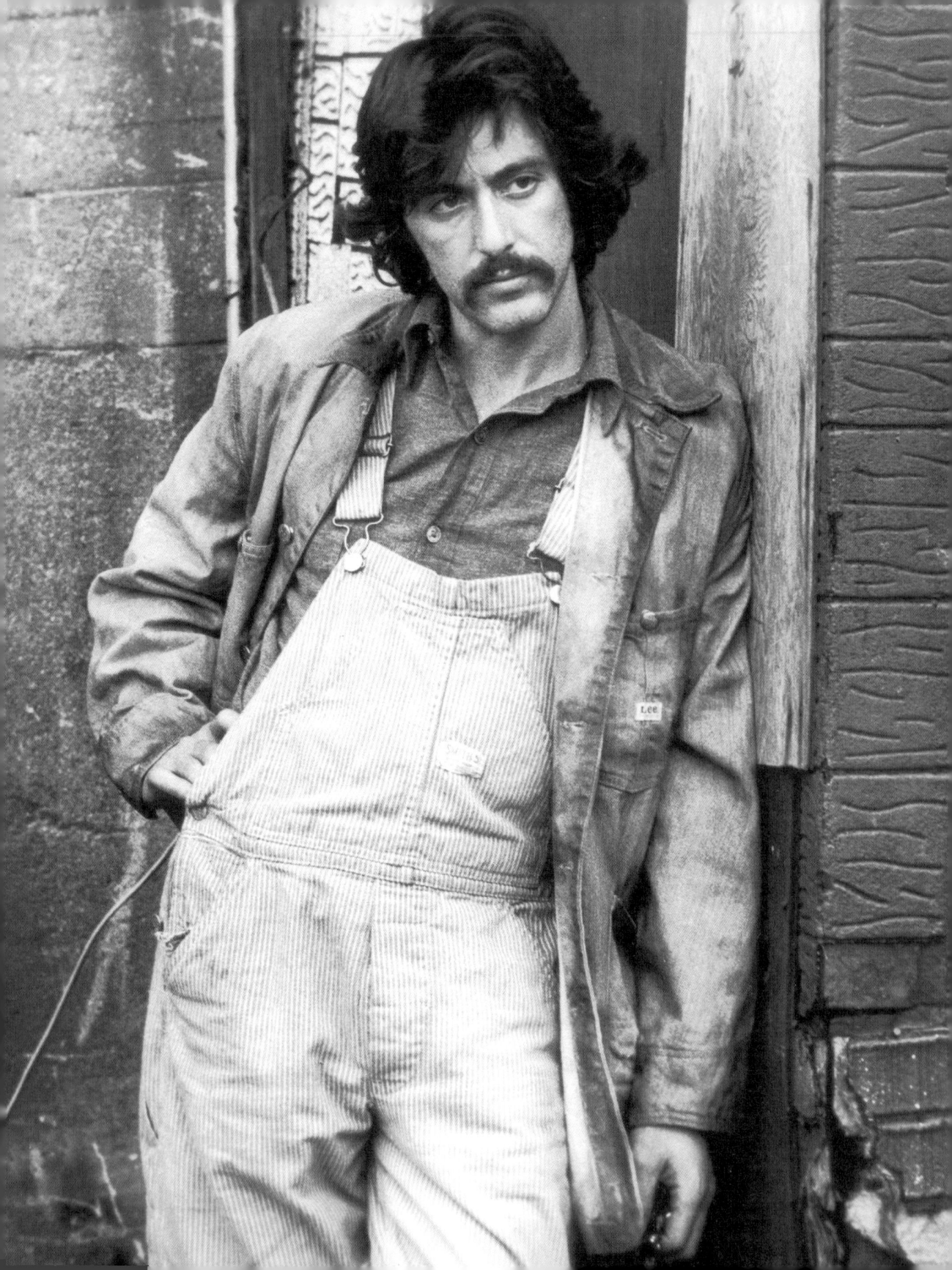

← **Al Pacino** en el rodaje de *Serpico* (1973).

↑ **Peto Classic Duck Canvas,** de Dickies.

BIRKENSTOCK
GUSTO POR LO FEO

| EMBAJADORES | ········· | KATE MOSS, GRACE CODDINGTON, RICK OWENS |
| PASARELA | ········· | NARCISO RODRÍGUEZ, CELINE, DIOR |

A finales del siglo XIX, Konrad Birkenstock inventa unas suelas ortopédicas que van a contracorriente del calzado industrializado y simétrico de la época. En 1963, su nieto lanza la primera sandalia de la marca, el modelo Madrid, con una tira de sujeción. Estas versiones se venden como productos ortopédicos.

↑ **Boston Suède**, de Birkenstock.

FLOWER POWER

El escenario es propicio: la Birkenstock seduce a los *hippies* (*véase* pág. 326), que buscan un calzado cómodo y duradero para recorrer el mundo. Además, la empresa apuesta por la producción sostenible y local de su producto.

ELEGANCIA OBSOLETA

Símbolo del anticonformismo, seduce a los contestatarios europeos, sobre todo a los revolucionarios de Mayo del 68, que la enarbolan para burlarse de la elegancia de la que Francia tanto alardea. A Estados Unidos llega en el mismo momento y convence a quienes quieren sublevarse desde los márgenes de la sociedad. Unas sencillas suelas ortopédicas se convierten así en divisa del rechazo de las normas sociales y de estilo.

COLABORACIONES CHIC

2003: Robin Williams, Cindy Crawford y Whoopi Goldberg.

2018: Rick Owens.

2019: Valentino.

2019: Il Pellicano (mítico hotel de lujo italiano).

2020: Proenza Schouler.

2021: Jil Sander.

EL RENACIMIENTO

Esta popularidad bohemia no salva a las Birkenstock de su mala fama: se las considera poco favorecedoras y nada elegantes. En la década de 1990, su aire minimalista y sus formas de inspiración deportiva las llevan hasta la pasarela: invaden los desfiles y Kate Moss las calza en un reportaje para *The Face*. Las Birkenstock son tendencia y la marca diversifica sus propuestas.

> «LAS BIRKENSTOCK SON COMO LOS PANTALONES VAQUEROS: FUNCIONALES Y SEXIS. PUEDE QUE INCLUSO SEAN LOS ZAPATOS MÁS SEXIS QUE EXISTEN».
>
> RICK OWENS

ADQUISICIÓN

Como prueba de que lo feo es seductor, el conglomerado de artículos de lujo LVMH compra la marca Birkenstock en febrero de 2021. En las colecciones para hombre de otoño/invierno de 2022, Dior (insignia del grupo) estrena modelos inéditos.

REDEFINIR LA BELLEZA

Una nueva clientela se deja seducir y la casa aprovecha la ola de popularidad para multiplicar sus colaboraciones. La década de 2010 premia la comodidad y la juventud marca la pauta (*véase* pág. 312): Balenciaga recrea las Crocs en versión de lujo y Celine propone unas sandalias forradas. Calzar unas Birkenstock es la consagración del mal gusto elevado al rango de transgresión definitiva y, como tal, muy deseable.

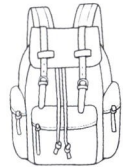

MOCHILA
CON EL EQUIPAJE A CUESTAS

EMBAJADORES	ANDY WARHOL, MARIAH CAREY
PASARELA	RICK OWENS, GUCCI, PRADA

Desde la prehistoria, el hombre transporta cosas y no solo mediante animales domesticados. El ser humano ha llevado a la espalda enseres, alimentos y niños ayudándose de tejidos, cestas de mimbre y estructuras de madera. A partir del siglo XIX, militares y trabajadores comparten un inteligente accesorio: la mochila.

↑ Un contrabandista cruza el puerto de Oô, en los Pirineos. *Litografía* (1834).

CADA CUAL A SU MANERA

Desde ese momento aparecen numerosos fabricantes, que desarrollan versiones cada vez más ligeras y prácticas. De mero objeto funcional, la mochila se convierte en un complemento con tintes sociales en las décadas de 1980 y 1990. Los estudiantes la utilizan para identificarse con grupos concretos: los rebeldes se la cuelgan de un solo hombro, los formales la llevan bien alta y los audaces, caída.

DEL PATIO A LA PASARELA

Primero funcional y juvenil, más tarde objeto de lujo. La primera en captar sus posibilidades es Miuccia Prada (*véase* pág. 208). Tras incorporarse al grupo familiar en 1977, rejuvenece la marca presentando, en 1984, una resistente mochila de nailon con el logotipo de la casa; el público más joven responde y es un éxito comercial.

LA AVENTURA ES LA AVENTURA

En el siglo XX se desarrolla la sociedad del ocio y son muchas las personas que se aficionan a las excursiones, se lanzan a la aventura o se hacen alpinistas. En 1909, el noruego Ole Ferdinan Bergan patenta una mochila de lona con armazón metálico curvo y correas de cuero. En Francia, en la década de 1930, Lafuma diseña modelos más modernos.

EXCURSIONISTA

En 1991, un equipo de arqueólogos desentierra la momia de un hombre prehistórico que vivió en los Alpes, en algún lugar de Austria o Italia, entre 3400 y 3100 a. C. Cerca del cuerpo, encuentran los restos de una bolsa de una materia orgánica (animal o vegetal) atada a un marco de madera. Es la primera mochila de la historia.

BUENOS ALUMNOS

En 1967, el estadounidense Asher «Dick» Kelty concibe la primera mochila de nailon y cremallera con un armazón interior en lugar de exterior. Convence muy rápidamente a los universitarios estadounidenses, hartos de transportar los libros atados con una correa. JanSport, fabricante de equipamiento para deportes al aire libre, es el primero en intuir el potencial de esta nueva clientela e instala su tienda en la biblioteca de la Universidad de Washington.

DE LA UTILIDAD AL LUJO

En 1935, Wallace Hume Carothers inventa el nailon, que será el sustitutivo sintético e industrial de la seda, principalmente en la confección de los forros. Cuando Prada presenta su mochila en 1984, y más tarde sus colecciones masculinas (en torno a 1990) y su línea Prada Sport (en 1998), el nailon se convierte en el tejido insignia de la casa y del estilo deportivo de lujo.

↑ **Mochila Little America**, de Herschel.

→ **Escalada** en el Parque Nacional Banff, Alberta, Canadá (1952).

PANTALÓN CAQUI
EL COMODÍN

EMBAJADORES ·············· PAUL NEWMAN, JOHN KENNEDY, DUSTIN HOFFMAN

PASARELA ················· NARCISO RODRIGUEZ, CELINE, DIOR

El pantalón caqui aparece en la década de 1840.
El Imperio británico se extiende entonces
por la India, Pakistán y Bangladés, y el teniente
general sir Harry Burnett Lumsden, destacado
en el Punyab, comprueba que el uniforme
del Ejército no se adapta al clima local.

↑ **Pantalón caqui** de excedente militar, de Doursoux.

«KEROUAC LLEVABA CAQUIS».

GAP, 1993

PIJAMA INDIO

Debe descartarse la chaqueta roja de lana, de mucho abrigo y llamativa para las misiones secretas. El oficial se inspira en un conjunto de algodón de color ocre típico del Punyab y le aplica un tinte de palmera. El *khakhi* —que significa «polvoriento» o «terroso» en urdu, el idioma hablado en Pakistán y en el norte de la India— se convierte en el uniforme reglamentario del Ejército británico en 1885.

DEL CAQUI AL CHINO

El caqui se convierte en el color del Ejército y el pantalón cambia de nombre durante la guerra hispanoestadounidense de 1898. Los soldados norteamericanos que combaten en Filipinas reemplazan su uniforme de lana por uno de algodón. Los pantalones rectos de color claro se confeccionan en China, de ahí que empiecen a conocerse peyorativamente como «chinos».

AVENTUREROS SOÑADOS

El poder del pantalón caqui comienza en el siglo xx: son tiempos de exploración y de colonialismo. Sobre todo en África, acompaña a los occidentales en sus partidas de caza. Es el uniforme del viajero sediento de aventuras, como los protagonistas de *Out of Africa* (*Memorias de África*), la novela de Karen Blixen de 1937.

IVY LEAGUE

En la Segunda Guerra Mundial, el pantalón caqui se integra en el uniforme militar. Holgado y ligero, entra en la vida civil en la década de 1950 de la mano de la juventud insumisa y la generación *beat* de Jack Kerouac. Llega a las universidades, con todo su rigor, tras la promulgación, en 1944, de la Ley para la Reinserción de Veteranos (en inglés, *G.I. Bill*), destinada a financiar los estudios de los soldados desmovilizados. El caqui llama entonces la atención de los adeptos al Ivy (*véase* pág. 334), un estilo formal y relajado.

CASUAL FRIDAY

En la década de 1970, el Ivy evoluciona: nace el *preppy*. Ralph Lauren se suma a esta elegante y desacomplejada estética, típicamente estadounidense. En la década de 1990, el pantalón caqui entra en las oficinas y arrincona a los rígidos trajes. Es conciliador y polivalente, y marcas como Gap o Dockers lo erigen en símbolo del minimalismo de la época.

CABEZA DE CARTEL

En 1986, Levi Strauss & Co presenta la marca Dockers. En plena década materialista y conservadora, el hombre estadounidense enarbola el pantalón caqui como el atuendo refinado de sus días de asueto. Al llegar la década de 1990, Dockers se erige en profeta del *casual friday*, corriente que anima a los trabajadores de oficina a dejar la chaqueta en casa los viernes, o incluso cualquier otro día de la semana. La marca se asocia hasta tal punto al pantalón caqui que este empieza a conocerse como *dockers*.

SUDADERA

A POR TODAS

| EMBAJADORES | ·········· | JENNIFER BEALE, SYLVESTER STALLONE, LADY DI |
| PASARELA | ·········· | ASHISH, VETEMENTS, ANTONIO MARRAS |

Los mundos deportivo y militar de Estados Unidos, en su eterna búsqueda de la comodidad y la funcionalidad, se disputan la paternidad de piezas míticas del vestuario contemporáneo. En la década de 1920, la práctica deportiva se populariza y aparece la sudadera, que hereda su forma de T de la camiseta interior.

↑ Sudadera Varsity.

SE ACABÓ LA LANA

Benjamin Russell Jr., un universitario estadounidense, comprueba que no es nada cómodo jugar al fútbol americano con jersey (*véase* pág. 156) de lana cálida y rasposa. Con la ayuda de su padre, fabricante de ropa interior de algodón, concibe un suéter amplio sin cuello y confeccionado con este mismo material. Así nace la sudadera en 1930 y, con ella, la empresa familiar: Russell Athletic.

SUDAR LA CAMISETA

Como su nombre indica, la principal cualidad de esta prenda es absorber el sudor con su forro de muletón. Por esta razón, el modelo original presenta una costura en forma de v en la parte delantera del cuello: este refuerzo triangular recoge la transpiración e impide que la zona se deforme durante los embates del partido.

DECLARACIÓN DE AMOR

La sudadera se instala en los campus y el Ejército estadounidenses. Champion Athletic Apparel la serigrafía y la convierte en un signo de pertenencia. Después de la guerra, sale de las canchas. En el instituto o la universidad, los deportistas se las prestan a sus novias: toda una declaración de amor narcisista. Se convierte en un accesorio para aparentar.

CON CAPUCHA

A partir de la década de 1960, la cultura popular abraza a los deportistas y la sudadera se hace tan célebre como ellos. Triunfa sobre todo su versión con capucha, ideada por Champion en 1934. Tras ser adoptada por los grafiteros que no quieren ser reconocidos por la policía, a partir de la década de 1970 se incorpora al movimiento identitario que acompaña al hiphop (*véase* pág. 316). En 1976, *Rocky* la convierte en objeto de culto.

«YO LLEGUÉ CON UN TRAJE DE CHAQUETA Y ME DIJERON QUE PARECÍA UN VAGABUNDO. VEINTE AÑOS DESPUÉS, MARLON BRANDO SE PRESENTA CON SUDADERA Y A TODA LA CIUDAD SE LE CAE LA BABA. ESO DEMUESTRA LO MUCHO QUE HOLLYWOOD HA CAMBIADO».

HUMPHREY BOGART

PÚBLICO GENERAL

Cuando el hiphop abandona la marginalidad y deviene en un potente fenómeno cultural y económico, marcas como Calvin Klein, Ralph Lauren o Tommy Hilfiger se apropian de la sudadera. En la década de 1990 es una pieza esencial para los adolescentes, y el *normcore* (*véase* pág. 312) término acuñado en 2013, hace de ella el arquetipo del estilo básico.

LA CAPUCHA DE LA DISCORDIA

En algunos países, la sudadera con capucha está mal vista. En 2005, un centro comercial británico impide la entrada a cualquiera que la vista. En 2012, llega a los titulares cuando George Zimmerman mata a un adolescente afroamericano, Trayvon Benjamin Martin; tras este crimen, se convoca en Nueva York la Marcha del Millón de Capuchas, en defensa de los jóvenes discriminados.

SARI
ENTRE LO ALEGÓRICO Y LO COTIDIANO

| EMBAJADORAS | ·········· | DEEPIKA PADUKONE, PRIYANKA CHOPRA |
| PASARELA | ·········· | MALINI RAMANI, YSL, MANISH ARORA |

El sari, prenda drapeada que existe en la civilización india desde la Antigüedad, toma su nombre de la palabra sánscrita *sattika*, que significa «atuendo de la mujer». El Imperio mongol y más tarde la sobriedad británica definieron la apariencia del sari tal y como lo conocemos en la actualidad.

↑ La actriz Vyjayanthimala, en el Festival International del Cine de Nueva Delhi (1952).

CUERPOS DRAPEADOS

En todas las civilizaciones de la Antigüedad, la vestimenta se drapea, desde la toga romana hasta el *kalasiris* de la mujer egipcia. El continente asiático no es una excepción. El sari es un lienzo de seda de entre 5 y 9 metros de largo, que las mujeres se enrollan en el cuerpo. Existen más de cien maneras de hacerlo —el más tradicional es el estilo *nivi*—, y en general no se utilizan imperdibles ni lazadas. Cada forma, color y motivo relata los orígenes geográficos, sociales y culturales de quien lo viste.

TAPAR ESA PIEL

En su origen, el sari dejaba al descubierto parte del tronco y los tobillos, pero, durante la era victoriana, puritana y mojigata, el Imperio británico obliga a alargarlo y añadirle corpiño y enaguas.

PRENDA DE TODOS LOS DÍAS

Aunque en la actualidad, tanto en el subcontinente indio como en numerosos países, la moda occidental orienta la vestimenta de las generaciones más jóvenes, el sari ha escapado de su condición de emblema tradicional o folclórico. Es una prenda versátil y, aunque habitualmente se confeccionaba con seda, lino o algodón, ha sabido adaptarse y abrirse a los tejidos sintéticos.

DE LA MODESTIA A LA LIBERTAD

El drapeado *nivi* fue ideado por Jnanadanandini Devi, reformadora social bengalí; consideraba que el sari tradicional era poco pudoroso y, en 1864, concibió un nuevo estilo inspirándose en las mujeres parsis, que vestían los saris con corsé y enaguas. Este drapeado puebla las imágenes de las manifestaciones a favor de la independencia de la India, y es así como el sari se populariza a principios del siglo xx.

PATRIMONIO ÍNTIMO Y PÚBLICO

Si bien ha sido recreado por los diseñadores de moda, el sari, cuando se pasa de una mujer a otra, es sobre todo el depositario de la memoria ancestral. Funcional, sentimental y deslumbrante cuando se viste en las grandes ocasiones, contribuye a construir la identidad personal y el orgullo colectivo.

LA GUERRA DE LAS ROSAS

En 2006, Sambat Pal funda la organización feminista india Banda del Sari Rosa, que defiende la causa de las víctimas de la violencia de género. Sus integrantes, únicamente mujeres, visten un distintivo sari rosa y blanden un *lathi*, un bastón de combate tradicional.

DRAPEADO SUAVE

UNA CUESTIÓN DE GESTOS

①

Comprobar que los bordados del sari queden en el exterior.

②

Pasar por delante una parte del sari y sujetarlo introduciéndolo en la enagua.

③

Enrollar bien el sari alrededor de las piernas, dejando al aire tobillos y pies.

④

Proceder al drapeado: es la parte más difícil.

⑤

Sujetar la tela con el pulgar y el índice y crear entre cinco y siete pliegues muy rectos.

⑥

Ajustar perfectamente los pliegues y mantenerlos dentro de la enagua; utilizar un imperdible.

⑦

Recuperar la tela restante y enrollarla con fuerza alrededor de las caderas.

⑧

Subir la tela hasta el hombro; esta parte se llama pallu *y cada mujer la coloca a su gusto.*

⑨

El pallu *puede sujetarse discretamente al corpiño con un imperdible o drapearse en siete u ocho pliegues verticales bien ajustados.*

↑ Sari tradicional indio, de India Silk.

→ Sari Arshi, de Row Mango.

GUERRERA
BELICOSA O PACIFISTA

EMBAJADORES ·················· JIMI HENDRIX, ROBERT DE NIRO, JOHN LENNON

PASARELA ·················· MAISON MARGIELA, SACAI, BALMAIN

Moda y guerra dialogan con sorprendente insistencia. Los ejércitos se profesionalizan en el siglo XX y su vestuario se infiltra en la vida civil, a veces a contracorriente. Tras la Segunda Guerra Mundial, los excedentes militares pululan por el mercado y se esboza un nuevo estilo.

↑ **Chaqueta de campaña M-65**, de Alpha Industrie.

«¿HABLAS CONMIGO? ¿ME LO DICES A MÍ? DIME, ¿ES A MÍ?».

ROBERT DE NIRO, EN *TAXI DRIVER*

CHAQUETA DE CAMPAÑA

La Gran Guerra de 1914-1918 pone de manifiesto que los uniformes heredados del siglo XIX ya no son válidos. Durante la Segunda Guerra Mundial, se concibe la guerrera de algodón de color caqui, que contribuye a construir la identidad del Ejército estadounidense (una de las más populares). Los modelos M43, M51 y M65 se imponen en el paisaje militar.

ESTRELLA DE CINE

1970: *M*A*S*H*
1976: *Taxi Driver*
1977: *Annie Hall*
1979: *Apocalypse Now*
1986: *Platoon*
1987: *La chaqueta metálica*
2021: *No mires arriba*

APOCALYPSE NOW

El *Swinging London* resucita los abrigos militares con bordados Brandeburgo, inspirados por los húsares húngaros del siglo XVIII, tal y como atestigua la portada del álbum de los Beatles *Sgt. Pepper's Lonely Hearts Club Band*. En Estados Unidos, por el contrario, proliferan las chaquetas militares, recuperadas por los *hippies* (*véase* pág. 326) como bandera de protesta contra la guerra; esta prenda define también toda una época de Hollywood, que aborda la guerra de Vietnam en películas míticas como *Apocalypse Now* o *M*A*S*H*.

PROHIBIDO PROHIBIR

Al incorporarse a la vestimenta civil, la guerrera se convierte en patrimonio de los insumisos y de los movimientos contestatarios, y desfila con ellos en las manifestaciones de Mayo del 68. Aunque desvinculada ya de su condición militar, sigue expresando un espíritu belicoso y las feministas también la adoptan. Incluso las personalidades más clásicas, como los estudiantes de la Ivy League (*véase* pág. 334), o el propio Woody Allen, la utilizan para construir un estilo desenfadado y chic.

NIRVANA ADOLESCENTE

Al llegar la década de 1990, reviste un carácter mucho más trivial: la visten los *grunges* (*véase* pág. 338), sobre todo los adolescentes. En la de 2000, se incorpora al mundo de la moda.

SUBVERSIÓN

La tienda londinense de ropa *vintage* I Was Lord Kitchener's Valet, inaugurada en Portobello Road en 1965, es la primera en vender excedentes del Ejército estadounidense. Los músicos afluyen, entre ellos, Eric Clapton, Mick Jagger, los Beatles y Jimi Hendrix, quien se hace con una guerrera con bordados Brandeburgo dorados, con la que se burla de la masculinidad belicista que la nueva generación rechaza.

BOTA SAFARI
LA VUELTA AL MUNDO

EMBAJADORES ·················· WU-TANG CLAN, STEVE MCQUEEN, NAS

PASARELA ············· PAUL SMITH, ALEXANDER WANG, BOTTEGA VENETA

A partir de 1928, Cyrus Clark diversifica la producción de su curtiduría y aprovecha los sobrantes de piel de oveja para fabricar zapatillas. Un siglo después, su sucesor concibe un botín flexible, inspirado en el calzado tradicional sudafricano, que va a ser el pilar de la reputación y la identidad de la empresa familiar.

↑ Bota safari, de Clark.

BATEADOR DE MODA

La historia cuenta que es el duque de Windsor quien populariza los botines *chukka* como calzado de calle tras su visita a Estados Unidos en 1924.

CALZADO DEL DESIERTO

En el siglo XVIII, los primeros colonos europeos del África subsahariana descubren unos cómodos botines tradicionales, confeccionados con piel y suela de goma, crepé o cuero. Son perfectos para caminar por el desierto y los extranjeros los adoptan. Durante la Segunda Guerra Mundial, el británico Nathan Clark sirve en el norte de África y allí se fija en un calzado de caña alta inspirado en las *vellies* sudafricanas, que pueden encontrarse en cualquier zoco.

CHUKKAS

Es un buen diseño y, en la Feria del Calzado de Chicago de 1950, Clark presenta su propia versión: un botín de piel, de punta redondeada y suela de goma. En Europa, la bota safari seduce a la juventud de la posguerra, y en Canadá, al Ejército. Es una recreación del botín *chukka*, cuya suela de cuero es más gruesa; este modelo se inspiraba en las botas de los jugadores de polo y lo había popularizado el duque de Windsor en la década de 1920.

DE CULTO

En la portada del álbum *Abbey Road* de los Beatles, George Harrison calza un par de botas safari.

¿SEDUCTORA O RUDA?

La generación *beat* estadounidense se apropia de la bota safari —prefieren el modelo color arena— para complementar el uniforme de la impertinencia: pantalón vaquero y camisa de cuadros. La calzan Steve McQueen, los *mods* (*véase* pág. 304) en el Reino Unido e incluso los *rude boys* de los guetos de Jamaica; allí, la policía busca la bota en las salas de baile para distinguir entre «matones» y «sabios».

MARCA INGLESA

En la década de 1990, los herederos del pop sesentero, como la banda Oasis, vuelven a conceder carta de hidalguía a

ALTERNATIVA

En 1967, Clark presenta las Wallabee, más robustas y geométricas. El modelo se vende muy bien en Jamaica. A raíz de la creciente influencia cultural de este país en la década de 1990, el hiphop estadounidense se apropia de sus símbolos; es el caso de Wu-Tang Clan. En el Reino Unido, calzan a Richard Ashcroft en su videoclip de «Bittersweet Symphony».

la bota safari y a su historia, que no es otra que una historia de colonialismo y adaptación. Curiosamente, en español se conocen con el sorprendente nombre de «pisacacas».

↑ Cazadora vaquera clásica, de Wrangler.

→ **Marilyn Monroe** durante un rodaje, Nevada, Estados Unidos (1960).

CAZADORA VAQUERA
CADA UNO LA SUYA

| EMBAJADORES | ·········· | MARYLIN MONROE, JOHN LENNON |
| PASARELA | ·········· | CELINE, BALMAIN, BALENCIAGA |

Trazar la historia de la cazadora vaquera requiere hablar de la importancia del pigmento añil en el vestuario laboral. Desde sus orígenes, estas prendas confeccionadas con paños firmes se tiñen de azul. Es el color con el que llega hasta nuestros días ese mito imperecedero de la moda.

↑ **Serge Gainsbourg, Jane Birkin y Kate Barry**, en París (1969).

«EL MUNDO ES AZUL Y ESTE SERÁ PARA SIEMPRE EL COLOR DE LA SEGUNDA MITAD DE ESTE SIGLO, EL COLOR QUE RECUBRE A TODAS Y A TODOS DE UN MATIZ ÚNICO».

CHRISTIAN LACROIX

ROPA DE TRABAJO

En el siglo XIX, los bomberos japoneses se protegen con un abrigo corto de lana, a veces teñido de azul añil, que se remonta al período Edo; es el *hanten*. En ese mismo momento, aparece en Francia la ropa laboral (*véase* pág. 85), de algodón o de lino, llamada precisamente *bleu de travail* debido a su color («azul de trabajo»). En 1880, Levi's crea la Triple Pleat Blouse Jacket, una chaqueta pensada para los mineros y los obreros del ferrocarril de Estados Unidos; está confeccionada con un espeso tejido vaquero y su estilo es similar al del pantalón que ya fabrica la marca (*véase* pág. 136).

CHAQUETA TRUCKER

En la primera mitad del siglo XX, la marca diversifica su gama. En 1967, concibe el modelo Type III —llamado Trucker («de camionero»)—, que define el paradigma de lo que hoy se considera una cazadora vaquera: entallada y con dos bolsillos altos. La prenda se pasea en las pantallas de cine a manos de los *cowboys* de la década de 1930, los rebeldes de la de 1950 o incluso Marilyn Monroe; pero el movimiento *hippie* (*véase* pág. 326) la saca a la calle.

«HAZ EL AMOR Y NO LA GUERRA»

Al adaptar la cazadora vaquera, los *hippies* distorsionan su sentido. Se convierte en estandarte de la cultura estadounidense, de sus estereotipos y sus desacuerdos, y se utiliza como bandera para difundir eslóganes y mensajes.

CALENTITA

Hacia 1943, Levi's lanza sus primeros modelos con forro, antes de popularizar, en la década de 1960, los forros de borrego. Se conocen como *sherpas* y están destinados a las regiones más frías y agrestes de Estados Unidos.

REBELDES POR DOQUIER

Se incorpora así al patrimonio de la contracultura social y cinematográfica, así como la musical: la de los punks de la década de 1970, los rockeros franceses, los ídolos adolescentes de la de 1980 e incluso el hiphop, el *grunge* y el tecno (*véase* el apartado «Estilos», en pág. 301 y siguientes). Revolucionaria, básica y camaleónica, la cazadora vaquera no elige un bando: los vincula a todos.

MODA DE LA CALLE

Democratizar la moda no es posible sin bajar los precios y popularizar las tendencias. Aunque a menudo se olvide, el inventor del *streetwear* (o moda urbana) es un diseñador afroamericano, Willi Smith, que lanza WilliWear en 1976. Esta marca pionera propone básicos cómodos, prácticos y asequibles. Fascinado por el mito del *cowboy*, Willi Smith es uno de los primeros creadores en convertir la tela vaquera en un esencial y en anticipar la estética hiphop (*véase* pág. 316).

CHAQUETA TANG
NOMBRE CON TRAMPA

EMBAJADORES	YOHJI YAMAMOTO, JACK LANG, BEATLES
PASARELA	HUISHAN ZGHANG, GIORGIO ARMANI, YVES SAINT LAURENT

La chaqueta Tang o *Tangzuang* nace con los manchúes como prenda para jinetes (*magua*), que se viste por encima de un vestido largo. De ser el emblema de una cultura, pasa a serlo también de una clase cuando los manchúes invaden China y fundan la dinastía Qing en el siglo XVII.

↑ Chaqueta KF Tang en tela vaquera, de Neighborhood.

BOTONES BRANDEBURGO

El traje Tang —sin relación alguna con la dinastía del mismo nombre— se impone en la sociedad china del siglo XIX, en primer lugar entre los militares. Los botones Brandeburgo, inspirados en los pueblos del Cáucaso, aparecen ya en el siglo XII, con la dinastía Jin. Es un marcador identitario de la estética china.

ALEGORÍAS DEL COLOR

Negro: asociado al agua, es de uso cotidiano.

Rojo: símbolo del fuego, la buena suerte y la alegría, se lleva en las grandes ocasiones, como Año Nuevo.

Amarillo: es el color de la tierra, antaño reservado a los emperadores y que evoca la sabiduría.

Blanco: vinculado a los metales, representa la pureza y el duelo.

¿POR QUÉ «TANG»?

Puede que este apelativo proceda de los barrios chinos de las grandes ciudades de otros países, bautizados así en referencia a la dinastía más próspera y conocida. El traje tradicional manchú podría llamarse así por la misma razón.

CUELLO MANDARÍN

Esta chaqueta, que se distingue por el cuello recto y alto abierto en el centro (cuello mandarín), sus característicos botones (*pan*), los bolsillos de parche y la manga larga, es una prenda esencial del vestuario chino en la década de 1900. Sin embargo, tras la guerra civil, el régimen comunista impone la chaqueta Mao, también llamada *zhongshan*. Es un derivado del uniforme militar, unisex, con botones y cuello invertido cerrado. El traje Tang, aunque habitual en las películas de kung-fu de Hollywood de las décadas de 1970 y 1980,

«MAO POSA PARA *ELLE*. Y LA CHAQUETA CHINA, A MEDIO CAMINO ENTRE EL MONO DE TRABAJO Y EL UNIFORME ANTIBURGUÉS, SE CONVIERTE EN EL ATUENDO CHIC DE LOS CONTESTATARIOS».

ELLE, 1975

no consigue recuperar la preeminencia en el vestuario chino.

¿TRAJE TANG O *HANFU*?

China se divide entre los partidarios del traje popular y práctico, y los adeptos a una prenda típica introducida por la dinastía Han. Por su parte, la moda elige la chaqueta Tang y la reinterpreta para la pasarela; el principal artífice es el diseñador japonés Yohji Yamamoto (*véase* pág. 308).

OBJETO POLÍTICO

En 1929, el Partido Nacionalista Chino adopta como uniforme el *zhongshan*, y lo será para todo el país —borrando cualquier tipo de diferencia— hasta mediados de la década de 1960, cuando muchos intelectuales, sobre todo franceses, lo convierten en el objeto antiburgués y revolucionario de moda. El diseñador Gilbert Feruch también lo interpreta. Tanta frivolidad lo libera de su aire militar y totalitario.

PAJARITA
CAUSA CON EFECTO

| EMBAJADORES | .... | FRED ASTAIRE, MARLENE DIETRICH, ALBER ELBAZ |
| PASARELA | .... | SAINT LAURENT, RALPH LAUREN, THOM BROWNE |

La pajarita comparte origen con la corbata y no es otro que el gusto del hombre por los pañuelos anudados al cuello. Los aristócratas de los siglos XVII y XVIII se adornan con pecheras, chorreras y corbatas. Hay quien considera que la pajarita nació de la fusión de estos complementos en el siglo XIX.

↑ **Andy Warhol,** en la revista *Time Life*.

«LAS PAJARITAS MOLAN».

DOCTOR WHO

CORBATA NEGRA

Popularizada por los dandis (*véase* pág. 324), la pajarita se consolida en la segunda mitad del siglo XIX: acompaña a la burguesía de la Revolución Industrial y a los hombres influyentes y, con el desarrollo del esmoquin, se hace imperativa en el traje de etiqueta de caballero. Se estima que Pierre Lorillard concibió la forma moderna del esmoquin y la pajarita para James Potter, con motivo de un baile en el Tuxedo Club (en el estado de Nueva York), y que el éxito de aquel atuendo se tradujo en el código de etiqueta llamado «corbata negra».

DÍA Y NOCHE

El siguiente capítulo de la historia también tiene lugar en Nueva York y lo protagoniza el corbatero Jesse Langsdorf. En 1924, diseña un modelo de corbata que busca distanciarse de la pajarita, ya que esta última se ha vuelto tan corriente en las veladas elegantes como en las oficinas.

HUMOR Y SEDUCCIÓN

El cine, poblado de personajes cómicos como Charlie Chaplin o Laurel y Hardy, arrastra la pajarita al vodevil. Marlene Dietrich y Katharine Hepburn la lucen rompiendo las normas del género. A la inversa, la pajarita juega también en el campo de la masculinidad seductora y complementa la bailarina figura de Fred Astaire, los aires golfos del Rat Pack o la presencia distinguida de James Bond.

NUDOS PARA TODOS

James Bond

Charlie Chaplin

El Pato Donald

Drácula

Los Chippendales

Laurel y Hardy

Doctor Who

Winston Churchill

Las Conejitas de Playboy

Hércules Poirot

ANTIGUALLA DE MODA

Pero en la década de 1960 pierde su aura: se la considera demasiado convencional, muy conservadora y en exceso masculina. Es objeto de mofa y acaba marginada en los cuellos de personajes cómicos y de excéntricos desubicados. Sin embargo, la pajarita regresa en la década de 2000, gracias principalmente al diseñador Tom Ford, adepto de una virilidad nostálgica.

MITO CANTANTE

Cuenta la leyenda que la pajarita refrendó su popularidad con motivo del estreno de la ópera *Madama Butterfly* en 1904. Se cree que las pequeñas corbatas negras de los espectadores, o quizás el lazo corto del protagonista masculino, convirtieron la pajarita en un accesorio imprescindible. De hecho, en francés, se llama *nœud papillon*, en referencia a la «mariposa» (*butterfly*) de la obra.

PANTALÓN CORTO
MÁS ARRIBA, MÁS CORTO

EMBAJADORES ········· JANE BIRKIN, MR T., GEORGE MICHAEL

PASARELA ········· JACQUEMUS, GUCCI, DOLCE & GABBANA

Las piernas del hombre quedan más o menos al descubierto desde el final de la Edad Media: el jubón se combina con el gregüesco, un calzón muy ancho y corto. Poco a poco, el hombre adulto abandona el calzón y adopta el pantalón largo. En el siglo XIX se considera que a los niños hay que distinguirlos de alguna manera.

↑ Harrison Ford, *Festival de Cannes* (1982).

«UN HOMBRE JAMÁS DEBERÍA LLEVAR PANTALÓN CORTO EN LA CIUDAD».

TOM FORD

VIAJE INICIÁTICO

La moda infantil empieza a esbozarse en el contexto de la industrialización y aburguesamiento de la sociedad de mediados del siglo XIX. Las familias nobles o adineradas visten a sus niños con pantalón corto. La transición al pantalón largo señala simbólicamente la mayoría de edad.

GOLPE DE CALOR

Durante la colonización, muchos militares británicos acaban sirviendo en climas cálidos con uniformes poco adaptados. En las Bermudas, en 1914, siguen el ejemplo de Nathaniel Coxon, que ha acortado el uniforme de sus empleados. Tras la Segunda Guerra Mundial, la gente viaja cada vez más y las bermudas proliferan.

PANTALÓN ADULTO

A medida que se desarrollan los deportes, quienes los practican adaptan su atuendo: el pantalón corto aparece en el campo de golf, sobre las bicicletas o en las pistas de patinaje. Pero hay que esperar al siglo XX, sobre todo a la década de 1920, para que la prenda se popularice. Las élites son las primeras en adoptarlo. Sin duda, el acortamiento del traje de baño (*véase* pág. 72) acompaña la evolución del pantalón corto, que encuentra a sus principales valedores en la playa o en las canchas de tenis.

EN LA ORILLA

Así es como el hombre adulto reconquista su derecho al calzón. Al democratizarse las vacaciones pagadas en la década de 1930, el pantalón corto se convierte en el símbolo de la despreocupación. También lo utilizan las mujeres, aunque solo en la playa: imitan a las actrices de Hollywood, que usan seductores pantaloncitos para enseñar las piernas, ya que la censura las ha obligado a subir los escotes.

CUERPOS LIBERADOS

En las décadas de 1960 y 1970, la mujer acorta todas sus prendas y el hombre flirtea con la androginia. El pantalón corto —a veces micropantalón— se hace omnipresente, incluso en las ciudades. Del estilo disco a la moda urbana, protagoniza la revolución de los usos y costumbres y la liberación de los cuerpos.

EL FONDO DE LA PISCINA

Aunque el pantalón corto resulta habitual en la ciudad a partir de 1960, sigue vinculado al ocio y al verano. En 1967, Rosita y Tai Missoni organizan un desfile en el recinto de la piscina Solari, en Milán, y el diseñador Quasar Khanh crea una colección de mobiliario hinchable, que incluye una casita. Al acabar el evento, esta se desinfla y las modelos, con sus vestidos con vuelo, conjuntos floreados y *shorts* de punto (sello de la marca), acaban en el agua. El desfile se convierte en una fiesta y un espectáculo, concepto que va a perdurar en el mundo de la moda.

← **En la piscina.** Fotografía de Egidio Scaioni (1934-1937).

↑ **Pantalón corto Pavel Amazone,** de Balibaris.

BAÑADOR
CUANDO CALIENTA EL SOL

| EMBAJADORAS | ···················· | PAMELA ANDERSON, ROMY SCHNEIDER |
| PASARELA | ···················· | MOSCHINO, SAINT LAURENT, CHANEL |

El ocio del siglo XIX ofrece un placer hasta entonces reprobado: remojarse en el mar. Los primeros trajes de baño cubren todo el cuerpo: para el hombre, un mono de largo medio; para la mujer, corpiño, enaguas y pantalón. La práctica de la natación forzará el cambio.

↑ Bañador Aquarelle, de Eres.

NADA DE BRONCEARSE

Hasta la década de 1910, la playa no es un lugar en el que acomodarse y el baño no es más que un chapuzón, ya que casi nadie sabe nadar. Pudor obliga, y las mujeres se cambian dentro de casetas, a veces tiradas por caballos hasta la playa para evitar que atavíos tan «ligeros» atraigan miradas indiscretas.

NADO LIBRE

Una australiana desafía estas prácticas: la nadadora profesional Annette Kellerman. Necesita una prenda más cómoda para practicar su deporte y, en 1907, aparece con un bañador ceñido de una pieza, con mangas y perneras cortas. Aunque es arrestada por indecencia, su gesto alimenta el gusto por los bañadores de menor tamaño.

MIRADA FEMENINA

Pionera de la fotografía de moda, Louise Dahl-Wolfe retrata a las mujeres en la playa. Entre las décadas de 1930 y 1960, colabora con la revista estadounidense *Harper's Bazaar* y saca a sus modelos del estudio, para que posen en la naturaleza y a la luz del día. El cuerpo de la mujer se armoniza con el entorno, sensual, auténtico, vivo.

VIVAN LAS VACACIONES

Desde mediados de la década de 1910, hombres y mujeres visten bañadores de longitud similar a la del pantalón corto. En la década de 1920, la playa se suma a la moda: la élite se encapricha de la Riviera francesa y de la costa normanda, y las costumbres se relajan. A partir de 1936, se le unen las clases populares, que en Francia ya disfrutan de vacaciones pagadas.

SEXI A SU PESAR

El bañador, representante de la elegancia y la modestia, sobrevive a la aparición del bikini (*véase* pág. 73). En la década de 1980, época obsesionada por el físico, moldea los cuerpos atléticos, se escota y toma del aeróbic los colores fluorescentes. En la televisión, las playas de Malibú se llenan de bañadores rojos. Hoy, esta prenda emancipa a la mujer, pues le permite elegir: ya no simboliza el pudor, sino la libertad.

CUERPOS QUE BAILAN

Maillot de gimnasia: este primo hermano del bañador, confeccionado con malla, aparece a mediados del siglo XIX. Su inventor es el trapecista Jules Léotard, que quiere más libertad de movimientos y seguridad.

Maillot de danza: en el siglo XX, la bailarina y coreógrafa Martha Graham lo populariza en la danza contemporánea.

Objeto de moda: el sensual bodi se impone en la moda de 1970. En la década siguiente, la diseñadora estadounidense Donna Karan lo convierte en el paradigma del estilo de la década.

BIKINI
«EVA MARÍA SE FUE»

EMBAJADORAS	URSULA ANDRESS, BRIGITTE BARDOT
PASARELA	CHANEL, THOM BROWNE, COPERNI

Los trajes de baño llegan de la mano del ocio vinculado a las playas, los balnearios y las piscinas. Tapan el cuerpo con modestia, aunque, ya en la década de 1920, algunas mujeres audaces se atreven con el bañador de dos piezas. La Segunda Guerra Mundial alumbra la bomba atómica y, extrañamente, también el bikini.

ANTES DEL BIKINI, EL ÁTOMO

En 1932, Jacques Heim diseña un bañador de dos piezas llamado «el Átomo» debido a su reducido tamaño. Descubre el vientre (pero no el ombligo) y subraya las caderas con una franja de tejido horizontal. Pocas mujeres se atreven a llevarlo en ese momento, pero, después de la guerra, las costumbres se relajan y se hace popular en las playas francesas.

BOMBA ATÓMICA

El competidor más directo de Heim, el ingeniero Louis Réard, concibe en 1946 otro modelo de dos piezas destinado a favorecer el bronceado: cubre incluso menos, pues solo consta de dos triángulos atados con lazos en la parte de arriba y otros dos en la de abajo. El 1 de julio de 1946, una prueba nuclear sacude el atolón Bikini, en el Pacífico, y los símiles se propagan: Rita Hayworth es «una bomba atómica», el nuevo bañador, «un bikini».

ANATOMÍA DE UN ESCÁNDALO

El bikini se presenta oficialmente con motivo de un concurso de belleza organizado en la piscina Molitor de París, el 5 de julio de 1946. Como ninguna modelo quiere desfilar con él, Micheline Bernardini, que baila desnuda en el Casino, se presta al experimento. El bikini es tildado de indecente, excluido de las revistas de moda, condenado por el Vaticano y prohibido en muchos países. Los comunistas lo consideran un marcador

GIMNASTAS

Las mujeres no esperan al siglo XX para destapar el cuerpo. En la antigua Roma, las gimnastas y atletas utilizan bandas de tela para cubrirse el pecho y una prenda similar a la braga; así lo atestiguan los mosaicos de la villa del Casale, en Sicilia. No es un bañador ni un bikini, pero el aspecto de estas mujeres resulta muy familiar.

↑ Ursula Andress, en *Dr. No* (*Agente 007 contra el Dr. No*, 1962).

«EL BIKINI: EL TRAJE DE BAÑO MÁS PEQUEÑO QUE EL TRAJE DE BAÑO MÁS PEQUEÑO DEL MUNDO».

LOUIS RÉARD

de clase y las feministas lo acusan de cosificar a la mujer.

LA DICTADURA DEL CUERPO

La década de 1960, con su cine y su música, por fin lo libera: es la bandera de una juventud airada y de una liberación política que también se quiere para el cuerpo. Sin embargo, el símbolo impúdico acaba siendo un déspota cuando impone a los cuerpos una nueva norma estética.

BOND... JAMES BOND

En 1962, la película *Dr. No* (*Agente 007 contra el Dr. No*) supone un giro decisivo para la aceptación del bikini. En una playa paradisíaca, la actriz Ursula Andress emerge del mar como una Venus de Botticelli; de su bikini color marfil cuelga un puñal. No parece una mujer cosificada. Es una escena mítica y, en 2001, la prenda se vende por 60 000 libras en una subasta en Christie's.

↑ Bikini St Barth, de Carioca.

→ La actriz Charley Weaver, Acapulco (1972).

PLUMÍFERO
CALENTITO

| EMBAJADORES | ···················· | RIHANNA, DRAKE, BILLIE EILISH |
| PASARELA | ···················· | BALENCIAGA, JUNYA WATANABE, MARC JACOBS |

El hombre siempre ha utilizado a los animales para alimentarse y vestirse. Los vikingos y los esquimales entienden muy rápidamente las ventajas de un buen forro de plumón. En el siglo XX, los aventureros definen la forma moderna de este abrigo, capaz de conservar el calor del cuerpo en las condiciones más extremas.

↑ **Plumífero Silent Down**, de Patagonia.

INSTINTO DE SUPERVIVENCIA

En 1935, Eddie Bauer, que ha estado a punto de morir de hipotermia cuando pescaba en el hielo, confecciona un abrigo acolchado y con forro integral de plumón de oca. La prenda, que patenta en 1936, se convierte en el perfecto aliado de quienes practican deporte al aire libre y con bajas temperaturas. En Francia, el alpinista Pierre Allain también idea un abrigo con forro destinado a los esquiadores, que llama la atención del Ejército. Después de la Segunda Guerra Mundial, el esquí se convierte

PLUMÍFERO CHIC

El diseñador estadounidense Charles James presenta el primer plumífero de alta costura en 1938: un abrigo de noche de mujer confeccionado con la misma técnica que un edredón, al que bautiza como «chaqueta neumática».

en la actividad preferida de la *jet set* y los plumíferos se multiplican.

A LA MODA

Los diseñadores de prendas de lujo, como Emilio Pucci, André Courrèges o Christian Dior, lo introducen en sus colecciones. La marca francesa Moncler presenta sus primeros modelos en 1954 y da la campanada vistiendo al equipo francés de esquí alpino en los Juegos Olímpicos de Invierno de Grenoble, en 1968. Este acontecimiento contribuye a democratizar el plumífero, en un momento en el que también el esquí se populariza.

EN EL PATIO DE LA ESCUELA

En la década de 1980, el plumífero se hace más urbano. Su colorido, variado y llamativo, hace las delicias de los jóvenes; también de los aficionados al hiphop (*véase* pág. 316), que aprecian que este abrigo

ensanche la espalda. En su versión más ligera es habitual en los institutos, y marcas como Chevignon seducen a los adolescentes. Mientras, en las pasarelas de las principales casas de alta costura, el plumífero se divierte trascendiendo las fronteras de la elegancia.

OBJETO DE APEGO

Con su versatilidad, es a la vez un objeto de lujo y un accesorio reconfortante para los jóvenes que buscan no solo abrigo, sino también anonimato. El plumífero es tan chuleta en los videoclips de rap como saltimbanqui en las pistas de esquí.

A LA CAMA

En su colección de otoño/invierno de 2005, los diseñadores holandeses Viktor & Rolf proponen una línea inspirada en la ropa de cama. Algunas modelos desfilan con almohadas detrás de la cabeza y envueltas en edredones y sábanas, que evocan los cuellos a la valona del siglo XVII. Los edredones, similares a abrigos de gran tamaño, son la evocación definitiva de la comodidad y la pereza.

RIÑONERA
GIRO DE CINTURA

EMBAJADORES	BEYONCÉ, THE ROCK
PASARELA	STELLA MCCARTNEY, KENZO, RICK OWENS

Transportar pertenencias: he aquí una de las necesidades más primitivas del ser humano. En todas las culturas existen bolsos que se cuelgan del talle. En la Edad Media, hombres y mujeres utilizan bolsas de cuero; en el Renacimiento, las limosneras se guarnecen de oro y plata.

↑ Riñonera, de Supreme para Barbour.

«LA RIÑONERA SIRVE A LOS CICLISTAS, A LOS EXCURSIONISTAS Y A LOS JINETES».

SPORTS ILLUSTRATED, 1954

BOLSILLO DE CINTURA Y ESPALDA

La riñonera le debe mucho al vestuario femenino del siglo XVII: bajo el vestido o la falda, las mujeres se anudan al talle faltriqueras de tela, a las que se accede por aberturas discretas. En su forma actual, aparece a mediados del siglo XX entre los esquiadores y los excursionistas, que la llevan a la espalda y muy baja (de ahí que se conozca como

LAS MANOS, EN LOS BOLSILLOS

Mientras que los hombres disfrutan de bolsillos cosidos en su vestuario desde el siglo XVI, las mujeres tienen que esperar al XIX. Hasta ese momento, han de cargar con accesorios independientes, similares a bolsitas planas cerradas con un lazo o un trozo de tela, que se anudan a la cintura, entre la enagua y la camisa.

bum bag o *fanny pack*, palabras del argot inglés para designar las nalgas).

TURISTAS Y DEPORTISTAS

La década de 1980 es suya, gracias al auge del *fitness* y las actividades deportivas en el espacio urbano, así como al desarrollo del turismo de masas. También son años de reafirmación de la cultura juvenil: los adolescentes de clase media llevan llamativas riñoneras inspiradas en los videoclips de la MTV, puras amalgamas de nailon, colores fluorescentes y motivos abigarrados.

EL LUJO OBSERVA LA CALLE

A principios de la década de 1990, diseñadores como Karl Lagerfeld sacan de las aceras este accesorio fofo y colorido y lo suben a la pasarela convertido en un objeto refinado y poblado de siglas y anagramas. A finales de la década, la cultura *rave* (*véase* pág. 342) la introduce

en la vida nocturna y el hiphop (*véase* pág. 316) la adorna con llamativos logotipos.

ANTICUADA PERO NO TANTO

Los 2000 llegan obsesionados con el lujo y se destierra la riñonera, para no volver hasta las décadas de 2010 y 2020, que la renuevan y le insuflan una nueva vida. Se hace minimalista y adopta motivos geométricos y formas innovadoras. De repente, es un complemento estiloso del *streetwear*, y los *clubbers* y raperos la enarbolan. Lo *demodé* deviene tendencia.

SALVAJE OESTE

Ya desde la Edad Media, los hombres utilizan fundas de piel para llevar sus armas a la cintura. A mediados del siglo XIX, en Estados Unidos, la conquista del Oeste impulsa el desarrollo de las pistoleras de cuero, unas «riñoneras belicosas» que permiten a los vaqueros disparar más rápido que su propia sombra.

← Ava Amande, en Londres (2021).

↑ Vestido de flores Warverly, de Laura Ashley, para Batsheva.

VESTIDO CAMPESTRE
JÓVENES EN FLOR

EMBAJADORAS ·············· LADY DI, FLORENCE WELCH, LOULOU DE LA FALAISE

PASARELA ·················· JOHN GALLIANO, LOUIS VUITTON, GUCCI

El movimiento *hippie* llega con el gusto por otras culturas, pero no solo eso: se respira cierto historicismo, una nostalgia, que se manifiestan en la moda popular. En las chamarilerías y tiendas de segunda mano, se desempolvan prendas de la *belle époque*, que inspiran un estilo romántico añejo.

↑ El reparto de *Little House on the Prairie* (*La casa de la pradera*).

AIRES PRETÉRITOS

El gusto por las formas del pasado se populariza sobre todo en el Reino Unido y en Estados Unidos, donde se recuperan siluetas que traen a la memoria las eras victoriana y eduardiana: cuellos altos, faldas largas, encajes, volantes, enaguas de flores... Los *hippies* (*véase* pág. 326), que se oponen al consumismo, encuentran estas prendas en los rastros, y marcas como Gunne Sax, en San Francisco, la reinterpretan en sus tiendas.

MODA CAMPESTRE

Tras el triunfo del plástico en la década de 1960, el siguiente decenio promulga el regreso a la naturaleza. El vestido campestre evoca la vida deseada, lejos de la ciudad y la modernidad. La diseñadora británica Laura Ashley se distancia de la moda sensual y bohemia del *Swinging London*

PRESENTACIÓN OFICIAL

En 1981, Diana Spencer, futura princesa de Gales, protagoniza una sesión fotográfica en la guardería donde trabaja. Lleva un vestido claro de Laura Ashley, que no solo revela las piernas a contraluz, sino que se le pega al cuerpo con el aire. Es un escándalo y una publicidad extraordinaria para la marca.

y propone un estilo orientado a una clientela olvidada hasta ese momento: la mujer en busca de estilo y delicadeza.

MADRES E HIJAS

De las propuestas de Laura Ashley emana un espíritu bucólico y amablemente conservador. Su publicidad muestra escenarios campestres, románticos e idílicos, y su protagonista es la madre con sus hijos, la madre de un hogar perfecto y tradicional.

ÉXITO COMERCIAL

La marca se convierte en cadena, y Laura Ashley, en imperio. El éxito se mantiene durante la década de 1980, en parte porque la princesa Diana de Gales luce estos vestidos delicados, convencionales y distinguidos. En el decenio siguiente, la juventud *grunge* (*véase* pág. 338) los recontextualiza.

REGRESO AL FUTURO

En la actualidad, el vestido campestre resurge en la moda, en sintonía con las preocupaciones medioambientales de cierto tipo de consumidoras.

FAMILIA DE CULTO

En 1974, la familia Ingalls se estrena en la pequeña pantalla estadounidense: ha nacido *Little House on the Prairie* (*La casa de la pradera*). La serie, con sus valores familiares y bucólicos paisajes, no es ajena a la moda del vestido campestre.

ELEGANCIA *HIPPIE*

Para su boda con Bill Clinton en 1975, Hillary Rodham elige un vestido de Gunne Sax, marca que, por aquel entonces, es muy popular entre las novias.

SOMBRERO DE PAJA
VACACIONES BIEN MERECIDAS

EMBAJADORES ···················· MAURICE CHEVALIER, AUDREY HEPBURN

PASARELA ···················· JACQUEMUS, JOHN GALLIANO, SCHIAPARELLI

Nos cubrimos la cabeza desde la prehistoria. El sombrero de materia vegetal aparece ya en la Antigüedad —desde el continente africano hasta Asia, pasando por Europa—, motivado por la comodidad, la protección y, a veces, los rituales sagrados.

↑ **Alumnos del Winchester College**, en el Reino Unido (1960).

SOMBRERERÍA CAMPESINA

La rafia, el yute, la caña y el cáñamo son los materiales más habituales en la confección de sombreros. Estos vegetales, ampliamente disponibles, maleables y baratos, permiten la democratización del sombrero de paja, que utilizan principalmente los campesinos. Los nobles, por su parte, eligen materiales más lujosos, con la excepción de la Toscana principesca, que prefiere la paja trenzada.

SOMBRERO DE HOJA

El *nón lá* («sombrero de hoja») de los campesinos vietnamitas, muy habitual en los arrozales y reconocible por su forma cónica, se confecciona con hoja de palma. Se cree que se remonta a la prehistoria y que se consolida en el siglo XIII; en aquel entonces, era mucho más voluminoso. En la década de 1930 adopta su forma moderna.

EL PANAMÁ ECUATORIANO

Desde el siglo XV, los ecuatorianos tejen sombreros con paja toquilla, la fibra extraída de la hoja de palma. Al exportarse al resto de Latinoamérica adopta el nombre de «panamá», pues lo utilizan en ese país tanto los buscadores de oro del siglo XIX como los obreros del canal excavado entre 1904 y 1914. Más tarde, el panamá da el salto a Estados Unidos y a Hollywood.

EVOCACIÓN PASTORIL

Mientras que, en la Edad Media, la moda es algo que emana desde la aristocracia hacia las clases populares, la tendencia se invierte al acercarse la Revolución francesa. A finales del siglo XVIII, las mujeres elegantes de Versalles completan sus atuendos con sombreros de paja; imitan a la reina María Antonieta, que fantasea con atuendos de pastora burguesa. Es un estilo que las aristócratas de las colonias ya empleaban con anterioridad para protegerse del sol.

LA EDAD DE ORO

El siglo XIX es el de los sombreros. La moda desata su imaginación y propone modelos originales, extravagantes o estilosos. El sombrero de paja es el elegido por los grandes movimientos artísticos, pues expresa la miseria del realismo y los paisajes naturales del impresionismo. En la sociedad del ocio, se hace canalla y se convierte en canotier.

AL SOL

En el cine o en la calle, o cuando cubre a Maurice Chevalier en la década de 1930, el sombrero de paja es alegre; en 1970, adopta un aire bohemio y despreocupado. Del campo al ocio, el sombrero de paja se ha labrado su lugar bajo el sol.

> **«CON MI CANOTIER LADEADO, LADEADO, A MI RITMO EL MUNDO EL *TWIST* HA BAILADO».**
>
> MAURICE CHEVALIER, *EL TWIST DEL CANOTIER*

← **Audrey Hepburn**, cerca de Brighton, en el Reino Unido (1951).

↑ **Sombrero tradicional** de la Provenza francesa.

QIPAO
FEMINISMO Y CLICHÉS

| EMBAJADORAS | ············ | ANNA MAY WONG, NANCY KWAN, MAGGIE CHEUNG |
| PASARELA | ············ | ALTUZARRA, SHIATZY CHEN, MARQUES 'ALMEIDA |

Al fundarse la República de China en 1912, las feministas reclaman una sociedad más igualitaria. Para respaldar sus postulados, adoptan una prenda llamada *qipao* (en mandarín), que se inspira en la tradicional túnica manchú unisex.

↑ Vestido *qipao*, de Huishan Zhang.

SÍMBOLO NACIONAL

La moda del *qipao* se desarrolla sobre todo en Shanghái, puerto cosmopolita y dinámico, pero recibe su espaldarazo definitivo en 1929, cuando la República lo proclama (en su versión más larga) como insignia de la cultura nacional. Desde ese momento no deja de evolucionar, e incluso asimila elementos estilísticos de la moda occidental. El *qipao* se acorta, se ajusta al cuerpo e incorpora dos audaces aberturas que pueden llegar hasta el muslo; de esta forma, perpetúa una ideología feminista que defiende la emancipación del cuerpo.

FANTASÍA HOLLYWOODIENSE

A partir de 1949, el *qipao* se sustituye por un conjunto uniformado y mixto. Sin embargo, sobrevive en Hong Kong, donde se adopta como prenda de calle y llama la atención de los extranjeros. Ya desde la década de 1920, el *qipao* fascina a Occidente, y el cine de Hollywood contribuye a convertirlo en una fantasía orientalista, que sexualiza la figura de la mujer asiática.

VOCABULARIO

La palabra *cheongsam* procede del cantonés *cheuhngsaam*, mientras que *qipao* es un vocablo del mandarín. El apelativo *cheongsam*, establecido por los británicos de Shanghái, se aplica tanto a la versión original masculina como a sus sucesoras femeninas; y la palabra *qipao* se utiliza solo para designar el vestido de mujer.

PERSONAJE CINEMATOGRÁFICO

En el año 2000, el cine chino lo reclama: en *Fa yeung nin wa* (*Deseando amar*), el director hongkonés Wong Kar-wai ofrece una oda al amor, al deseo... y al *qipao*. La prenda, que luce la actriz Maggie Cheung en el Honk Kong sensual e indolente de la década de 1960, participa en la narración y escapa a su condición de estereotipo para contribuir a la emoción de la historia.

NUEVA GENERACIÓN

En la actualidad, en su aspiración por reconquistar la herencia cultural, la juventud de origen chino ha reinterpretado una vez más el *qipao* y denuncia a menudo, en la red social TikTok, su explotación occidental con fines eróticos.

MUJER FATAL

En la década de 1930, el cine perpetúa la imagen estereotipada de la mujer asiática, venenosa y depredadora, un cliché que sufren actrices como Anna May Wong. La guerra no soluciona las cosas y el *qipao* reafirma su condición de fantasía sexual. La actriz estadounidense de origen hongkonés Nancy Kwan declara, en la década de 1960, que esta prenda tiene aberturas porque «las chicas chinas tienen las piernas bonitas».

CHAQUETA DE TRABAJO
«LA LUCHA FINAL»

EMBAJADOR ··············	**BILL CUNNINGHAM**
PASARELA ········	**YOHJI YAMAMOTO, ALEXANDER MCQUEEN, KRIS VAN ASSCHE**

La Revolución Industrial engendra máquinas automatizadas y con ellas nace la ropa de protección para el obrero. La chaqueta azul (teñida de añil barato) sustituye a las batas de trabajo. La vestimenta profesional incluye petos y pantalones, pero la prenda que entra en la moda es la chaqueta con bolsillos.

↑ Chaqueta de trabajo, de Lafont.

UN AZUL NO SIEMPRE TAN AZUL

Aunque el color difiere según el oficio, en general, el material con el que se confecciona es casi siempre el mismo: un grueso dril de algodón que ofrece una protección reforzada. En Estados Unidos, la cazadora vaquera (*véase* pág. 64) desempeña este mismo papel. Robusta y funcional, la ropa de trabajo ayuda al obrero y lo identifica.

ESTANDARTE SOCIAL

La vestimenta trasciende al individuo y encarna toda una clase social, toda una lucha. Sobre todo en el período de entreguerras, se convierte en bandera de los trabajadores y los contrapone a la burguesía: los «cuellos azules» frente los «cuellos blancos» de la patronal. La chaqueta de dril personifica al trabajador, sea operario de fábrica, artesano o campesino. Es el trabajo manual, es el pueblo.

DE LA FÁBRICA A LA CALLE

Los artistas liberan a la chaqueta azul de sus funciones profesionales y, así renovada, a comienzos del siglo XX se inserta en una modernidad que empieza a reflexionar sobre el lugar que deben ocupar la estética y la comodidad. La funcionalidad de la prenda inspira estilos más prácticos.

CAZAIMÁGENES

Las fotografías de Bill Cunningham, ataviado con su chaqueta azul, pueblan el paisaje de la moda estadounidense: es el inventor del *streetwear*. Apasionado de los *looks* personales, retrata a viandantes y famosos en las calles de Nueva York y, desde 1978, publica las fotografías en «On the Street», del *New York Times*.

«LA CULTURA DEL OBRERO NO ES ESTIRADA: ES LA EXPRESIÓN DEL TRABAJO DURO, DEL SUDOR».

VIRGIL ABLOH

EL FRENESÍ DE LA MODA

La calle y la fábrica se unen en mayo de 1968: obreros y estudiantes se reúnen en el asfalto y la chaqueta azul se convierte en el emblema de la lucha. Al acabar la revolución, se queda en la calle, ya que le sienta muy bien al espíritu bohemio y libre. Diseñadores como Marithé + François Girbaud o agnès b. la convierten en objeto de moda. Desde 2010, gracias a la juventud japonesa, vuelve a suscitar un notable entusiasmo.

AZUL DE CHINA

En el período de entreguerras, los estibadores argelinos descubren el traje añil de los marineros chinos, que se compone de una chaqueta de botonadura similar a la de la chaqueta Tang y un pantalón. Otras ciudades portuarias como Bastia o Marsella se dejan seducir por esta prenda funcional y ligera. Al término de la Segunda Guerra Mundial, el azul de Shanghái ya solo se fabrica en Argelia y en Marsella.

SAMUE
CUIDAR EL ZEN

| EMBAJADORES | ···················· | YOHJI YAMAMOTO, HAIDER ACKERMANN |
| PASARELA | ···················· | DAMIR DOMA, CRAIG GREEN, BALENCIAGA |

La espiritualidad zen, sobria y meditativa, se desarrolla en Japón en el siglo XII. La contemplación también se inscribe en las tareas cotidianas realizadas en los monasterios y conventos. En el ejercicio de estas labores, llamadas *samus*, los religiosos de ambos sexos visten un conjunto de trabajo funcional: el *samue*.

↑ *Samue*, de Indigo Union.

SIN DISTRACCIONES
El *samue* primitivo está concebido para la práctica de la meditación: una túnica de largo medio (que se ha reducido con el paso de los siglos) acompañada de un pantalón. Las mangas de la chaqueta son ligeramente cortas, con el fin de dejar libres las manos, y se cierra mediante lazos; por todo ello, es un conjunto cómodo para cualquier ocasión.

PRENDA HETERÓCLITA
Como indumentaria de trabajo, el *samue* es adoptado por artesanos, artistas y médicos. En el siglo XX, se alía con la comodidad y contribuye al ocio y al bienestar nocturno, pues se usa como pijama. Es mucho más fácil de poner y menos codificado que el kimono (*véase* pág. 148). Y, por encima de todo, con sus depurados colores lisos, la robustez de su algodón y su carácter unisex, uniformiza a una sociedad muy jerarquizada y la llama a la sobriedad.

LA MODESTIA DE LO BELLO
En la década de 1980, con el auge de la deconstrucción (*véase* pág. 308) en Japón, Rei Kawakubo y Yohji Yamamoto, entre otros diseñadores, reinterpretan estas prendas tradicionales de formas fluidas y revolucionan la moda occidental con nuevas estéticas. La amplitud del pantalón del *samue* envuelve el cuerpo con una ligereza refinada, mientras que la chaqueta, que se cruza sobre el busto cerrándose con una lazada, dibuja una elegancia desenfadada. Este conjunto, habitualmente teñido de oscuro o de añil, es tan modesto como bello y se impone sin florituras ni ostentaciones.

«LA MODA SOLO ESTÁ COMPLETA CUANDO LA VISTEN PERSONAS NORMALES».

YOHJI YAMAMOTO

PRIMO Y ALIADO
El *samue*, robusto y espeso, es una prenda para todo el año. Sin embargo, algunos prefieren el *jinbei*, un conjunto de chaqueta de manga corta y pantalón también corto, más adaptado a la época estival. Es un modelo más suelto, que se usa en la intimidad del hogar y raramente en la calle, a menos que la salida sea corta y cerca de casa.

EL ESTILO JAPONÉS RENACE
La nueva generación de diseñadores concilia las tendencias europeas con los modelos inmemoriales. Yohji Yamamoto erige el *samue* en bandera de un estilo deportivo y despreocupadamente chic y como pieza importante de la renovación global del vestuario laboral.

GORRA
EN LA CALLE Y EN EL ESTADIO

EMBAJADORES	**SPIKE LEE, LADY DI, RIHANNA**
PASARELA	**BURBERRY, CHANEL, LACOSTE**

Para relanzar la economía de la lana inglesa e irlandesa, en 1571, el Parlamento británico establece que, los domingos y los días festivos, todos los hombres que no pertenezcan a la nobleza y los niños de más de seis años deben cubrirse la cabeza con un gorro de lana. Así se crea una gorra plana, símbolo de la clase obrera.

↑ Elton John (1970).

> **«SIEMPRE ME HA GUSTADO LLEVAR GORRA. TUVE LA PRIMERA CON SEIS O SIETE AÑOS. EN AQUELLA ÉPOCA, TODOS LOS NIÑOS TENÍAMOS UNA. NO TENÍA NADA QUE VER CON LA MODA».**
>
> SPIKE LEE

GAVROCHE

En el siglo XIX, la gorra plana es más redonda y tiene visera. La llevan los niños y los jóvenes de las clases populares, en especial los vendedores ambulantes de periódicos. En Francia toma su nombre de Gavroche, el niño imaginado por Victor Hugo en *Les Misérables* (*Los Miserables*) y que personifica al pilluelo parisino. Los niños más pobres de la ciudad empiezan a ser conocidos por el apelativo *gavroche*, que también se aplica a la gorra que los caracteriza.

SUEÑO AMERICANO

La gorra entra en Estados Unidos con los inmigrantes irlandeses y la Revolución Industrial la populariza: la llevan los aficionados a deportes elitistas como la caza o el golf, y es la aliada perfecta para las primeras excursiones con coches de motor.

PESO PESADO

Las gorras *trucker*, concebidas para los camioneros estadounidenses, aparecen en la década de 1970. Destacan por la malla que ventila la parte trasera del cráneo y por el gran tamaño de su frontal, muy útil para incluir publicidad de las empresas que las regalan. La *trucker* es la encarnación del estilo americano difundido por la televisión y el cine.

AL TERRENO DE JUEGO

La gorra actual procede del béisbol. A medida que este deporte se desarrolla en la segunda mitad del siglo XIX, los jugadores lucen diferentes modelos. En 1901, los Tigers de Detroit son el primer equipo en añadirle su logo; así nace la gorra moderna.

OBJETO DE MODA

En la década de 1930, New Era estandariza el modelo de gorra y diseña, en 1954, la versión que aún hoy suministra a casi todos los equipos estadounidenses de béisbol. En 1970, se consolida entre los fans de este deporte, en la escena hiphop (*véase* pág. 316) y en otras actividades deportivas que requieren protección solar. En 1990, famosos como Spike Lee la convierten en el complemento de moda.

A CONTRACORRIENTE

A mediados del siglo XX, algunos deportistas (sobre todo beisbolistas), así como los tiradores de élite del Ejército estadounidense, empiezan a llevar la gorra hacia atrás, los primeros para ver mejor la pelota, los segundos para que la visera no choque con la mira del arma. En la década de 1980, el hiphop se apropia del gesto y lo convierte en insumisión.

← El jugador de béisbol Clem Labine, de los Brooklyn Dodgers (1955).

↑ Gorra 9FORTY de los Yankees de Nueva York, de New Era.

ZAPATILLA DEPORTIVA
ESENCIA *COOL*

| EMBAJADORES | .... | MICHAEL JORDAN, KURT COBAIN, FARAH FAWCETT |
| PASARELA | .... | COMME DES GARÇONS, GUCCI, CHRISTOPHER KANE |

En 1839, la invención de la vulcanización —que consiste en añadir azufre a la goma para hacerla flexible y resistente al agua— posibilita el nacimiento de la zapatilla deportiva. En el Reino Unido y en Estados Unidos, los fabricantes de caucho integran este procedimiento en el calzado de playa y de cróquet.

↑ Air Jordan 1 High Dior, de Nike.

«UNA MUJER PUEDE ENFUNDARSE UNOS ZAPATOS DE TACÓN EXTRAVAGANTES DE NOCHE Y UNAS DEPORTIVAS SOBRIAS Y LIGERAS AL DÍA SIGUIENTE. EL LUJO MODERNO ES BELLO PORQUE NO TIENE REGLAS».

GIUSEPPE ZANOTTI

ZAPATILLA DE TELA

Gracias a estos avances, a mediados del siglo XIX aparece la zapatilla de tenis; fabricada con tela y suela de caucho, se adapta mucho mejor a la hierba que el calzado de piel. Aunque en un primer momento está reservada a los deportistas más curtidos, la Keds y la All Star de Converse se hacen muy populares en la década de 1910.

DEPORTISTAS DOMINGUEROS

Con la mediatización de las olimpiadas y la creciente fascinación por las hazañas deportivas, la zapatilla se abre camino hasta los aficionados. Después de la guerra, sale de las canchas y los terrenos de juego: la juventud rebelde la calza con orgullo, combinada con pantalón vaquero (*véase* pág. 136) y camiseta (*véase* pág. 10). Se convierte así en el emblema de la juventud y de la renovación de los códigos del vestir.

CADA UNO A LO SUYO

En 1924, en Alemania, los hermanos Adolf y Rudolf Dassler confeccionan zapatillas de tenis. Rompen su relación en 1947; el primero funda Adidas; el segundo, Puma.

ESPÍRITU DE GRUPO

Cultura deportiva y cultura popular se mezclan. Bruce Lee y Los ángeles de Charlie tienen legiones de fans y calzan deportivas, así que marcas como Nike, New Balance, Reebok y Adidas diversifican los modelos: cada cual puede elegir según su gusto y estrella de cine favorita.

TENIS PARA TODO

El estilo urbano, consagrado por el hiphop (*véase* pág. 316) y popularizado por la cadena de televisión MTV —nacida en 1981—, influye en un gran abanico de estilos, que los

adolescentes imitan. La zapatilla deportiva es el máximo exponente de lo *cool*. En 2010, las marcas de lujo se la llevan a su terreno y la convierten en objeto de deseo, hasta el punto de provocar a veces la histeria colectiva. Ahora forma parte de los usos y costumbres: es trivial, todoterreno, relajada y deseada. En realidad, ha dejado de ser deportiva.

VENDEDOR DEL AÑO

En 1921, Converse contrata a Chuck Taylor. Entrenador y aficionado al baloncesto, promociona la marca como nadie y consigue vender millones de pares. Su relación con Converse es tan estrecha que su nombre aparece en las All Star desde 1932.

Doble página anterior: Alineación del equipo. Fotografía de Hugh Holland (California, 1976).

TODOTERRENO

1839

PROCESO INNOVADOR

Charles Goodyear
inventa la vulcanización.

1906

FABRICANTE PIONERO

Nace New Balance.

1916

CALZADO DEPORTIVO

US Rubber Company
lanza las Keds.

1917

MODELO ICÓNICO

Converse presenta
las All Star, diseñadas
para los jugadores
de baloncesto.

1949

COMPETENCIA

Adolf Dassler
crea Adidas.

1948

NUEVA MARCA

Rudolf Dassler
funda Puma.

1936

EMBLEMA DEPORTIVO

Las All Star son las
deportivas oficiales del equipo
estadounidense de baloncesto
en las Olimpiadas.

1964

FUTURO GIGANTE

Nace Blue Ribbon Sports,
rebautizada Nike en 1971.

1966

EN MONOPATÍN

Nace Vans, que
los aficionados
al monopatín
popularizarán en
la década de 1970.

1969

MODELO ICÓNICO

Adidas lanza su modelo
Superstar, la primera
zapatilla de baloncesto
de caña baja; es adoptada
por el hiphop.

1976

LOGO MÍTICO

New Balance presenta
su primer modelo de
deportiva con el logo
«N».

1985

COLABORACIÓN GENIAL

El jugador de baloncesto
Michael Jordan se asocia
con Nike para lanzar las
míticas Air Jordan.

1982

PUBLICIDAD DEPORTIVA

Aparecen las Air Force 1
de Nike, zapatillas de culto
gracias a los jugadores
de la NBA.

1978

EN VERSIÓN TENIS

Adidas rinde
homenaje al jugador
de tenis Stan Smith.

1986

MÚSICA

Run-DMC publica
su éxito «My Adidas».

1989

EN PANTALLA

Marty McFly calza unas
Nike futuristas en
Back to the Future Part II
(*Regreso al futuro II*).

2003

EN LA PASARELA

Yohji Yamamoto
colabora con Adidas
y lleva las deportivas
al mundo de la moda.

2004

CONCIENCIA VERDE

La marca Veja
presenta las primeras
deportivas ecológicas
y de comercio justo.

↑ De superior a inferior: Reebok Glide, Converse Chuck Taylor All Star, New Balance 530, Vans Old Skool, Nike Air Force 1 y Adidas Stan Smith.

→ Partido de baloncesto universitario, en Estados Unidos (1969).

ZAPATO DE TACÓN
LOS DE AGUJA

EMBAJADORAS ⋯⋯ **DITA VON TEESE, MARILYN MONROE, SARAH JESSICA PARKER**

PASARELA ⋯⋯⋯⋯ **SAINT LAURENT, BOTTEGA VENETA, PRADA CRUISE**

El calzado con plataformas se conoce desde la Antigüedad, pero los primeros tacones propiamente dichos aparecen hacia el siglo X, en Persia. Los hombres que montan a caballo los utilizan para equilibrar los pies en los estribos. Las relaciones diplomáticas llevan este tipo de zapato a Europa en el siglo XVII.

↑ **Zapato de tacón Boucle Flower**, de Roger Vivier.

«SI TE PONES UNOS TACONES ALTOS, CAMBIAS».

MANOLO BLAHNIK

UN ASUNTO DE HOMBRES

El zapato de tacón se convierte en la divisa de los elegantes, de los poderosos y de la virilidad. Las mujeres que se atreven a usarlo a mediados del siglo XVII están mal vistas: se las tilda de «masculinas».

ZAPATOS Y CUERPOS

A finales del siglo XX, la marca de calzado Charles Jourdan recurre al fotógrafo especialista en moda Guy Bourdin para crear su publicidad. Bourdin recorta el cuerpo femenino para mostrar solo algunos retazos, sobre todo las piernas y los pies. En estas imágenes sensuales y de estilo surrealista, el zapato de tacón se impone a la mujer y la somete a los deseos del hombre.

EN EL BANDO FEMENINO

Tras la Revolución francesa, el hombre se decanta por un calzado más modesto y el tacón pierde su influencia. Regresa a mediados del siglo XIX, ya asociado al vestuario femenino, bajo la forma de botín para el día y coqueto zapato para la noche.

FEMINEIDAD Y FANTASÍAS

Con la emergencia de la fotografía y de su vertiente erótica, el zapato de tacón, calzado por modelos desnudas, se convierte en objeto de fetichismo. La ropa tapa completamente el cuerpo de la mujer y la visión de un par de tacones suscita fantasías y se considera inmoral. Hay que esperar hasta la década de 1920 para que se normalice este calzado. Después de la guerra, para acompañar el «New Look» de Christian Dior (*véase* pág. 213), Roger Vivier diseña el zapato de tacón que conocemos hoy: tacón fino y suela arqueada.

OJO CON EL TACÓN

El zapato de tacón narra una femineidad exacerbada, doméstica y sensual. En la década de 1950, las amas de casa lo llevan hasta para pasar el aspirador, mientras que las *pin-ups* se suben a alturas vertiginosas. Aunque en la década de 1970 algunos hombres calcen plataformas (*véase* pág. 131), el zapato de tacón es ya patrimonio de la mujer. El de tacón de aguja concede un aire intimidante, incluso peligroso. A medio camino entre el erotismo y la violencia, vuelve a ser un fetiche. Y cuando el hombre se apropia de él, la transgresión es total.

TRANSALPINO

La palabra francesa *escarpin* (zapato de tacón) procede del italiano *scarpino*, que significa «zapatito». Existen testimonios del uso de estos zapatos abiertos ya desde el siglo XIV.

SIGLO X

A CABALLO

Los jinetes persas utilizan
botín con tacón.

SIGLO XVII

MODA REAL Y COQUETERÍA

En las cortes europeas,
los nobles adoptan el
zapato de tacón.

REVOLUCIÓN FRANCESA

BLASÓN ARISTOCRÁTICO

Se rechaza el zapato
de tacón.

DÉCADA DE 1910

DEL BAILE A LA CALLE

El zapato de tango
se pone de moda.

FINALES DEL SIGLO XIX

DEMOCRATIZACIÓN

Comienza la fabricación
industrial del zapato
de tacón.

DÉCADA DE 1850

ETIQUETA VICTORIANA

La corte británica exige
zapato de tacón.

DÉCADA DE 1920

CLIC, CLIC

Salvatore Ferragamo
es el primero en utilizar
metal para reforzar los
tacones.

1940

NUEVO ESTILO

André Perugia
afina el tacón
de sus zapatos.

1947

INDISPENSABLE

El «New Look» de Christian
Dior adopta el zapato de
tacón como encarnación
absoluta de la femineidad.

1954

MUY ALTO

Roger Vivier crea
el tacón de aguja.

DÉCADA DE 2000

PASIÓN POR LOS TACONES

La serie *Sex and the City* (*Sexo en
Nueva York*) populariza los zapatos
de Manolo Blahnik. Los manolos
de Carrie Bradshaw son
un personaje más.

1993

MODELO MÍTICO

Christian Louboutin tiñe
sus suelas de rojo: ha nacido
un icono.

1959

EN PANTALLA

Salvatore Ferragamo diseña
unos zapatos con puntera afilada
para Marilyn Monroe, para su
película *Some like it hot* (*Con faldas
y a lo loco*). Se convierten en el
calzado insignia de la casa.

SUJETADOR
CUERPOS EN LUCHA

| EMBAJADORAS | ········ | EVA HERZIGOVÁ, MADONNA, RAQUEL WELCH |
| PASARELA | ········ | ALEXANDER MCQUEEN, GUCCI, MUGLER |

El cuerpo de la mujer se sujeta desde la Antigüedad, primero con bandas de tela que oprimen el busto, y más tarde esculpiéndolo con los corpiños que la moda impone hasta finales del siglo XIX. El sujetador nace como reacción a todo lo anterior, aunque al principio se lleva con timidez y por razones de higiene.

↑ **Sujetador Jeanne**, de Yasmine Eslami.

«HELLO BOYS»

El Wonderbra, que realza el pecho, empieza a comercializarse a principios de la década de 1960; pero el éxito no llega hasta 1990, impulsado por una campaña de culto protagonizada por la modelo Eva Herzigová, que pide al viandante que la mire a los ojos. En 1992 se producían 20 000 unidades por semana. Incluso las Spice Girls le hacen los honores en la película *Spice World*.

UN CORSÉ EN DOS PARTES

Ya en el siglo XIX, los médicos alertan de los daños que puede provocar el corsé. Las feministas apoyan el uso de los primeros sujetadores. En Francia, durante la Exposición Universal de 1889, Herminie Cadolle presenta un corpiño en dos partes, una de las cuales es un sujetador. Pero la *belle époque* prefiere una mujer con forma de S, por lo que la nueva prenda tiene que esperar a la década de 1920.

PRODUCCIÓN INDUSTRIAL

En los locos años veinte, lo adoptan las *garçonnes* (*véase* pág. 320) y, en la década de 1930, se populariza, al tiempo que diversifica su forma, composición, ajuste y tallaje. Una vez democratizado y lucido por las estrellas de Hollywood, el sujetador se industrializa. Con la invención del aro y el desarrollo de modelos para adolescentes, la prenda se normaliza en la década de 1950. En esa misma época, aparecen las copas cónicas, que modelan senos en forma de obús (*véase* pág. 263).

¿QUEMAR EL SUJETADOR?

Con su preferencia por la androginia, la década de 1960 aleja los sujetadores cónicos y, en el decenio siguiente, las feministas cuestionan la prenda en sí misma, que consideran contraria a la comodidad. Pero en 1980 se perdona: la lencería se torna exuberante y se luce al ritmo de un frufrú que conjuga erotismo y materialismo.

«MÍRAME A LOS OJOS»

En la década de 1990, el minimalismo mustio convive con la sensualidad ostentosa. Series de televisión como *Baywatch* (*Los vigilantes de la playa*) ensalzan el busto XXL, al igual que campañas publicitarias como la protagonizada por Eva Herzigová para Wonderbra o la de Aubade en París. La lencería abandona la intimidad: el sexo vende.

HUMO SIN FUEGO

Según la leyenda, la primera vez que las feministas queman sujetadores es en 1968, con motivo del concurso de Miss América. El contexto es verídico, pero no el gesto: en realidad, tiran ropa interior a un cubo de basura. Una periodista compara aquel acto con el que realizan los hombres que queman sus cartas de reclutamiento para protestar contra la guerra. Su análisis se malinterpreta y, al día siguiente, el *Times* informa de que las mujeres han quemado sus sujetadores.

BRAGA
SALTO DE GÉNERO

EMBAJADORAS ·········	**SCARLETT JOHANSSON, KATE MOSS**
PASARELA ·············	**GUCCI, CHANEL, SONIA RYKIEL**

Cuando se evoca la braga, se piensa en la ropa interior femenina. Sin embargo, en su origen, es una prenda del vestuario masculino similar al pantalón. A veces se menciona en diminutivo, braguita, como para reafirmar su pequeñez y el carácter íntimo y erótico de tan exiguo trozo de tela.

↑ **Braga Amoureuse**, de Henriette H.

CALZÓN O PANTALÓN

A finales del siglo XVII, se convierte en popular en la aristocracia un pantalón corto llamado «calzón», que será parte esencial del vestuario masculino hasta la Revolución francesa. Es una prenda elegante y práctica, que encarna la moda «a la francesa», soberana y representativa, creada por Luis XIV. A finales del XVIII, el pantalón se impone en las clases populares, los *sans-culottes*, que reniegan de los atavíos de la nobleza y favorecen una prenda inspirada en el mundo militar. El calzón abandona poco a poco el cuerpo del hombre y su sociedad.

PRENDA INTERIOR

Irónicamente, el pantalón es el primero en entrar en el mundo íntimo de la mujer. El Renacimiento y Catalina de Médici intentan introducir una especie de calzón bombacho en el guardarropa femenino, pero la prenda interior elemental es la camisa. El calzón es patrimonio de las mujeres poco virtuosas, de las criadas y de las niñas.

PUDOR RENOVADO

Hay que esperar al siglo XIX, a las corrientes higienistas y a la exacerbada moral victoriana, para que las mujeres se animen a disimular sus intimidades con pantalones de lencería.

MENOS TELA

Al comercializarse la licra en la década de 1960, la ropa interior de mujer refina sus materiales y se hace maleable y elástica. Con la revolución sexual, la lencería se simplifica: medias, ligueros y sujetadores con relleno se sustituyen por pantis de colores, bragas estampadas y tangas —que se popularizan en la década de 1970—. El cuerpo se libera y se destapa.

Divertimentos como los *ballets* de la ópera y los cabarets ayudan a consolidar esta nueva prenda interior, que favorece el movimiento y el decoro.

PANTALÓN O CALZÓN

Las modas cambian y con ellas evolucionan las siluetas. Los largos bombachos estorban y empiezan a acortarse y refinarse. Nueva inversión de roles: el pantalón vuelve al guardarropa masculino y el calzón, más corto, entra en el femenino como prenda interior, la culote.

MUJER LIBERADA

En 1918, en Francia, Étienne Valton impulsa la metamorfosis del culote de mujer: propone una prenda de algodón o de lana sin perneras ni aberturas y con la cintura elástica. Su fábrica de tejido de punto, Petit Bateau, 1920, se inscribe por méritos propios en la historia de la emancipación de la mujer: su diseño, una braga similar a la actual, modifica la relación de la mujer con su propio cuerpo.

← Freddie Mercury, en el *National Exhibition Centre de Birmingham* (1984).

↑ Camiseta de tirantes DB, de Omear.

CAMISETA DE TIRANTES
LA CONFUSIÓN DE LOS CUERPOS

EMBAJADORES	FREDDIE MERCURY, BRUCE WILLIS, RENÉE PERLE
PASARELA	PRADA, ANN DEMEULEMEESTER, HELMUT LANG

La camiseta de tirantes es una de esas prendas ambivalentes que oscilan entre el interior y el exterior de la vestimenta. La historia de la camiseta de tirantes es la historia del tejido de punto y de su confección, actividad a la vez manual e industrial, que contribuye al auge de la variopinta ropa interior.

↑ Operario textil en High Point, en Carolina del Norte, Estados Unidos (1937).

ESTAR LIMPIO

La camiseta de tirantes, relacionada en primer lugar con la higiene, hereda su forma de las prendas de punto de lana o de algodón utilizadas como ropa interior. También interviene en las actividades físicas, con formas similares a los maillots de los gimnastas y a los trajes de baño de principios del siglo XX.

MASCULINIDAD TÓXICA

En 1947, en Estados Unidos, un hombre es arrestado tras matar a golpes a su mujer. En la fotografía de su arresto que publican los periódicos, lleva una camiseta de tirantes manchada de sangre; los titulares repiten la expresión *wife beater* («maltratador»). En inglés, este apelativo designa a menudo la camiseta de tirantes, y tiñe su erotismo de una ambivalencia malsana y machista.

ELLA Y ÉL

En la década de 1990, Calvin Klein convierte la camiseta de tirantes en el símbolo andrógino por excelencia. Cuando presenta, en 1994, su primer perfume unisex, CK One, la prenda protagoniza todas las campañas publicitarias.

EL VIENTRE DE PARÍS

El mundo obrero es el que más confraterniza con la camiseta de tirantes. Su denominación francesa, *débardeur*, incluso la vincula al oficio de descargador de mercancías. ¿Y no es cierto que también se la conoce como *marcel*, marca nacida en el mercado de Les Halles de París? En la década de 1860, un operario corta las mangas de su jersey de lana para tener más libertad de movimientos. Marcel Eisenberg, fabricante de tejido de punto, se inspira en este gesto e inunda el mercado con unas camisetas sin mangas que bautiza con su nombre.

> «CUANDO SAQUE LA MANO DE DEBAJO DE LA MANTA, ME HABRÁN CRECIDO LAS UÑAS, TENDRÉ LAS MANOS LIMPIAS. TENDRÉ EL CUERPO LIMPIO. VESTIRÉ UN PANTALÓN CORTO LIMPIO, UNA CAMISETA DE TIRANTES LIMPIA, UNA CAMISA BLANCA».
>
> J. D. SALINGER

¿VIRIL...

Emblema social, evoca el cuerpo masculino, musculado y trabajador. Hollywood capta este matiz y, en *A Streetcar named Desire* (*Un tranvía llamado deseo*), atavía a Marlon Brando con una camiseta de tirantes, que sexualiza la fantasía de la virilidad proletaria.

... O ANDRÓGINA?

Andrógino y audaz, el *débardeur* es también un personaje del carnaval de París —popularizado por el dibujante Gavarni—, que puede ser un hombre o una mujer y que siempre viste blusa y pantalón. En la década de 1930, las mujeres emancipadas se atreven con la camiseta de tirantes, como lo hará la comunidad gay en 1970. Sigue jugando al equívoco desde entonces, pues designa tanto la animalidad bruta del cuerpo del hombre como la insolencia de la mujer que, poderosa, adopta los clichés de la masculinidad.

CALZONCILLO
EL CUERPO DEL HOMBRE

EMBAJADORES ········· MARK WAHLBERG, DAVID BECKHAM

PASARELA ········· JOHN GALLIANO, JEREMY SCOTT, WILLY CHAVARRIA

Las prendas de interior primitivas son híbridas, como el taparrabos, que se lleva por dentro, pero a veces es también el único atavío exterior; en tal caso, es señal de pobreza. En Egipto, por ejemplo, el taparrabos caracteriza a los obreros y a los criados. La desnudez, por su parte, identifica a los esclavos.

↑ **Michael Keaton** en *Birdman* (2014).

«ES DIVERTIDO VER LA MARCA QUE UNO HA CREADO EN EL CULO DE ALGUIEN. ME GUSTA».

CALVIN KLEIN

CAMISA INTERIOR

En las postrimerías de la Antigüedad, el estilo se complica y la camisa se establece como única prenda interior. Después, el hombre adopta el calzón (parte de la vestimenta «a la francesa»), pero la Revolución lo barre con los demás vestigios aristocráticos e impone el traje de tres piezas.

DE CALZÓN A CALZONCILLO

Bajo este conjunto sobrio, animado por los nuevos principios racionales e higienistas, el hombre lleva un calzón largo, que se va acortando a lo largo del siglo xx. Los deportistas son los primeros en estrenar el calzón corto. En 1918, Pierre Valton, futuro fundador de Petit Bateau, elimina las perneras del calzón y añade una cintura elástica. La evolución es imparable: en 1925, el estadounidense Jacob Golomb, propietario de la marca de equipamiento de boxeo Everlast, crea los primeros bóxeres.

EL CALZONCILLO MODERNO

En 1935, Coopers presenta una nueva prenda: el calzoncillo. En los anuncios, lo promociona con ilustraciones equívocas, que sugieren la desnudez. Hasta ese momento, solo el cuerpo de la mujer había quedado tan expuesto. Comienza una nueva era para el hombre; el sexo vende y su cuerpo también queda sometido a esta regla.

EN FEMENINO

En la década de 1990, Calvin Klein redefine el erotismo vistiendo a la mujer con eslips. Al tomar prestada una prenda interior de hombre, esta mujer evoca la intimidad en su sentido más sexual: son las mañanas que siguen a las noches sin sueño, las prendas robadas como un tótem.

SEDUCIR AL HOMBRE... Y A LA MUJER

Al acabar la guerra, las mujeres que compran la ropa interior de sus maridos no saben muy bien qué hacer con estos hombres a la vez virilizados y avergonzados. En las décadas de 1960 y 1970, aunque los anuncios de calzoncillos se multiplican y normalizan, siguen generando cierta extrañeza. Calvin Klein cambia las normas y, en el siguiente decenio, su publicidad se atreve a ser abiertamente erótica. Y cuanto más obvia, mejor.

STAR SYSTEM

A principios de la década de 1980, Calvin Klein y el fotógrafo Bruce Weber colaboran para crear una publicidad teñida de erotismo, de homoerotismo incluso; la protagonizan efebos musculados y lubricados, que recuerdan al canon de la escultura grecorromana. En la década siguiente, Klein y Weber entran en la cultura popular al elegir para sus anuncios a ídolos juveniles como Mark Wahlberg.

↑ **Bóxer**, de Ron Dorff.

→ **Eslip de Calvin Klein**, Tom Hintnaus, fotografiado por Bruce Weber (1984).

VESTIDO NEGRO
LA MODESTIA DE LO CHIC

EMBAJADORAS ··················	**LADY DI, AUDREY HEPBURN, LIZ HURLEY**
PASARELA ··················	**SAINT LAURENT, CHANEL, VERSACE**

La aparición del vestido negro es casi mitológico y, en el mundo de la moda, está rodeada de muchas historias y leyendas. Una de ellas asegura que esta pieza esencial del vestuario femenino fue inventada por Gabrielle Chanel. Pero ¿fue Chanel la arquitecta primigenia de la elegancia en negro? En realidad, no.

↑ Catherine Deneuve, fotografiada por Walter Carone (1963).

EL PRECIO DEL NEGRO

La historia de la moda tiene que ver también con los pigmentos. A finales del siglo XV, el negro es tendencia: representa el estatus social, pues este color necesita el procesamiento largo y costoso de la agalla de roble. El negro es el estandarte del lujo.

PRÍNCIPES, NO REYES

También transmite valores moralizantes de integridad y dignidad. Felipe el Bueno, duque de Borgoña, lo utiliza para desmarcarse del púrpura opulento de la monarquía, y establece así una moda que van a seguir príncipes y burgueses adinerados.

MODESTA PROSPERIDAD

Sea en los países de la Reforma protestante o en la poderosa España de la Contrarreforma, el negro simboliza el rango y las virtudes de los aristócratas que reniegan de la extravagancia sin renunciar a la distinción.

UN COLOR TRIVIAL

En el siglo XIX, el negro se democratiza gracias a los pigmentos sintéticos, que son más baratos. El vestuario masculino, más serio que el femenino, se apropia de él: al fin y al cabo, el hombre ostenta el poder. Las mujeres de la alta sociedad se adornan con colores variados y perifollos; solo algunas valientes se atreven con el negro, y eso les granjea fama de libertinas y fatales.

LA ESTÉTICA DE LA POBREZA

El vestido negro le debe mucho también a la clase trabajadora decimonónica. Es característico de las criadas, cuyo uniforme se racionaliza añadiéndole un delantal blanco. Después de la Revolución Industrial y con la aparición de los nuevos oficios femeninos, las vendedoras de los grandes almacenes y las modistas de alta costura recurren a él para no eclipsar a las clientas.

> **«SE PUEDE LLEVAR UN VESTIDO NEGRO A CUALQUIER HORA DEL DÍA O LA NOCHE, A CUALQUIER EDAD Y EN CUALQUIER OCASIÓN. [...] ES EL ELEMENTO MÁS ESENCIAL EN EL ARMARIO DE UNA MUJER».**
>
> CHRISTIAN DIOR

VIUDAS Y MODERNIDAD

A partir de 1914, empieza a ser utilizado por las viudas. Y por Gabrielle Chanel, que simplifica la figura femenina con un vestido negro polivalente, cómodo y práctico. En 1926, el *Vogue* estadounidense compara aquel «vestidito negro» con el coche Ford y la leyenda remonta el vuelo: ha nacido un nuevo sentido de la elegancia.

MÚLTIPLE Y ÚNICO

Desde entonces, el vestido negro se impone. Todoterreno e intemporal, trasciende a todas las modas.

PANTALLA EN NEGRO

El cine en blanco y negro lleva a Hollywood a definir dos tipos de femineidad: la dulce y romántica rubia que viste de blanco y la vampiresa que viste de negro. Se desarrollan también otros estereotipos, como el de la dependienta o la secretaria, que, con sus vestidos negros, encarnan la modernidad y la independencia.

ORO NEGRO

SIGLO XV

COLOR EXCLUSIVO

El negro es patrimonio
de príncipes.

SIGLO XVI

MODAS Y CÓDIGOS RELIGIOSOS

Atuendos negros, virtuosos
y lujosos, a golpe de
Reforma y Contrarreforma.

1883

RETRATO DE UN VESTIDO

Madame X, de John Singer
Sargent.

1960

FONTANA DE TREVI

Anita Ekberg se baña
con un vestido negro,
a medianoche,
en *La Dolce Vita*.

1946

EN PANTALLA

Rita Hayworth se enfunda
un seductor vestido negro
de Jean-Louis Berthault
en *Gilda*.

1926

EN CADENA

El *Vogue* estadounidense
equipara el vestido negro
de Chanel a un coche Ford.

1961

IMAGEN MÍTICA

En *Breackfast at Tiffany's*
(*Desayuno con diamantes*),
Audrey Hepburn se entretiene
delante del escaparate de
Tiffany's con un vestido negro
de Givenchy.

1967

EN PANTALLA

Ataviada con un vestido negro
de cuello babero diseñado
por Yves Saint Laurent,
Catherine Deneuve interpreta
a una burguesa engañosamente
ingenua en *Belle de jour*.

1972

VERSO LIBRE

Mireille Darc aturde con
su vestido sin espalda en
*Le grand blond avec une
chausure noire* (*El gran rubio
con un zapato negro*).

2018

INSTRUMENTO REIVINDICATIVO

Las mujeres acuden con
vestido negro a los Globos de
Oro: la prenda se convierte
en un blasón del movimiento
#TimesUp.

1994

EL VESTIDO DE LA VENGANZA

Carlos de Inglaterra reconoce
su adulterio y, esa misma
noche, Lady Diana aparece
en público con un vestido
negro que no había utilizado
por considerarlo demasiado
atrevido. Los medios lo llaman
«el vestido de la venganza».

↑ **Vestido** de Givenchy.

→ **Jane Birkin**, en París (1968).

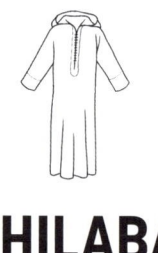

CHILABA
EL CONFORT DE LA TRADICIÓN

EMBAJADORES	**LL COOL J**
PASARELA	**CHRISTIAN DIOR, MISSONI, VERSACE**

La chilaba, de origen marroquí, tiene sus raíces en la cultura bereber, que desde la Antigüedad destaca por sus contactos con los pueblos de la cuenca mediterránea. Debe su estética también a la influencia del Imperio otomano, a pesar de que Marruecos no cayó bajo su dominio.

↑ **Chilaba** tradicional con capucha.

TRADICIÓN MARROQUÍ

Popular en todo el Magreb y particularmente en Argelia, esta túnica con capucha puntiaguda (llamada *kob*) protege del sol y del viento. Sus orígenes son imprecisos; hay quien considera que era la prenda vestida por los *yelabs*, mercaderes de esclavos; otros consideran que la palabra es una alteración de *yilbab*, que significa «prenda drapeada» (aunque la chilaba no lo sea).

¿MODELO ÚNICO?

En un principio, la chilaba pertenece al vestuario masculino y se confecciona con lana, a menudo de color blanco. Cuando se usa en la ciudad, se opta por materiales más ligeros, colores variados, adornos de pasamanería y borlas.

ENTRE MADUREZ Y EMANCIPACIÓN

Representa la virilidad y la madurez, y se usa en los ritos de paso a la edad adulta, que los varones celebran con trece o catorce años. Pero también acompaña a la emancipación de la mujer; a partir de la década de 1940 —y sobre todo tras la independencia de Marruecos en 1956—, la mujer se apropia de la vestimenta masculina, más práctica que el jaique, la almalafa o pesada prenda tradicional con la que envuelven todo el cuerpo.

HOMBRES Y COLORES

Chilabas blancas: en general, reservadas a los hombres de alto rango.

Chilabas en tonos tierra: normalmente, reservadas a los campesinos.

PARA TODOS LOS DÍAS

La chilaba es funcional. Se lleva por encima de la ropa diaria como un abrigo. Las mujeres, ya no tan confinadas en el hogar, la toman prestada y le asignan una evolución estilística propia, que la acerca a la modernidad sin por ello ignorar la tradición.

A CONTRACORRIENTE

Fascinante pese a su sencillez, la chilaba define un ideal de neutralidad de género, alejado de los estereotipos rigoristas de la vestimenta árabe.

A LA GUERRA

En la Primera Guerra Mundial, Marruecos (protectorado francés) participa en los combates con una brigada de cazadores, que van ataviados con chilabas. Esta se convierte en un distintivo: los soldados marroquíes se llaman entre sí «chilabas», mientras que para los alemanes son «golondrinas de la muerte»: la túnica vuela al viento durante las cargas de infantería.

KUFI
EXPRESIÓN INDIVIDUAL

EMBAJADORES .... MARVIN GAYE, QUEEN LATIFAH, SALT-N-PEPA

PASARELA .... WALES BONNER, DURO OLUWU, RICHARD MALONE

Los primeros sombreros de fieltro sin ala se remontan a la antigua Grecia y a Egipto. Tras introducirse en el Imperio otomano, se difunden por África y el sureste asiático de la mano del islam. El *kufi* es el símbolo de una religión y de una identidad cultural.

↑ Spinall, en los *MTV Europe Music Awards* de Düsseldorf (2022).

EL ESTILO DEL MERCADER

No obstante, el *kufi* no se limita a la religión musulmana, y muchos hombres africanos lo utilizan independientemente de sus creencias. Similar a un bonete, el *kufi* se toma prestado de los mercaderes árabes hacia el siglo VII y se desarrolla de forma diferente según la cultura que lo adopta; así, da lugar al *taqiya* usado en los rituales del islam, al *doppa* característico de Asia central, a la *chéchia* tunecina y al fez turco.

DEVOCIÓN Y TRADICIÓN

La kipá se parece al *kufi* en su carácter a la vez cultural y religioso. Cubrirse la cabeza es una tradición judía que se remonta a la Edad Media y que se convierte en norma obligatoria en el siglo XIX. Confeccionada a mano o manufacturada para celebrar acontecimientos puntuales, la kipá entra en la cultura popular en la década de 1970.

MATERIAL Y ESPIRITUAL

Si Europa lo considera tan estrechamente ligado a la religión musulmana es porque el *kufi* es utilizado por los hombres que acuden a rezar. En otras partes del mundo no tiene ese significado: no es más que un accesorio cotidiano, principalmente en la región occidental de África, donde es habitual en hombres sabios y ancianos. Hay modelos de ganchillo o estampados con motivos de gran colorido.

TIERRAS ESTADOUNIDENSES

El *kufi* se populariza en la década de 1960 en Estados Unidos gracias al movimiento de los derechos civiles. Asociado al *dashiki*, reivindica la identidad negra: al introducir la vestimenta tradicional africana, la comunidad negra recupera una identidad que le ha sido negada y la vincula a la cultura local. Así es como el *kufi* llega a las películas de la *blaxploitation*. Por su parte, Marvin Gaye lo elige para expresar sus creencias musulmanas.

ADAPTABLE

El *kufi* va y viene según la moda de turno, a medio camino entre la trivialidad de las tendencias, la disciplina religiosa y el atuendo tradicional. Su terreno de juego es enorme.

MÚLTIPLES

Kufi es un término genérico que describe los sombreros similares a un bonete en las culturas africanas y musulmanas. En Pakistán se llama *topi*; en Turquía, *fez*; en Marruecos, *tarbuch*. Otras variantes son el *songkok* malayo, el *pakol* afgano, la *chéchia* tunecina y la *kofia* de las regiones orientales de África.

← El fotógrafo Norman Parkinson (1984).

↑ *Kufi* de tela *kente* original, de Afrohemien.

DASHIKI
VUELTA A LOS ORÍGENES

EMBAJADORES ············· LUPITA NYONG'O, BEYONCÉ, CHADWICK BOSEMAN

PASARELA ··································· MAXHOSA BY LADUMA

El *dashiki* nace en la región occidental de África. Su nombre procede de *danshiki*, palabra en lengua yoruba que designa una túnica amplia y funcional adaptada al calor; a su vez, este término deriva de *dan ciki*, apelativo *haoussa* para la prenda interior que el hombre utiliza bajo vestidos largos.

↑ *Dashiki* tradicional.

EMBLEMA

Es una prenda tradicional africana, pero su importancia simbólica se construye fuera del continente. En Estados Unidos, en la década de 1960, el movimiento de los derechos civiles lo reviste de todo su poder político y social. Vestir esta prenda o un peinado afro permite a numerosos hombres y mujeres manifestar su rechazo de la normativa estética y cultural occidental, al tiempo que reafirman el orgullo negro.

COMERCIO ESTADOUNIDENSE

Vestirlo, como una alegoría, es volver a África. Los militantes negros de la década de 1960 reivindican la identidad que les fue arrancada a sus ancestros. La marca New Breed, fundada en Nueva York, lo produce a gran escala y lo difunde por todo el país para celebrar la herencia de la comunidad afroamericana y favorecer su independencia económica.

CERA Y COLORES

A veces, el *dashiki* presenta motivos geométricos de colores, estampados a la cera con la técnica indonesia llamada *batik*; esta consiste en proteger ciertas zonas del paño con cera caliente antes de aplicar los colores, para crear así motivos contrastados. Con este proceso se confecciona el *wax*, el tejido africano popularizado en el siglo XIX por la empresa holandesa Vlisco.

CULTURA POPULAR

En la década de 1960, Vlisco diseña un motivo *batik* floreado que se inspira en los caftanes etíopes del siglo XIX. El tejido se populariza y empieza a conocerse con nombres procedentes de la cultura popular: «Angelina», por la canción del grupo guineano Sweet Talks & A. B. Crentsil; «Ya Mado», según un baile congoleño, e incluso «Miriam Makeba», en honor a esta cantante sudafricana.

> «EL PODER NO NACE DE LA MANGA DE UN *DASHIKI*. NACE DEL CAÑÓN DE UNA PISTOLA».
>
> FRED HAMPTON (PANTERA NEGRA)

CONTRAPRODUCENTE

De los Panteras Negras (*véase* pág. 340) a los protagonistas del cine de *blaxploitation*, el *dashiki* se consolida con fuerza en el movimiento «Black is beautiful» («Lo negro es bello»). A finales de la década de 1960, la comunidad *hippie* (*véase* pág. 326) lo fagocita. La contracultura blanca aspira a la solidaridad y la diversidad, pero la comunidad negra considera peligroso que, al trivializar este atuendo tradicional y convertirlo en un mero complemento, la verdadera lucha se desdibuje.

IDENTIDAD NEGRA

En el continente africano, el *dashiki* no ha perdido el favor de los jóvenes, que, generación tras generación, aseguran su supervivencia. Las mujeres también lo utilizan a modo de vestido. Fuera de África, es un medio para transmitir y honrar las raíces negras, sin ignorar la herencia nostálgica de la experiencia afroamericana de la década de 1960.

CHUPA DE CUERO
REBELDE SIN CAUSA

EMBAJADORES ·········· MARLON BRANDO, JOHNNY HALLYDAY, RAMONES

PASARELA ······················· CELINE, BALMAIN, VERSACE

Chupa de cuero, chupa motera: esta cazadora lleva en el nombre su esencia y su historia. Concebida en un primer momento para quienes se lanzan a la carretera a lomos de motos petardeantes, la chupa ha quedado para siempre asociada a la imagen del «malote».

↑ Chupa de cuero, de Schott.

«NO NECESITO A NADIE CUANDO VOY EN MI HARLEY-DAVIDSON».

SERGE GAINSBOURG Y BRIGITTE BARDOT

LA MOTO: UN NUEVO PLACER

Desde finales del siglo XIX, la motocicleta seduce a los amantes de las sensaciones fuertes y las competiciones se multiplican. Es un medio de transporte útil para los trabajadores, mientras que las dos guerras mundiales la reclutan como vehículo militar. En los locos años veinte se populariza y empieza a requerir una vestimenta adaptada.

MALDITA

Irónicamente, en la década de 1950, la popularidad de la chupa de cuero en la música y el cine provoca una caída de las ventas: se la asocia a la chusma, hasta el punto de que muchos institutos estadounidenses la prohíben. En 1955, la muerte de James Dean en un accidente de tráfico reactiva la fama de la chupa. El actor se convierte en un mito y su atuendo rebelde, también.

DE LOS CIELOS A LA TIERRA

Las chaquetas de aviador parecen las más adecuadas, pero no protegen lo suficiente del viento. En 1928, los hermanos neoyorquinos Irving y Jack Schott, propietarios de Schott Bros., presentan la primera cazadora de cuero y cierre con cremallera y la llaman Perfecto. A lo largo de la década de 1930 y hasta 1941, desarrollan varios modelos más.

SALVAJES

La chupa de cuero entra en la escena pública de la mano de una banda de moteros, los Boozefighters; tras una trifulca en 1947, la prenda se identifica con los disidentes y los clubes de moteros. Es el emblema de las tensiones de la posguerra. En 1953, se estrena *The Wild One* (*Salvaje*), película inspirada en los Boozefighters, que convierte a Marlon Brando en el héroe indomable de los jóvenes.

EL PÚBLICO IDEAL: LOS REBELDES

En la década de 1970, emergen los «chaquetas negras» franceses, los rockeros, los estudiantes airados y, finalmente, los punks (*véase* pág. 328). La chupa de cuero se llena de tachuelas y garabatos, se maltrata, a imagen de los Sex Pistols, o se lleva con aire desenfadado y bien apretada, como los Ramones. Toda una provocación contra la virilidad estereotipada. Hoy convertida casi en una caricatura, domesticada, la chupa de cuero se normaliza en el guardarropa de hombres y mujeres.

LUJOSA

En la década de 1990, la alta costura, con Versace y Lagerfeld a la cabeza, la santifica y reinterpreta. Se adorna con cadenas y tachuelas de oro, se hace insolente y ostentosa. Peter Lindbergh inmortaliza a las *top models* con chupa motera, y estrellas de cine como Winona Ryder y Johnny Depp la pasean por la alfombra roja.

Doble página siguiente:
Grupo de punks (1989).

GUAYABERA
EL TRIUNFO DE LA COMODIDAD

EMBAJADORES ·········· **ERNEST HEMINGWAY, FIDEL CASTRO**

PASARELA ·········· **BODE, LOEWE, ISSEY MIYAKE**

No se conoce el origen de la guayabera. La única certeza es que se asocia a Latinoamérica, y sobre todo a Cuba, aunque en el sureste asiático se hallan prendas similares. ¿Qué relación existe entre ambos continentes? El clima cálido y húmedo, al que esta camisa está adaptada.

↑ **Guayabera de lino,** de Mirto.

LEYENDAS CUBANAS

Existen muchos relatos acerca del nacimiento de la guayabera. Algunos aseguran que aparece a principios del siglo XVIII, cuando un rico propietario cubano pide a su mujer que le confeccione una camisa ligera con muchos bolsillos, para poder llevar sus efectos personales. Sus empleados lo imitan, pues parece una camisa adecuada para el calor y el trabajo duro; según esta versión, fue bautizada «yayabera», debido a la proximidad del río Yayabo. Otra leyenda relaciona su nombre con el gran tamaño de los bolsillos, donde pueden guardarse guayabas. A todo lo anterior se añade el hecho de que, en el siglo XIX, existe un uniforme militar llamado «guayabera». Todas estas historias tienen un punto en común: Cuba.

INTERNACIONAL

Esta camisa se utiliza hoy en Indonesia, México (sobre todo en la península de Yucatán), la República Dominicana e incluso en Zimbabue, adonde fue llevada por misioneros cubanos. En Jamaica representa la lucha anticolonial.

LARGO VIAJE

Sin embargo, hay quien asegura que el origen se encuentra en Filipinas, en el *barong*, una camisa tradicional ligera y bordada, que podría haber sido copiada por los colonizadores españoles ya en el siglo XVI. Según este relato, la prenda llegó a México con los esclavistas y, desde allí, entró en Cuba.

RECUERDO DE LAS VACACIONES

Pero si uno se fija en la historia social y cultural, Cuba se lleva el gato al agua en cuestión de guayaberas, ya que es allí donde, en el siglo XX, abandona su condición de atuendo laboral y se convierte en ropa de diario. Cuando termina la década de 1940, algunos cubanos ya lamentan esta popularidad: a golpe de estereotipo y por culpa del creciente turismo estadounidense, la camisa se ha convertido en un símbolo de la relajación. Llevar guayabera es como estar de vacaciones todo el año. *Souvenir* y folclore.

VIVA CUBA

Pero también es el marcador identitario de los cubanos que emigran a Miami y la lucen allí con nostalgia y orgullo. Asimismo, desde 2010, es el uniforme de los diplomáticos y políticos cubanos en los actos oficiales. Ya en la década de 1980, el primer ministro jamaicano erige la guayabera como emblema anticolonialista. Las formalidades también pueden ser cómodas.

LA GUAYABERA ORIGINAL

4 bolsillos de parche abotonados

2 filas de pliegues verticales (alforzas) delante y 3 detrás

2 aberturas laterales abotonadas en la parte inferior

2 opciones: lino o algodón

Pocos colores: blanco o algunos colores pastel

BOINA
VERDES PRADERAS Y DISIDENCIA

EMBAJADORES ·············· MICHÈLE MORGAN, FAYE DUNAWAY, CHE GUEVARA

PASARELA ·············· MARINE SERRE, JEAN-PAUL GAULTIER, CHRISTIAN DIOR

Los sombreros de fieltro existen desde la Antigüedad. Son funcionales: protegen del sol y de la lluvia. También son maleables y prácticos, y se adaptan a todas las circunstancias. Uno de ellos es la boina, más heteróclita que estereotipada, que salió de las verdes praderas para lucirse en la ciudad.

↑ Ernesto «Che» Guevara, en Cuba (1964).

DEL *BÉRET* A LA BOINA

La boina francesa, de lana negra para el día a día y roja para las fiestas, procede del *béret* típico del Bearne, utilizado por los pastores de los Pirineos. En el siglo XV, los vascos adoptan el *béret*, ya como boina. En el XIX, la bohemia parisina le da un aire romántico y pastoril; a principios del XX, las vanguardias artísticas explotan su aire original y emancipador. En el cine la llevan mujeres como Michèle Morgan y Marlene Dietrich.

A LA LUCHA

En paralelo, la boina se convierte en un accesorio militar por todo el mundo (en Francia se la apoda *tarte*, «tarta») y adopta un espíritu insurrecto y guerrillero: se alía con la Resistencia durante la Segunda Guerra Mundial, con los revolucionarios cubanos a partir de la década de 1950 y con los Panteras Negras (*véase* pág. 340), que luchan por los derechos de la comunidad afroamericana en Estados Unidos.

BAILES ENDIABLADOS

Esta nueva identidad insumisa la acerca a la juventud rebelde de la posguerra, y la boina acaba cubriendo el cabello de los existencialistas bohemios de Saint-Germain-des-Prés, de los amantes del jazz y de los nómadas de la generación *beat* estadounidense. La boina sale de su entorno bucólico para sumarse a la modernidad urbana.

FALSA TRANQUILIDAD

Es extraño que la boina, complemento de una vida tan revuelta, haya acabado asimilándose a ese arquetipo francés al que también pertenecen la *baguette*, el vino tinto y la bicicleta. Quizás sea ese su secreto: confundirse con la masa para sorprendernos.

COLORES MILITARES

Azul marino: el más habitual en Francia, utilizado por Infantería, Artillería, cazadores, oficiales especialistas, fusileros del Ejército del Aire...

Azul turquesa: militares de la ONU.

Verde caqui: Ejército español.

Coral: el más habitual en Alemania.

Marrón: Infantería belga.

Verde: Legión Extranjera.

Negra: color básico del Ejército estadounidense.

LA VUELTA AL MUNDO

Hacia 2019, la empresa francesa Laulhère descubre, gracias a una fotografía de la agencia Magnum y a investigaciones en sus propios archivos, que la boina del «Che» Guevara podría proceder de su casa. Aún queda por determinar cómo acabó en Cuba este accesorio bearnés.

← Brigitte Bardot, en París (1962).

↑ Boinas Laulhère.

CAZADORA DE AVIADOR
POR LOS AIRES

EMBAJADORES	STEVE MCQUEEN, TOM CRUISE, HARRISON FORD
PASARELA	BURBERRY, LOEWE, HERMÈS

Como su nombre indica, la cazadora de aviador aparece cuando el hombre comienza a volar. Hay que proteger a los pilotos de la intemperie. Los ejércitos y las dos guerras mundiales aceleran el desarrollo de una prenda tan técnica como práctica: la chaqueta con forro.

↑ Cazadora G1 de la Marina de Estados Unidos, década de 1980, de Alpha Industries.

VOLAR CALENTITO

En los albores de la aviación civil y militar, los pilotos utilizan gruesas chaquetas de *tweed* o cazadoras de cuero, pero no bastan para contrarrestar el extraordinario frío con el que se encuentran en las alturas. Durante la Gran Guerra, aparece el Sidcot, un mono de piloto impermeable con cuello forrado en piel. Es el antecesor directo de la cazadora de aviador, que aparece en el período de entreguerras.

TIJERETAZO

Cuenta la leyenda que Manfred von Richthofen, el aviador alemán de la Primera Guerra Mundial conocido como el Barón Rojo, harto de la incomodidad que le causaba su largo abrigo de cuero, decidió cortarle la parte inferior; así al nació la cazadora de aviador.

PILOTO Y DISEÑADOR

A finales de la década de 1910, el piloto estadounidense Leslie Leroy Irvin se pasa a la industria de equipamiento militar. En 1926, abre una fábrica de paracaídas en el Reino Unido y, a partir de 1931, comercializa las primeras cazadoras de piel de oveja; en el interior, la lana mantiene el cuerpo caliente, mientras que la flexibilidad del cuero exterior permite al piloto moverse con comodidad en la estrecha cabina de vuelo.

UNIFORME DE GUERRA

Además de incorporar un grueso cuello, que puede levantarse, se ajusta al talle con un cinturón que impide el paso del aire. Esta cazadora se convierte en el uniforme de los aviadores británicos durante la Segunda Guerra Mundial. En 1934, el Ejército estadounidense desarrolla su propia versión, el modelo B3.

SABOR A HÉROE

Al acabar la guerra, el cine bélico —con películas como *The Great Escape* (*La gran evasión*), con Steve McQueen— y las series de televisión ambientadas en el conflicto convierten al aviador en un héroe y su atuendo entra en la cultura popular. En 1986 se estrena *Top Gun* y el hombre vuelve a soñar con ser piloto.

CAZADORA MÍTICA

La cazadora con cuello desmontable G1 se hace omnipresente después de que Tom Cruise la luzca, a lomos de su moto, en *Top Gun* (1986).

MODELOS MILITARES DESTACADOS

A: cazadora de aviador.

B: cazadora *bomber*.

A1: de piel de cordero, viaja con Charles Lindbergh en su travesía del Atlántico (1927).

A2: mítica cazadora de Hollywood, más moderna y barata que la A1.

B3: versión estadounidense de la cazadora confeccionada por Irvin en el Reino Unido.

B6: más sencilla que la B3.

D1: versión depurada de la B6, adoptada por los pilotos de caza.

BOMBER
HÉROE A SU PESAR

EMBAJADORES	RYAN GOSLING, STEVE MCQUEEN, EWAN MCGREGOR
PASARELA	RICK OWENS, SACAI, RAF SIMONS

El auge de la aviación contribuye al desarrollo de las cazadoras de piloto, que se utilizan a menudo en aparatos con la cabina abierta. Conforme se perfeccionan los aviones, aparece una nueva cazadora, confeccionada con nailon. A partir de 1949, se impone el modelo MA-1 del Ejército estadounidense, con un cuello de punto.

↑ Bomber de la NASA, de Alpha Industries.

«CHAQUETA DE RECUERDO»

Al terminar la Segunda Guerra Mundial, los soldados estadounidenses destacados en Japón personalizan las chaquetas *sukajan* con bordados de motivos tradicionales y occidentales; en su interior se hacen bordar motivos controvertidos. Más adelante, la *sukajan* es adoptada por los jóvenes rebeldes, las bandas callejeras y los delincuentes, antes de dar el salto de Japón a la moda global.

VUELCO IDEOLÓGICO

En 1984, el cantante británico Jimmy Sommerville y su banda Bronski Beat publican el tema «Smalltown Boy», que triunfa en las listas. Narra el acoso sufrido por un joven homosexual en una ciudad pequeña. En el videoclip, el cantante viste una *bomber*, plantando así cara a la homofobia *skinhead* con sus propios emblemas. La cazadora se hace universal.

IDENTIDAD YANQUI

En un principio, esta cazadora solo existe en verde salvia y en azul marino; el forro es naranja para que los pilotos accidentados puedan ser localizados más fácilmente por los servicios de rescate. En la década de 1950, la *bomber* militar entabla un diálogo con el mundo civil y este la acoge en Hollywood. Incluso Marilyn Monroe se atreve con ella. En la década de 1960, revivida por la guerra de Vietnam en Estados Unidos, se comercializa y se une a los dos bandos: insignia patriótica para unos, símbolo de la contracultura rebelde para otros. En Europa, los excedentes militares la acercan a los jóvenes.

CONTRACULTURA BRITÁNICA

El movimiento británico de los cabezas rapadas de finales de la década de 1960 la incluye en su vestuario a lo largo del siguiente decenio. No obstante, gracias a su popularidad, la *bomber* consigue zafarse de su vinculación exclusiva con ese grupo violento, recuperar el favor de la moda y volver a la cultura pop.

PRENDA VIRIL

En la década de 1980, se hace tendencia gracias a Jean-Paul Gaultier, al tiempo que héroes de la televisión como MacGyver

AIRE INTEMPORAL

En 2011, la película *Drive* da la campanada por su violencia y por un exquisito elemento del vestuario que se convierte en mito instantáneo: una *bomber* de satén blanco con un escorpión amarillo bordado en la espalda. La prenda fue concebida por el actor protagonista, Ryan Gosling, en colaboración con la diseñadora de vestuario Erin Benach y el director del filme, Nicolas Winding Refn.

la convierten en atributo de una masculinidad peleona y seductora.

MODA URBANA

Al llegar la década de 1990, la *bomber* es omnipresente: esta cazadora «alternativa» es *grunge*, es hiphop, es tecno (*véase* «Estilos» en pág. 301 y siguientes). Se impone en el paisaje urbano y, con el empuje de diseñadores como Raf Simons y Helmut Lang, se erige en pieza básica del estilo insubordinado. Y del lujo se asoma a la calle, con las colecciones de Demna para Balenciaga y Virgil Abloh para Louis Vuitton (*véase* pág. 283).

Doble página siguiente:
En el metro de Nueva York (1989).

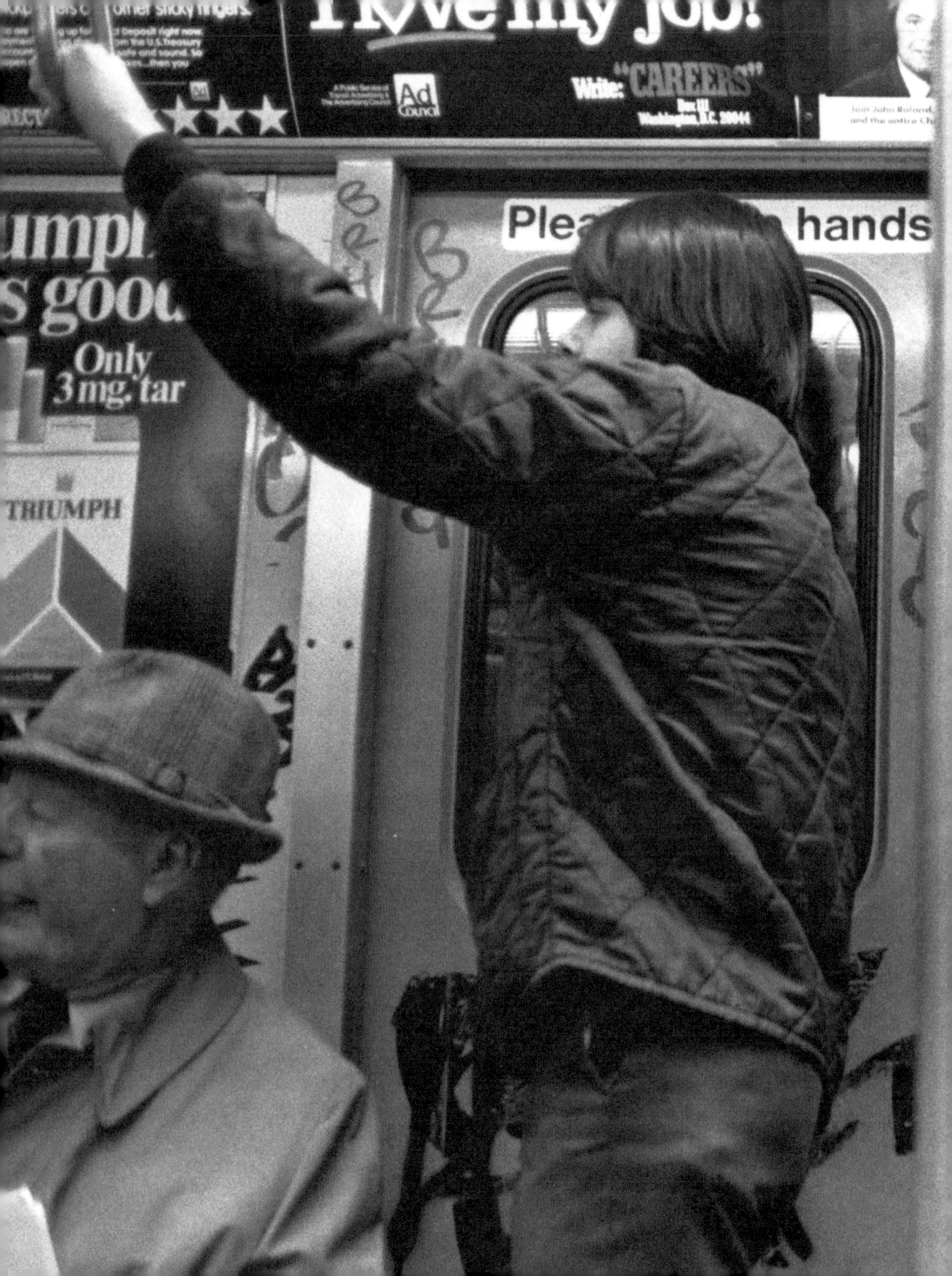
Ad Council
Write: "CAREERS"
Only 3 mg. tar
TRIUMPH
hands

one hour ahead of the pack
WNEW TV
Metromedia
That's choice
5
WCBS ALL
2
off the door.
New Buy 'N Fly

TRENCA
INGLESA PERO NO SOLO

EMBAJADORES · · · · · · · · · NOEL GALLAGHER, JEAN-PAUL SARTRE, JEAN COCTEAU

PASARELA · · · · · · · · · · · · · · · · LOEWE, MARGARET HOWELL, BALENCIAGA

Aunque se asocia a la cultura inglesa, la trenca tiene influencias belgas y polacas; de hecho, son estas las que le conceden su característica silueta. Popularizada por la Royal Navy, adopta su forma definitiva en el período de entreguerras y, en la década de 1950, se impone en la moda juvenil.

↑ **Trenca Original Monty**, de Gloverall.

«RECUERDO LA MODA DE LAS TRENCAS».

GEORGES PEREC

HISTORIA BELGA

La trenca aparece en Bélgica a finales de la Edad Media. Se confecciona con una lana espesa y resistente al agua, procedente de la ciudad belga de Duffel (de ahí que, en algunos países, esta prenda se llame *duffel* o *duffle*). Es un abrigo largo que se cierra con cordeles y pequeños conos de madera. Esta misma botonadura aparece, en la década de 1820, en el abrigo con capucha del Ejército polaco; y este sirve de modelo al industrial británico John Partridge para diseñar, hacia 1850, una primera versión de la trenca. Partridge crea dos modelos, uno largo y otro corto.

MADERA DE MARINERO

El abrigo, de gran funcionalidad gracias a su capucha, su botonadura y su robustez, llama la atención de la Marina británica, que, en la década de 1880, lo incorpora a su uniforme, alargándolo y refinándolo para adaptarlo a los estándares militares. Para cuando llega la Segunda Guerra Mundial, la trenca ya se ha convertido en un símbolo de bravura y audacia, y todos los soldados la utilizan (en color azul marino o cámel).

CONDECORACIÓN

Al terminar la contienda, los excedentes de los ejércitos ponen en la calle el vestuario militar. En 1953, la casa Gloverall presenta la primera trenca civil, más ligera y estilizada, con forro de satén, cordones de algodón y etiqueta con el nombre de la marca bordado con hilo dorado. La trenca ya pertenece a la moda.

JÓVENES AIRADOS

Como ocurre con numerosas prendas de origen militar, la ironía de la juventud rebelde convierte la trenca en icono de la protesta y la contracultura pacifista. Pasa a ser patrimonio de los estudiantes, los insumisos y los intelectuales. La cultura popular le confiere un aire revoltoso y juvenil, a medio camino entre Noel Gallagher y el oso Paddington.

VUELTA A LA INFANCIA

En 1958, se publica el primer libro de la famosa saga infantil inglesa *Un oso llamado Paddington*; narra la historia de un oso que es encontrado en la estación de tren de Paddington por una familia de Londres, los Brown. Su familia de adopción le regala una trenca de niño azul, de la que no se separa nunca y que se convierte en su atavío distintivo.

OPCIONES: MADERA O HUESO

Botones ovalados de madera: popularizados por la Royal Navy en la Segunda Guerra Mundial, se introducen en cuerda de yute (utilizada en los barcos); más tarde, esta se sustituye por cordel de algodón.

Botones de cuerno de búfalo: también llamados «colmillos de morsa», se introducen en lazos de cuero.

CHAQUETÓN MARINERO
DE AGUA DULCE

EMBAJADORES ·············· JACQUES BREL, ROBERT REDFORD, ALI MACGRAW

PASARELA ·············· YVES SAINT LAURENT, RAF SIMONS, COACH

Los marineros necesitan ropa de abrigo para protegerse de los elementos. Abundan los abrigos de paño azul marino, gruesos y con grandes solapas que pueden cerrarse sobre el pecho. El chaquetón o gabán marinero es una de esas prendas funcionales y militares que se han aliado con la vida cotidiana.

↑ Robert Redford en *Three Days of the Condor* (*Los tres días del cóndor*), 1975.

DE PIRATA A MARINERO

Se cree que el chaquetón marinero fue inventado por los navegantes europeos del siglo xv, que podrían haberse inspirado en la *qaba*, una capa de lana utilizada por los piratas magrebíes. La Royal Navy lo adapta a sus necesidades ya a principios del siglo xix, pero la versión que conocemos en la actualidad fue creada por la Marina francesa en 1845. Es heredera del capote y acaba por sustituirlo.

DOCUMENTO DE IDENTIDAD

De color azul marino y largo medio, este abrigo presenta doble fila de botones adornados con un ancla, cuello ancho (también con botones) y mangas con información identificativa, concretamente, las divisas del grado y empleo del marinero.

GEOGRAFÍA

El nombre «gabón» procede de la palabra portuguesa *gabão*, que significa «gabán». En 1472, los navegantes portugueses que llegan a África observan que el estuario donde hoy está Libreville tiene la forma de un gabán y bautizan así el territorio.

MARINERO EN TIERRA

El chaquetón entra en el mundo civil con los marinos retirados, que tienen derecho a conservarlo a condición de retirar los botones con ancla, distintivos de la Marina nacional. Al cambiar el uniforme de los ejércitos, la prenda puede por fin democratizarse. El tamaño de los bolsillos le concede una gran prestancia.

HACERSE A LA MAR

De lobo de mar a intelectual elegante: el simbolismo del gabán marinero evoluciona en la década de 1950. La contracultura lo adopta para personificar una masculinidad altiva y discreta. Y se convierte en un clásico tras asociarse con la bohemia de la margen izquierda del Sena (Boris Vian, Jacques Brel...), el cine de autor de Hollywood (Robert Redford) y la juventud fogosa (los Rolling Stones).

MUJER A BORDO

En 1962, en su primera colección, Yves Saint Laurent ofrece el chaquetón marinero a las mujeres, combinado con un pantalón blanco. Es una indumentaria poderosa: con las manos en los bolsillos, la mujer se alza fiera y desafiante.

BORRASCA

La doble botonadura permite abrochar el chaquetón hacia un lado o hacia el otro según la dirección del viento.

EN LOS DIBUJOS

El chaquetón marinero tiene una vida paralela en los cómics, donde acompaña al capitán Haddock en las aventuras de Tintín desde 1941. Pero es Corto Maltés, el personaje concebido por Hugo Pratt en 1967, quien rubrica la prenda como arquetipo de la masculinidad elegante y fogosa.

↑ Chaquetón marinero Peacok Island, de Camplin.   → Winston Churchill y su esposa desembarcan del *Queen Mary*, el 23 de septiembre de 1943.

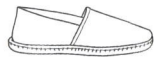

ALPARGATA
TELAS DE SOL

| EMBAJADORES | ·············· | GABRIELLE CHANEL, SALVADOR DALÍ, GRACE KELLY |
| PASARELA | ······················· | VALENTINO, LANVIN, DOLCE & GABBANA |

El uso de suelas vegetales está documentado desde la Antigüedad en todo el mundo. Pero la alpargata, tal y como la conocemos hoy, aparece en la Edad Media, vinculada a las labores agrícolas. Aunque es más habitual verla lejos de las duras tareas del campo.

SUELA VEGETAL

La alpargata consta de una suela vegetal de cáñamo o yute y una tela de algodón o lino. La versión catalana se ata con largas cintas que se enrollan alrededor del tobillo o de la pierna; la vasca, por su parte, opta por el minimalismo.

DEPORTIVAS...

No es extraño encontrar fotografías de la tenista Suzanne Lenglen calzando alpargatas en los partidos. En la década de 1920, este calzado flexible y envolvente goza del favor de los deportistas.

RITOS POPULARES

Testigo de la historia cultural, el folclore y las tradiciones, la alpargata acompaña a la sardana y a las procesiones, pero también representa la labor manual y artesana. Cuando los colonos españoles se instalan en Latinoamérica, acaba calzando a los vaqueros y a los gauchos, y se convierte en bandera del orgullo nacional, del trabajo duro y del patrimonio.

CONCHAS Y CRUSTÁCEOS

Con el surgimiento del ocio popular a finales del siglo XIX, la alpargata llega a las playas. Las clases acomodadas se apropian de este calzado modesto y, en las décadas de 1920 y 1930, la alpargata embellece el estilo de los refinados veraneantes que pueblan el sur mediterráneo. Coco Chanel, Le Corbusier, Salvador Dalí o Pablo Picasso la calzan con elegancia. Es también el accesorio del ejercicio físico, del aire libre y los cuerpos moldeados.

EN PANTALLA

Debido a la carencia de materias primas causada por la Segunda Guerra Mundial, las suelas se confeccionan con rafia o con cáñamo. Y entonces Salvatore Ferragamo la arrastra al mundo del lujo. También

↑ Alpargatas Jean/053, de Castañer.

> «QUÉ BONITA ES LA SARDANA, QUE SE BAILA, COGIDOS DE LA MANO, EN EL PAÍS DE LA TRAMONTANA».
>
> CHARLES TRENET

llega a Hollywood al acabar el conflicto y se hace muy «cinematográfica» gracias a Grace Kelly y Cary Grant.

CON TACÓN

En la década de 1970, el movimiento *hippie* (*véase* pág. 326) invade la moda con su espíritu bohemio. Yves Saint Laurent colabora con la casa Castañer para diseñar un nuevo modelo de alpargata, con cuña y plataforma (*véase* pág. 131), que concilia el estilo con la despreocupación veraniega.

... O NO

Gastón el Gafe, personaje de cómic inadaptado y bastante vago, calza alpargatas; su creador, Franquin, recurre a este accesorio sinónimo de las vacaciones y el sol para subrayar la pereza despreocupada de su protagonista.

PLATAFORMA
TOMANDO ALTURA

EMBAJADORAS ················· LADY GAGA, CARMEN MIRANDA, SPICE GIRLS

PASARELA ················· SIES MARJAN, DRIES VAN NOTEN, ERDEM

El primer calzado con plataforma aparece en la antigua Grecia. Durante la Edad Media, en el Imperio otomano se utiliza para acudir al *hammam*, por razones de higiene, una sandalia de madera elevada llamada *kabkab*. Pero no se trata solo de utilidad: también es una cuestión de rango.

↑ **Paul Stanley**, guitarrista y vocalista de Kiss (1980).

«ARTE-À-PORTER»

En su colección de primavera-verano de 2010, Alexander McQueen propone un botín de plataforma superlativa, futurista y orgánico, casi fantástico, que bautiza como Armadillo. Nunca se comercializa y solo se fabrican los veintiún pares utilizados en el desfile, devotamente coleccionados por Daphne Guinness o Lady Gaga. Más que un zapato, es una obra de arte.

DESDE ARRIBA

Cuanto más alto el personaje, más eminente. De hecho, la plataforma de la *kabkab* depende de la posición social de quien la lleve. En España y en Venecia, el chapín aristocrático es una expresión del estatus y la riqueza; para empezar, la altura permite mostrar mejor las costosas telas de los vestidos.

«ZAPATO MACETA»

En Japón, en el siglo XVII, las mujeres de clase alta adoptan la *geta* (*véase* pág. 32), mientras que en China, en el XIX, la cultura manchú impulsa el llamado «zapato maceta». Este tipo de calzado no se democratiza hasta el siglo XX.

GIRL POWER

En 1995, el fabricante alemán de calzado Buffalo lanza dos nuevos modelos: Classic y Rising Tower. Estas zapatillas «deportivas» con una plataforma de cinco centímetros o más es abrazada por la escena tecno. Las Spice Girls las llevan a la estratosfera al utilizarlas en sus videoclips, conciertos y apariciones mediáticas. La plataforma se convierte en el emblema de una femineidad libre, poderosa y lúdica.

SUEÑO HOLLYWOODIENSE

En la década de 1930, Moshe Kimel diseña los primeros modelos contemporáneos de zapato con plataforma y se los ofrece a las actrices de Hollywood. Pero es Elsa Schiaparelli, en colaboración con Roger Vivier, quien lo incorpora a una colección de alta costura por primera vez. En 1938, Salvatore Ferragamo propone una sandalia-escultura, multicolor y con plataforma.

SENTIDO PRÁCTICO

Durante la Segunda Guerra Mundial, el cuero queda sometido al racionamiento, y la confección de calzado solo puede utilizar madera, cuerda y corcho. Robusta y práctica, la plataforma se integra en el vestuario femenino de la década de 1940, aunque, en el decenio siguiente, cederá el trono al zapato de tacón (*véase* pág. 96).

AIRE ANDRÓGINO

Los *hippies* recuperan la plataforma y la hacen unisex. El glam rock, los artistas funk y los *peacocks* londinenses (*véase* «Estilos», pág. 301 y siguientes) se atreven con modelos extravagantes. Incluso el calzado masculino de diario aumenta su altura, aunque con grosores más discretos. La contracultura sigue recurriendo a la plataforma y, en la década de 1990, esta se convierte en pieza clave de la cultura popular y de la moda juvenil.

← Plató del programa de televisión estadounidense *American Brandstand*, 29 de mayo de 1973.

↑ Bulla Babies 90, de Nodaleto.

BOUBOU
EL PRESTIGIO

EMBAJADOR ···················· **ANDRÉ LEON TALLEY**

PASARELA ···················· **BADGLEY MISCHKA, ROKSANDA, CHRISTIAN DIOR**

Todo indica que, a finales del siglo VIII, en África occidental aparece una túnica larga que llega bajo la influencia de los mercaderes bereberes. Con la expansión del islam en el siglo XI, se populariza el caftán, de hechuras amplias, gran colorido y distintivo de las clases acomodadas. El *boubou*, que nace de estas influencias, inspira a una nueva generación de diseñadores.

↑ *Boubou* **Mirabo**, de Maison Beaurepaire.

«HOMBRES Y MUJERES SE HAN PUESTO SUS HERMOSOS *BOUBOUS*».

AMADOU Y MARIAM, EN *DIMANCHE À BAMAKO*

SEÑAL DE RIQUEZA

Es una prenda exclusiva: de manga ancha y corte largo y voluminoso, necesita mucha tela para su confección, a menudo tejidos importados y caros, como la seda o el algodón. También requiere del trabajo hecho a mano para el bordado de símbolos y motivos tribales o espirituales. El *boubou* (de *mbubb*, palabra del *wólof* para designar a una vestimenta larga) se compone de varias piezas de tela (los *kitenge*).

INSTRUCCIONES

En el vestuario masculino, el *boubou* consta de tres piezas: camisa de manga larga, pantalón y túnica sin mangas (parecida a un abrigo), todo ello acompañado de una *chéchia*. Por cuestiones prácticas, el hombre puede llevar una túnica amplia y pantalón. En cuanto al *boubou* femenino, se compone de un paño enrollado a la cintura a modo de falda, una túnica larga y un turbante. Las piezas del conjunto son siempre del mismo tejido.

EN RENOVACIÓN

El *boubou* es portador de significados sociales, culturales, políticos e incluso religiosos —pues acompaña al hombre en el culto musulmán— y no ha dejado de reinventarse. Ha seducido a los diseñadores de moda africanos, así como a las jóvenes generaciones, interesadas en vincular tradición e innovación.

TÉCNICAS

El *bazin* es una tela de damasco de algodón que se tiñe a mano con un procedimiento parecido al *tie dye*.

La técnica *adinkra* es un estampado con tampones.

ALEGORÍAS

Los colores y motivos dotan al *boubou* de un gran simbolismo. Se confecciona mediante técnicas tradicionales, como la *adinkra* o el *bazin*. Desde finales del siglo XIX, existen también los *boubous* de *wax*, una tela estampada a la cera que imita el batik indonesio y que se instala en la cultura de África occidental a raíz de la importación de tejidos europeos.

CÓDIGO DE COLORES

Rojo: pasión, sol, fecundidad, poder, duelo.

Azul: frío, paz, pureza.

Amarillo: fortuna, auge, declive.

Verde: crecimiento, curación, virilidad.

Naranja: realeza, vitalidad.

Violeta: prosperidad, Madre Tierra.

Blanco bordado en oro: hombres que peregrinan a La Meca.

QAMIS
LA CAMISA DEL MUNDO

EMBAJADORES ················· DEEPIKA PADUKONE, HASÁN II DE MARRUECOS

PASARELA ················· ANTONIO MARRAS, HERMÈS, DEREK LAM

Cuando el espíritu occidental piensa
en una camisa, le asigna un cuello, puños,
botones... Pero, en el resto del mundo,
la camisa, heredera de las antiguas túnicas,
adopta todo tipo de formas, que reflejan
su diversidad estilística y relatan un
legado compartido.

↑ *Qamis* Signature Kurta, de Next.

ORIGEN SIMILAR

La camisa ya existe como prenda interior en la Edad Media. Del latín *camisia* se derivan también el italiano *camicia*, el francés *chemise* y el árabe *qamis*. Al evolucionar la moda occidental, la camisa (*véase* pág. 166) se convierte en la prenda que conocemos hoy; pero esta es una visión reduccionista, pues su forma es muy diferente en el mundo árabe y en el sudeste asiático.

TÚNICA DE HOMBRE

El *qamis*, parecido a una túnica, es una camisa de hombre, aunque algunas de sus derivaciones (como el *boubou* africano o el *kameez* típico de la India y Pakistán) hayan sido adoptadas por la mujer. De corte a menudo largo y manga también larga, puede ornamentarse con pasamanería y botones, e incluso añadirle un cuello, según el gusto del sastre.

ATRIBUTO RELIGIOSO

El *qamis* se difunde en la Edad Media de la mano del islam y aún hoy es el hábito predilecto para el rezo. Está, por tanto, estrechamente ligado a la tradición musulmana, pues respeta los preceptos de la religión: vestirse sin ostentación, no desvelar la forma del cuerpo. Pero el *qamis* no es patrimonio exclusivo del islam y acompaña en sus actividades cotidianas a los hombres de la península arábiga y del sudeste asiático.

CADA UNO SU CAMISA

Existen tantas camisas como pueblos. Del *qamis* se derivan la chilabá y la alcandora magrebíes, la *dishdasha* o *thaub* de Arabia, la *kurta* india y el *boubou* africano. Túnicas y más túnicas que van de la mano a lo largo de los siglos.

CAMISA UNIVERSAL

En las décadas de 1960 y 1970, los occidentales adoptan algunas versiones del *qamis*. Los *hippies* (*véase* pág. 326) favorecen la *kurta* india, una camisa larga sin cuello muy apreciada por sus bordados y su comodidad. Aún hoy, no es raro encontrar a veraneantes vestidos con estas túnicas ligeras, nuevo capítulo de una historia ancestral: la de una prenda relajada que cubre el cuerpo sin asfixiarlo. El *qamis* es el nexo y fundamento universal, la fuente de todas las adaptaciones y modificaciones: una camisa que subraya la unidad.

VIDA MODERNA

En la India y Pakistán, el *qamis* da lugar al *salwar kameez*, un conjunto formado por una túnica con aberturas laterales y un pantalón cerrado en los tobillos (el *saruel*). Lo visten hombres y mujeres por igual, aunque su variante femenina es más corriente como atuendo cotidiano. Las indias lo prefieren a menudo al sari (menos práctico) y es el uniforme escolar de muchas adolescentes.

PANTALÓN VAQUERO
UN ICONO CON MUCHOS NOMBRES

EMBAJADORES	·············	JAMES DEAN, BROOKE SHIELDS, ELVIS PRESLEY
PASARELA	·············	CELINE, TOMMY HILFIGER, JEAN-PAUL GAULTIER

De prenda funcional a emblema de la contaminación textil: el pantalón vaquero es el reflejo de nuestra evolución cultural y, desde su nacimiento, ha acompañado a todos los cambios sociales. Es a la vez icónico y corriente. Y toda esta historia comienza con una tela…

↑ Mineros con vaqueros Levi's en California, en Estados Unidos (1882).

«LO ÚNICO QUE LAMENTO ES NO HABER INVENTADO EL PANTALÓN VAQUERO».

YVES SAINT LAURENT

DEL FUSTÁN A *LAS JEANES*

En la Edad Media, en el norte de Italia se produce el fustán, una tela lisa de lana, lino o algodón. Este paño se exporta al resto de Europa para confeccionar pantalones de marinero y velas de barco. Los ingleses las llaman *jeanes*, por deformación del nombre del puerto desde el que se envían pasando por Francia: Génova (Gênes en francés).

¿FRANCESA O INGLESA?

Más tarde, en el siglo XVIII, los franceses confeccionan la sarga de Nîmes, una mezcla de lana y seda que se teje entrelazando un tejido en color crudo con otro añil. Parece que los ingleses (que se lanzan también a la producción del fustán) se inspiran en esta técnica de tejido para fabricar un paño de algodón con menos cuerpo, al que llaman *denim*. En ese momento, la producción de telas de algodón está en pleno auge en el Reino Unido, pues se prefieren a las de lana.

¡BINGO!

En el año 2000, en una mina de plata abandonada, unos estudiantes californianos encuentran un pantalón Levi's original de la década de 1880. Lo subastan en eBay con un precio de salida de 0,99 dólares ¡y lo venden por 46 532 dólares!

TRAVESÍA DEL ATLÁNTICO

Los ingleses producen entonces dos tipos de tejido vaquero: el *jean* (robusto, de color uniforme) y el *denim* (más flexible y con mezcla de azul y crudo). Todo un éxito: llegan a Estados Unidos y, tras ser copiados, entran en la industria del algodón, que se sirve de la esclavitud. La tela vaquera se utiliza para confeccionar la ropa de trabajo de granjeros, mineros y buscadores de oro.

PANTALÓN DE TRABAJO

El 20 de mayo de 1873, Jacob Davis, sastre especializado en vestimenta laboral, y Levi Strauss, comerciante de tejidos, patentan un pantalón confeccionado con tejido *denim*, cuyos bolsillos se han reforzado con remaches de cobre: nace el pantalón vaquero moderno. La patente expira en 1890 y surgen en Estados Unidos otras manufacturas, como H. D. Lee Mercantile, centrada en los operarios de fábricas, y The Blue Bell Overall Company (la futura Wrangler), más orientada al *cowboy*.

¿JEAN? ¿QUÉ JEAN?

La denominación *jean* para referirse al pantalón vaquero es puramente comercial. No aparece hasta la década de 1930 en Estados Unidos; durante todo el siglo XIX, la prenda (sea de tejido *jean* o de *denim*, como el modelo patentado en 1873) se llama *overall*. Ni siquiera Levi's utilizará el término *jean* hasta 1959.

«QUIERO MORIR CON MI VAQUERO AZUL PUESTO».

ANDY WARHOL

HÉROE DE HOLLYWOOD

Hollywood pone en contacto la cultura popular y el mundo rural. En las décadas de 1920 y 1930, el pantalón vaquero construye su mito sobre la figura del *cowboy*, encarnado en las películas del Oeste por Gary Cooper o John Wayne. Son héroes seductores, solitarios, viriles y justos.

A LA CONQUISTA DE LA MUJER

En la década de 1930, la Gran Depresión contribuye al auge del vaquero. La ropa de trabajo entra en el paisaje urbano con aquellos que buscan desesperadamente un trabajo. Levi's comercializa sus primeros pantalones de mujer y *Vogue* les dedica un editorial. En 1942, la diseñadora estadounidense Claire McCardell presenta el vestido Pop-over, primera prenda vaquera destinada al ama de casa. El vaquero ya se exporta y se convierte en bandera mundial de la juventud y la modernidad.

JUVENTUD REBELDE

La década de 1950 supone un vuelco. De la gran pantalla emerge el rebelde James Dean, que junto a Marlon Brando se pasean con insolencia ataviados con chupas de cuero (*véase pág. 115*) y vaqueros ajustados. Las bandas de moteros cruzan el país y, en televisión, Elvis Presley mueve las caderas al ritmo del *rock and roll*. El vaquero es insumisión y contracultura, sexo y delincuencia. Acaba metido en todas las peleas y algunos colegios lo prohíben.

EN CIFRAS

1 paca de algodón para **225** pantalones vaqueros

7 vaqueros, de media, por persona

7500 litros de agua para confeccionar **1** vaquero

2300 millones de vaqueros vendidos cada año

Un vaquero recorre unos **65 000** kilómetros entre sus puntos de fabricación y venta

45 000 toneladas anuales de añil

27 000 dólares: el pantalón más caro del mundo nace de la colaboración entre Levi's y el artista Damien Hirst

UN NUEVO MUNDO

El movimiento *hippie* (*véase pág. 326*) también pertenece a la contracultura y adopta el pantalón vaquero para denunciar el materialismo de la sociedad capitalista y rendir homenaje a una prenda popular vinculada con la clase trabajadora. A comienzos de la década de 1970, la contracultura se normaliza; el vaquero se impone en la sociedad y se manifiesta a favor de los derechos de las mujeres y los homosexuales.

INFLUENCIA TENTACULAR

El vaquero sube a la pasarela de la mano de Calvin Klein, Willi Smith e Yves Saint Laurent. Al absorber todos los estilos y fenómenos culturales, une al rock, al punk, al hiphop y al *grunge* (*véase*

↑ Limpiabotas y *cowboys* urbanos con vaqueros (Estados Unidos, 1975).

«¿HAY VAQUEROS EN ESOS EXCEDENTES AMERICANOS?».

RAYMOND QUENEAU, *ZAZIE DANS LE MÉTRO (ZAZIE EN EL METRO)*

«Estilos», pág. 301 y siguientes). Es sofisticado y básico, universal e individual. Cada segundo, se venden 73 pantalones vaqueros. Esta historia no siempre habla a favor de la moda: el vaquero también es consumismo y contaminación.

COCORICÓ

En 1944, los soldados estadounidenses introducen en Francia el pantalón vaquero rígido. A finales de la década de 1960, Marithé + François Girbaud aligera la mezcla y la lava con piedra pómez: un procedimiento llamado lavado a la piedra. Este pantalón urbano pone de moda el estilo desgastado. Las técnicas se diversifican, pero tienen un grave impacto humano y medioambiental.

↑ Vaqueros 501, de Levi's.

→ James Dean en *Rebel Without a Cause* (*Rebelde sin causa*), 1955.

PLANETA AZUL

EDAD MEDIA

CONTRA VIENTO Y MAREA

Se confeccionan en Italia paños lisos de algodón, lana y lino (o seda), que los ingleses llaman *jeane*.

SIGLO XVI

ITALIANOS Y BRITÁNICOS

Siguiendo el ejemplo italiano, los británicos producen sus propias telas de lona de algodón y lana.

SIGLO XVIII

VERSIÓN FRANCESA

En la región de Nîmes se desarrolla una sarga de lana y seda.

20 DE MAYO DE 1873

PATENTE

Jacob Davis y Levi Strauss patentan un pantalón vaquero de color añil con bolsillos con remaches.

DÉCADA DE 1860

HACIA EL VAQUERO AZUL

Levi Strauss sustituye la lona de sus prendas de trabajo por *denim* de algodón teñido de añil.

SIGLO XIX

JEAN Y DENIM AMERICANOS

En Estados Unidos se fabrican dos tejidos diferentes: el *jean* (de color liso) y el *denim* (azul y crudo).

1890

NACE UN ICONO

Strauss y Davis presentan el modelo 501.

1904

RECIÉN LLEGADOS

Nace la marca Blue Bell, futura Wrangler.

1912

PARA EL OBRERO

Lee Mercantile (fundada en 1889, más adelante Lee) confecciona sus primeras prendas de trabajo.

1955

ICONO MUNDIAL

James Dean y su pantalón vaquero protagonizan *Rebel Without a Cause* (*Rebelde sin causa*).

1939

EMBAJADOR DE CULTO

John Wayne viste un Levi's 501 en *Stage Coach* (*La diligencia*).

1934

VERSIÓN FEMENINA

Levi Strauss & Co comercializa el primer vaquero de mujer.

1960

VAQUERO JAPONÉS

La marca Kuroki Mills fabrica tela vaquera en Japón.

DÉCADA DE 1970

ALTA COSTURA

Aparece el vaquero de diseño (Gloria Vanderbilt, Calvin Klein...).

2020

GUERRA COMERCIAL

Se venden más de dos mil millones de vaqueros en todo el mundo.

→ Farrah Fawcett en *Charlie's Angels* (*Los ángeles de Charlie*), 1976.

CORTES

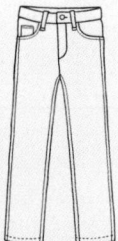

STRAIGHT
Recto

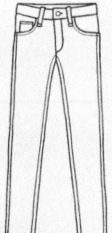

SKINNY
Pitillo

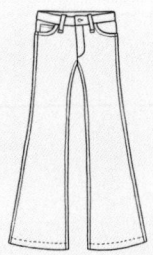

FLARE
Campana y talle alto

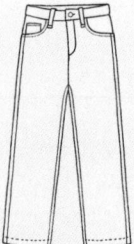

BAGGY
Ancho

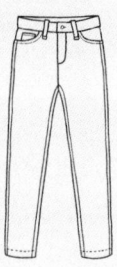

TAPERED
Estrecho en los tobillos

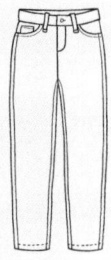

MOM
Talle alto, ensanchado
en las caderas

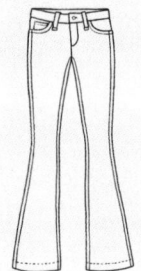

BOOTCUT
Ligeramente acampanado
en los tobillos

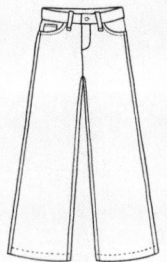

WIDE
Acampanado

UNA CUESTIÓN DE TALLES Y LARGOS

REGULAR
Talle normal

LOW-RISE
Talle bajo

HIGH WAIST
Talle alto

MID WAIST
Justo debajo del ombligo

DROP CROTCH
Entrepierna baja

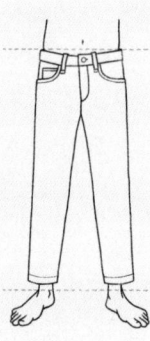

①

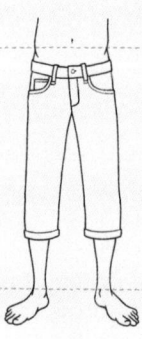

②

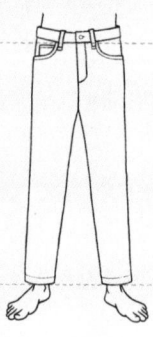

③

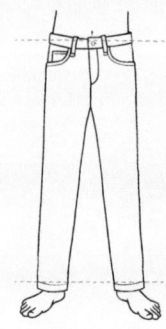

④

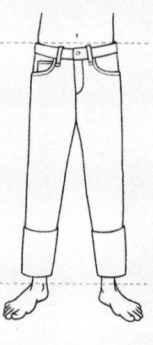

⑤

CROPPED
*Tres cuartos, por encima
de los tobillos*

CAPRI
Pesquero

ANKLE
*Hasta
los tobillos*

TALL
*Por debajo
del tobillo*

FOLDED
Con vuelta

LOS ACABADOS

UNA CUESTIÓN DE DETALLES

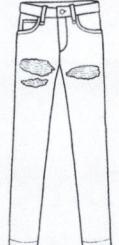

DISTRESSED
Agujereado, rasgado, desgastado

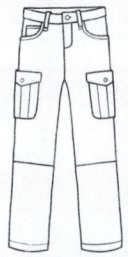

CARGO
Múltiples bolsillos

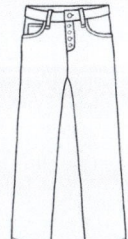

BUTTON FLY
Botonadura alta en la bragueta

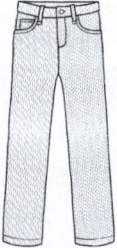

CORDUROY
De pana

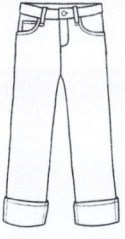

CUFFED
Remangado

UNA CUESTIÓN DE COLORES

BRUT
Sin tratar

STONE
Lavado a la piedra

BLEACHED
Desteñido

USED
Desgastado

DIRTY
Ensuciado

UNA CUESTIÓN DE TEJIDOS

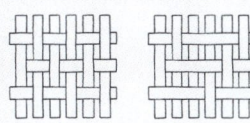

SARGA
Tejido *denim* original, confeccionado con lana y seda mediante la técnica denominada sarga; la tela resultante alterna una trama añil con una urdimbre diagonal en color crudo.

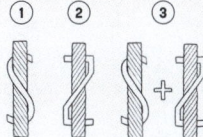

TIPOS DE SARGA
1 – Sarga mano derecha
La diagonal de urdimbre va desde la parte baja izquierda a la superior derecha.

2 – Sarga mano izquierda
La diagonal de urdimbre va de derecha a izquierda. El tejido es más suave al tacto. Es el método utilizado por Lee.

3 – Sarga interrumpida
Urdimbre en zigzag, como las prendas de Wrangler.

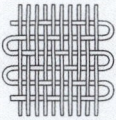

ORILLO
Desarrollada en Estados Unidos en el siglo XIX para robustecer el tejido, esta técnica produce un punto más apretado. Se utiliza para rematar las piezas de tela e impedir que se deshilachen. En el siglo XIX, las marcas se distinguen por el color de los orillos: rojo en Levi's, amarillo en Lee y verde en Wrangler.

CHÁNDAL
EL TRAJE DE LOS DOMINGOS

EMBAJADORES	·················	BOB MARLEY, MELANIE C, P. DIDDY
PASARELA	·················	BALENCIAGA RESORT, GUCCI, BURBERRY

El pensamiento higienista, que gana terreno a finales del siglo XIX, conlleva la revisión de la ropa interior y se populariza un calzón largo de lana que absorbe el sudor y mantiene el calor en invierno. Son los primeros balbuceos del chándal, que acaba abandonando la intimidad para convertirse en prenda exterior.

↑ Run-DMC (1985).

«RAY-BAN EN LA CABEZA, CHÁNDAL TACCHINI, Y LOS SUPERCLASE, MOCASINES NEBULONI».

IAM, "JE DANSE LE MIA"

ESTUDIANTES DEPORTISTAS

En un primer momento, el *jogging* (del inglés, *jog*, que significa «correr despacio») hace referencia a una prenda para la práctica deportiva. Se desarrolla a finales del siglo XIX, sobre todo en las universidades anglosajonas, y se rotula con las iniciales y el logotipo de cada una.

LOS HÁBITOS DEL PODER

A partir de la década de 1970, los políticos escenifican sus prácticas deportivas para demostrar su dinamismo, tenacidad y buena forma física. Pretenden acercarse al hombre de la calle y a la juventud. A veces, el chándal se convierte en una herramienta identitaria; Fidel Castro lo adopta como nuevo uniforme, ya al final de su vida, en un golpe de efecto destinado al pueblo.

MÚSCULOS ABRIGADOS

El chándal se viste por encima de las prendas de competición. Al mediatizarse los Juegos Olímpicos en el siglo XIX, el conjunto es adoptado por los aficionados al deporte.

A CORRER A LA CALLE

A medida que se desarrolla la sociedad del ocio, el chándal se consolida en la clase media; las élites se hacen eco recurriendo a pantalones más cómodos. En 1939, Le Coq Sportif comercializa modelos destinados al público general.

NACE UN MITO

También hacia 1939, la moda estadounidense empieza a cortejar el estilo deportivo. En 1967, Adidas presenta su primer chándal, de tela sintética y en color liso; se compone de pantalón largo y chaqueta con cuello y cremallera. La triple franja en las mangas y las perneras hacen de este modelo un icono.

ARTES MARCIALES Y HIPHOP

El chándal invade la cultura popular y la contracultura, empezando por el hiphop (*véase* pág. 316). Los jóvenes imitan la imagen de Bruce Lee, de los raperos y de los bailarines de *breakdance*.

PERIFERIA CHIC

En Europa se convierte en omnipresente: lo visten los jóvenes de la periferia, los raperos y la clase trabajadora inglesa. Pero también colabora con el materialismo más opulento de la década de 1980 al culto al cuerpo, y se vincula al mundo del lujo, sobre todo con la ayuda de Chanel.

CÓMODO EN PANTALLA

1976: Sylvester Stallone en *Rocky*.

1978: Bruce Lee en *Game of Death* (*Juego con la muerte*).

1995: Vincent Cassel, Hubert Koundé y Saïd Taghmaoui en *La Haine* (*El odio*).

1999: James Gandolfini en la serie *The Sopranos* (*Los Soprano*).

2001: Ben Stiller en *The Royal Tenenbaums* (*Los Tenenbaums*).

2003: Uma Thurman en *Kill Bill*.

2013: Leonardo DiCaprio en *The Wolf of Wall Street* (*El lobo de Wall Street*).

1921
GANAS DE COMODIDAD
El corredor británico Oliver Johnson Schofield utiliza un chándal de terciopelo.

1939
CONCEPTO PUBLICITARIO
Le Coq Sportif presenta su «traje de los domingos».

1967
PIEZA MÍTICA
Adidas entra en la confección con su primer chándal.

1992
ESTILO MILITANTE
Estados Unidos reúne a las grandes estrellas de la liga de la NBA para los Juegos Olímpicos de Barcelona de 1992; allí lucen un llamativo chándal con una bandera americana de tamaño XXL.

1986
MÚSICA
Run-DMC publica el tema «My Adidas».

1968
UNIFORME PATRIÓTICO
En los Juegos Olímpicos de México, los atletas afroamericanos John Carlos y Tommie Smith, en chándal, levantan el puño durante la ceremonia de entrega de medallas de los 200 metros lisos. El deporte se politiza.

1994
MÚSICA
IAM publica «Je danse le mia».

2001
BRILLIBRILLI
El chándal de terciopelo de Juicy Couture se convierte en el arquetipo del famoseo ostentoso de la década de 2000.

2003
DEPORTE Y MODA
Yohji Yamamoto colabora con Adidas en la colección pionera Y-3. Moda y deporte se unen.

2020
MODA COVID
La tienda *online* de moda Asos alerta de la escasez de chándales, debido al consumo excesivo de esta prenda durante la pandemia.

2016
EL PRESIDENTE *COOL*
Las redes sociales se inundan de memes creados a partir de una fotografía de 2009 del presidente estadounidense Barack Obama, vestido con chándal negro.

← La atleta Paola Pigni-Cacchi, en Múnich (1972).

↑ Chándal Rochester 1919, de Champion.

KIMONO
«COSA PARA VESTIRSE»

EMBAJADORES	TILDA SWINTON, SUSIE BUBBLE, DAVID BOWIE
PASARELA	CHRISTIAN DIOR, YUMI KATSURA, YAMAMOTO

En el siglo v, la influencia china en Japón inspira el desarrollo de prendas similares al kimono. Pero hay que esperar hasta el período Edo (1603-1868) para que esta prenda se convierta en un símbolo social, oficialice su nombre y defina su forma moderna.

EL TEATRO DE LA MODA

La clase comerciante, los actores del teatro kabuki y las cortesanas son los artífices de la moda y quienes proponen nuevos atavíos para distinguirse dentro de una sociedad que está muy jerarquizada. Irritada por esta rivalidad estilística, la élite impone leyes suntuarias, pero estas, lejos de inquietar a la burguesía, la animan a ser aún más imaginativa. Esta creatividad se traduce en una elegancia mesurada.

RESISTENCIA IDENTITARIA

A partir de 1868, con la era Meiji, Japón se abre a Occidente y comienza a adoptar sus modas, en detrimento de prendas como el kimono. Pero esto no hace sino reforzar su simbolismo: es la bandera de una cultura nacional que resiste.

AL COMPLETO

Además de una prenda, el kimono es una silueta. Estos son sus elementos indispensables:

Nagajuban: kimono interior.

Koshihimo: cintas de seda o lana que sujetan el kimono (se ocultan bajo el *obi*).

Obi: cinturón decorativo.

Musubi: nudo del *obi* ubicado en la espalda.

Obijime: cordel de color que sujeta el *musubi*.

Tabi: calcetines con el dedo gordo separado.

Zori: sandalia (a veces se usa la *geta*, aunque esta es más adecuada para el *yukata*).

↑ La señora Nagomi, en Japón (1926). *Colección del Museo Albert-Kahn.*

ORIENTE CONTRA OCCIDENTE

En el siglo xx, el kimono se erige en garante de los valores morales, sobre todo en la mujer. La libera de los apretados corsés y se condena la «depravación» de aquellas que se dejan llevar por las tendencias procedentes de Europa. Esta filosofía moralizante formaliza el kimono y acaba por confinarlo a las generaciones de más edad y a las grandes ocasiones. Al mismo tiempo, se acentúan los estereotipos creados por la mirada occidental, como las fantasías que sexualizan a las *geishas* y los clichés folclóricos.

DE VUELTA A LA SIMPLICIDAD

A partir de la década de 1980, los diseñadores japoneses llaman la atención de los medios, y toda una nueva generación contempla su herencia con una mirada nueva y sin complejos. Los jóvenes vuelven a llevar kimono y lo despojan de su solemnidad. El kimono se libera: ya no es un distintivo cultural, sino sencillamente algo con lo que vestirse.

NO ES LO MISMO

Yukata:

- De algodón.
- Los calcetines son opcionales.
- Sobre todo para el verano o en casa.
- No necesita camisa interior.

Kimono:

- De seda.
- Los *tabi* son obligatorios.
- Sobre todo en las estaciones frías y para ocasiones especiales.
- Necesita un *nagajuban* interior.

EL *KITSUKE* O EL ARTE DE VESTIR EL KIMONO

①

Ponerse el kimono y asegurarse
de que queda equilibrado.

②

Para conseguir el largo deseado,
llevar el extremo izquierdo sobre la
cadera derecha. Una vez comprobado,
volver a abrir el kimono.

③

Con la mano derecha, llevar el extremo
derecho sobre la cadera izquierda.
Después, con la mano izquierda,
llevar el extremo izquierdo sobre
la cadera derecha.

④

El kimono queda holgado
sobre el talle.

⑤

Ajustar el kimono a la cintura
con una primera cinta.

⑥

Disimular el cordel debajo de la tela.
En la espalda, tirar del tejido hacia
abajo hasta descubrir la nuca.

⑦

Subrayar el busto con
una segunda cinta.

⑧

Por encima, colocar el obi,
rodeando la cintura dos veces.

⑨

Anudar el obi por delante,
disimulando sus extremos.

↑ **Kimono**, Colección del Museo de Artes y Ciencias Aplicadas de Sídney (Australia).

→ **Exposición Universal de Osaka**, en Japón (1970).

ABRIGO
NO SE ENFRÍE

EMBAJADORES ···················· CARY GRANT, JAMES DEAN, KIM NOVAC

PASARELA ···················· FENDI, CHALAYAN, GARETH PUGH

Los abrigos protegen del frío, pero, desde la Antigüedad, su utilización se reviste de fuertes connotaciones sociales. En Roma, por ejemplo, los ciudadanos se distinguen de las mujeres y los esclavos protegiéndose con una inmensa toga. El abrigo marca y desmarca.

↑ El emblemático abrigo 101801, de Max Mara.

«LOS HOMBRES LLEVAN AÑOS COMPRANDO MIS ABRIGOS DE MUJER».

ISSEY MIYAKE

CAPAS Y HOPALANDAS

Durante la Edad Media, la superposición de prendas dicta el estilo. Las túnicas se acumulan unas sobre otras para proteger el cuerpo, y la última de ellas adopta la forma de una capa o manto (llamada a veces «mantel»). Al aparecer las hopalandas en el siglo XIV, la capa se moderniza: larga, amplia, con cuello, manga ancha y una abertura longitudinal en el centro. Es una prenda reservada a la nobleza.

APERTURA AL MUNDO

El modelo de abrigo más famoso es escocés: es el Crombie, concebido en 1860 por la manufactura del mismo nombre. La marca suministra al Ejército británico y consigue un éxito considerable en Japón. Tras la Segunda Guerra Mundial, es adoptado por los *mods* londinenses y después por los cabezas rapadas, que lo convierten en característica de su uniforme subversivo.

¿VESTIDO O *MANTEAU*?

En Francia, en el siglo XVII, se populariza la palabra *manteau* para describir las capas (con o sin capucha) que la aristocracia viste por encima de la ropa. La misma palabra designa el vestido abierto sobre la falda de las mujeres de la corte. Aunque el uso y el lenguaje confundan, la forma de estas prendas continúa su evolución hacia el abrigo moderno.

HOMBRE DE CIUDAD

Cuando la levita llega desde Inglaterra y se utiliza para montar a caballo, aparece un nuevo tipo de abrigo, más estilizado y definido. Con gran audacia, se introduce en el vestuario femenino a finales del siglo XVIII y, en el XIX, engalana a los dandis (*véase* pág. 324). En el siglo de la Revolución Industrial, el abrigo vive su apogeo. Con su atuendo oscuro y serio, la burguesía conquista el paisaje urbano. En el Reino Unido, nace el abrigo de lana.

ESPÍRITU CANALLA

Cruzado o recto, el abrigo se convierte en una pieza imprescindible. Gracias al diálogo constante entre los mundos militar, deportivo y civil, los modelos se diversifican y siguen conquistando terreno a lo largo de la década de 1930. En la de 1950, los *teddy boys* ingleses (*véase* pág. 346) le insuflan un aire canalla.

MUJER TRABAJADORA

Fundada en Italia en 1951, la casa Max Mara construye su reputación sobre elegantes abrigos de mujer, de lana, cachemira o pelo de camello. En 1981, presenta el modelo 101801, su mayor éxito: un abrigo cruzado minimalista, en color cámel, con mangas de estilo kimono, doble botonadura y cinturón. Esta prenda es un icono del *power dressing* femenino de la década de 1980.

FEDORA
UNA HISTORIA CÓNCAVA

EMBAJADORES ····· FRANK SINATRA, HUMPHREY BOGART, MARLENE DIETRICH

PASARELA ·················· GUCCI, SAINT LAURENT, TEMPERLEY

En el siglo XIX, los sombreros se popularizan en todas las clases sociales. De copa, bombines, tejanos, gorras y boinas complementan los diferentes rostros de la sociedad, pues, hasta la década de 1950, es costumbre que el hombre lleve sombrero en los espacios públicos.

↑ Sylvester Stallone en *Rocky V* (1990).

«INCLINA EL SOMBRERO: LOS ÁNGULOS DAN PERSONALIDAD».

FRANK SINATRA

VAQUEROS

El sombrero de fieltro de ala ancha es muy apreciado para el trabajo a caballo al aire libre: lo llevan los *cowboys* del Oeste americano, los *gardians* de la Camarga francesa y los charros mexicanos. Pero solo uno sale de los campos y praderas para abrazar el paisaje urbano y brillar bajo los focos de la pasarela.

PEQUEÑO PINZAMIENTO

El fedora se asocia a la virilidad heroica o granuja. Se cree que la represión ejercida por la policía italiana durante la Unificación inspiró la forma de este sombrero. En 1857, Giuseppe Borsalino observa las deformaciones sufridas por los bombines de los manifestantes y tiene la idea de pinzar los laterales de la copa, para formar dos concavidades que permitan agarrar el sombrero más fácilmente.

CUESTIÓN DE NOMBRES

La historia de la moda prioriza la palabra «fedora» para denominar al sombrero comercializado por Borsalino. En inglés es el término que más se utiliza. En francés, por el contrario, se prefiere «borsalino», y ello se debe, sin duda, a la influencia de la película homónima de 1970, que reúne a Alain Delon y Jean-Paul Belmondo.

CULMINACIÓN

Sin embargo, su fama y nombre proceden en realidad de una gran dama. En 1882, el dramaturgo Victorien Sardou presenta *Fedora* y Sarah Bernhardt interpreta al personaje que da título a la obra. La actriz, icono de la moda que inspira tendencias, aparece tocada con el sombrero de característicos hoyuelos. El sombrero se impone con este nombre y es rápidamente adoptado por el movimiento feminista.

ALMA DE TRUHAN

En la década de 1920, el príncipe Eduardo de Inglaterra lo recupera para el guardarropa masculino. En Estados Unidos, en la década siguiente, se incorpora al uniforme de los gánsteres, cuyo estilo fascina a la población y es rubricado por el cine negro. Humphrey Bogart lo luce en *Casablanca* en 1942 y lo convierte en su personal marca de misterio y elegancia.

PRIMO PEQUEÑO

En la década de 1890 aparece el sombrero trilby, similar al fedora, pero de ala más pequeña. También debe su nombre a la cultura, puesto que se llama así en referencia a la novela *Trilby*, de George Du Maurier. Es el sombrero de los famosos Blues Brothers, la pareja protagonista de la comedia musical del mismo nombre.

← Tina Turner (1977).

↑ Sombrero fedora, de Brioni.

JERSEY
EL BIENESTAR

EMBAJADORES ········· NASTASSJA KINSKI, MARYLIN MONROE, ROBERT REDFORD

PASARELA ················· DIOR, ISSEY MIYAKE, THE ROW

Confortable, incompatible con el agua caliente, de abrigo y ampliamente disponible gracias a la proximidad de los animales, la lana se ha utilizado en todas las civilizaciones primitivas. Sirve para confeccionar prendas de todo tipo, tanto interior como exterior, y sobre todo para una pieza de invierno versátil e inevitable: el jersey.

↑ Jersey de lana merino y cachemira, de &Daughter.

«MI ESTILO PREFERIDO ES UN JERSEY NEGRO Y FALDA, ALGO QUE SE PUEDE LLEVAR EN CUALQUIER MOMENTO CAMBIANDO SOLO LOS COMPLEMENTOS».

YVES SAINT LAURENT

MEDIO HOSTIL

El jersey es un tejido espeso de punto de lana. Nace en la Edad Media para vestir a los pescadores y a quienes afrontan las inclemencias de la sal marina y los elementos; es una prenda para el trabajo duro al aire libre. De hecho, este tipo de punto es la especialidad de los tejedores de las islas, las costas y las comarcas más hostiles.

UN PUNTO, MUCHOS USOS

Con el auge del ocio, cambian las tornas. El jersey cae en manos de quienes practican deportes al aire libre. La Marina lo adopta en color azul «marino» y también lo toman los tenderos de los grandes mercados de París, que lo llaman *chandail*.

UN POCO FEO

Los jerséis navideños se hacen muy populares en Estados Unidos en la década de 1950, a raíz de los especiales de televisión en los que cantantes y actores aparecen vistiendo prendas de punto con motivos festivos. En 2001, estos pintorescos modelos recuperan su fama gracias a la película *Bridget Jones Diary* (*El diario de Bridget Jones*). Desde entonces, son habituales los concursos de jerséis navideños, que premian al más feo o absurdo.

A LA MODA

El jersey se hace tendencia gracias a un color. En 1921, el príncipe de Gales aparece en público con un suéter de la isla de Fair, reconocible por sus típicas franjas de color. La prenda se convierte en divisa del buen gusto inglés. Gabrielle Chanel lanza sus propios modelos; Elsa Schiaparelli convierte el jersey trampantojo en cimiento de su estilo surrealista. El jersey está de moda.

UN JERSEY, MUCHOS JERSÉIS

Es difícil elegir. En la década de 1930, el dramaturgo británico Noël Coward populariza el cuello vuelto (*véase* pág. 21), y las *sweater girls* de Hollywood revolucionan la escena. Al acabar la guerra, el jersey de tipo Aran, de tradición irlandesa, recupera el favor del público cuando estrellas como Steve McQueen lo incorporan a su vestuario. Los *beatniks* y los universitarios de la Ivy League (*véase* pág. 334) coinciden en su gusto por los suéteres de cuello redondo, mucho antes de que los punks (*véase* pág. 328) los destrocen a tijeretazo limpio. Variado e inevitable, el jersey es imperecedero.

VESTIDO PARA EL INVIERNO

· **UNA CUESTIÓN DE FORMAS** ·

CUELLO DE PICO

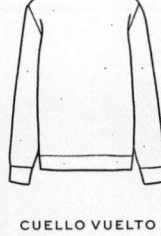

CUELLO VUELTO

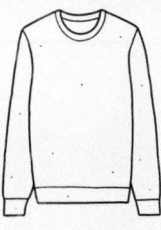

CUELLO REDONDO

ARAN

(jersey irlandés)

PONCHO

CHALECO

· **UNA CUESTIÓN DE PUNTOS** ·

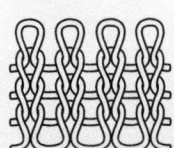

JERSEY

El punto se teje siempre
de la misma forma.

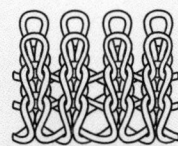

INTERLOCK

Idéntico por ambas caras,
es más grueso y sólido que el jersey.

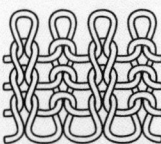

MIL RAYAS

Punto de canalé.

CALADO

Se retiran puntos para formar huecos.

SANTA CLARA

También llamado «musgo» o «bobo»,
este punto forma filas de pequeñas
ondulaciones.

OCHOS

Varias capas de lana se cruzan
unas sobre otras.

↑ Minifalda, de Miu Miu.

→ Manifestación en defensa de la minifalda, en Londres (1966).

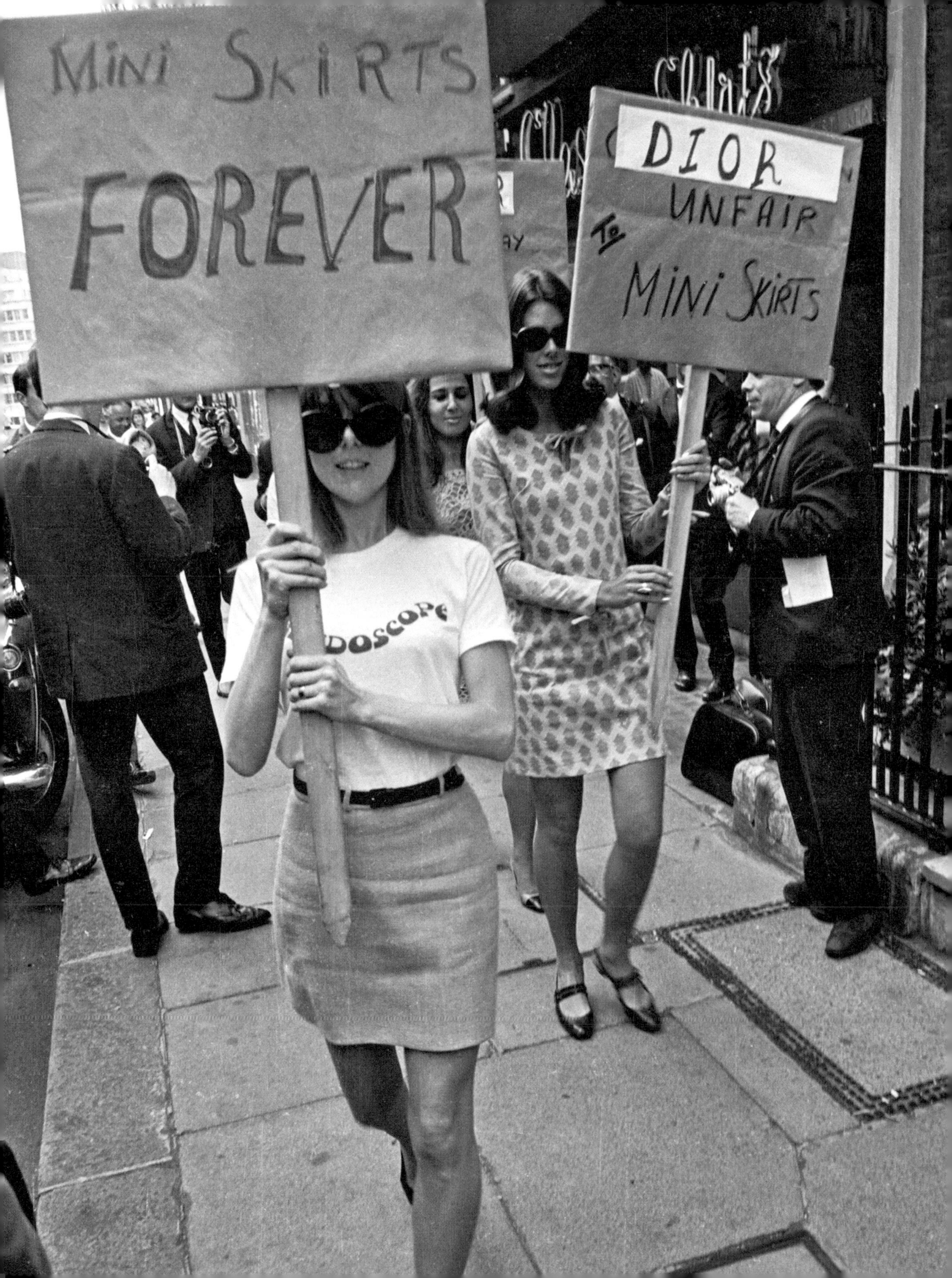
MINI SKIRTS
FOREVER
DIOR
UNFAIR
TO
MINI SKIRTS

MINIFALDA
SENCILLEZ Y DESENFADO

| EMBAJADORAS | ················· | TWIGGY, CLAUDIA SCHIFFER, FRANÇOISE HARDY |
| PASARELA | ················· | MIU MIU, CHANEL, VERSACE |

En la década de 1960, la juventud toma el poder. También conocido como *youthquake*, en el marco del *Swinging London*, es el terremoto de la nueva generación, que aspira a borrar los vestigios del pasado y reconstruirlo todo. Esta revolución social llega también a la moda. Para la mujer, la gran novedad es la minifalda.

↑ **Mary Quant**, en Londres (1967).

MOTIVO DE ESCÁNDALO

Las piernas se destapan como nunca antes. A lo largo de la década, las faldas se acortan por encima de la rodilla o hasta la mitad de la pantorrilla. Solo hay una mujer que no aprecia esta moda, pues odia las rodillas: Gabrielle Chanel.

LONDRES VERSUS PARÍS

París y el *Swinging London* están en guerra. Los franceses atribuyen la invención de la minifalda a André Courrèges y los británicos, a Mary Quant. Ambos creadores proponen faldas muy cortas en el mismo momento, pero las verdaderas artífices de esta tendencia son las mujeres. El cambio estaba en el aire desde finales de la década de 1950.

EL PODER DE LA CALLE

Esta provocación abre un nuevo capítulo en la historia de la moda. La modernidad se erige como un tótem y se anticipa el futuro soñado (*véase* pág. 266). La minifalda expresa todas las transformaciones que sufre la moda en la década de 1960: el desarrollo del *prêt-à-porter*, los nuevos métodos de venta y consumo y, sobre todo, la influencia de la calle. ¡Abajo la dictadura de la alta costura! Pero la minifalda también encarna la cultura pop, el feminismo, el rock, las revueltas, la renovación y la liberación de los cuerpos y los espíritus.

FEMENINA PERO SIN PASARSE

Es de suponer que la minifalda evoca también una visión erótica del cuerpo de la mujer. Cierto pero reduccionista: a pesar de la aparente sexualización de la figura

«ES UN CHISTE MALO QUE NO SOBREVIVIRÁ AL PRÓXIMO INVIERNO».

GABRIELLE CHANEL

POCAS LETRAS, GRAN HISTORIA

El prefijo «mini» se populariza en la década de 1960 tras la aparición, en 1959, del coche del mismo nombre. Los ingleses son los primeros en acortar la palabra «miniatura» a finales de la década de 1930 para describir una pequeña cámara fotográfica. En 1966, entra también en la escena cultural: Jacques Dutronc canta «Mini, mini, mini» y los yeyés bailan el *twist*.

femenina, la moda sesentera invita más bien a la androginia, incluso a cierta ingenuidad pueril, encarnada en las modelos juveniles y cándidas, las medias de colores vivos y las traviesas merceditas. La década de 1950 había acentuado la feminidad; el decenio siguiente prefiere disimularla.

TURBANTE
CON LA CABEZA BIEN ALTA

EMBAJADORAS ·············· ERYKAH BADU, ALICIA KEYS, BIANCA JAGGER

PASARELA ···· LABRUM LONDON, ELIE SAAB, MARC JACOBS, ELSA SCHIAPARELLI

Los turbantes (son tantas sus variaciones que es necesario el plural) existen desde la Antigüedad. Poseen un simbolismo cultural innegable, identifican clases sociales y estatus, y son atributos religiosos. Cubrirse la cabeza es un gesto universal.

↑ El fotógrafo indio Umrao Singh Sher-Gil (1926).

«CUANDO ELLAS TOCABAN EL SUELO CON LAS PLUMAS DE SUS TURBANTES».

GUSTAVE FLAUBERT

EN TODOS LOS CONTINENTES

En los actos ceremoniales, los sacerdotes en Mesopotamia y los faraones en Egipto se cubren la cabeza. Las mujeres de la Edad Media ocultan el cabello para expresar su rango y su modestia cristiana. En el Renacimiento, artistas e intelectuales lo hacen por pura coquetería. En la misma época, el continente africano y el mundo musulmán adoptan el turbante, y los sijs indios, el *dastaar*.

ELEGANCIA IMPERIALISTA

En los pueblos indígenas, el turbante distingue a las élites. También estigmatiza a las religiones que lo usan. Las sociedades imperialistas europeas lo sustraen y lo despojan de todos sus significados, hasta el punto de convertirlo, en el siglo XVIII, en el complemento femenino de moda.

TIGNON CRIOLLO

El equívoco continúa, y el turbante, instrumento de diferenciación social y racial, es adoptado por los occidentales e impuesto a los esclavos de las colonias. En Luisiana, en 1786, se obliga a las mujeres de ascendencia africana a cubrirse el cabello con el *tignon* para imponerles una imagen modesta; pero las mujeres adoptan colores vivos y el *tignon* se convierte en una expresión de resistencia.

¿INSTRUMENTO ALIENADOR O LIBERADOR?

Ambas cosas. En el siglo XIX, el turbante sigue caracterizando a criados y esclavos, al tiempo que refuerza su identidad cultural. Los occidentales, por su parte, siguen apropiándoselo al comenzar el siglo XX.

ESTILO DISTINTIVO

En Europa perdura como accesorio de moda. En otros lugares, sigue utilizándose bien con fines espirituales, como en África, bien por cuestiones prácticas, como hacen los beduinos o los tuaregs, bien para expresar un rango, como en el mundo árabe.

TRUCOS Y CONSEJOS

Durante la Segunda Guerra Mundial, el turbante es una pieza esencial de la vestimenta femenina: oculta el cabello cuando no se puede cuidar adecuadamente y lo protege cuando se trabaja en las fábricas. Sobre todo en Estados Unidos, se recomienda para evitar accidentes con la maquinaria. También es una alternativa al sombrero, coqueta, funcional y económica.

↑ Turbante cubano Macadamia, de Indira de Paris. → Modelos fotografiadas por Geneviève Taylor (1949).

BARBOUR
ESTILO INGLÉS

EMBAJADORAS	····	ISABEL II, ALEXA CHUNG, KATE MIDDLETON
PASARELA	····	DIOR, CARVEN, ARMY OF ME

Indiscutiblemente británico, el Barbour
evoca la lluvia, la campiña y el aire libre.
Barbour, marca y empresa de raíces obreras,
ha sabido convertir su nombre en un fetiche
que combina estilo deportivo y clasicismo,
con unos toques de rebelión y elitismo.
¡Una mezcla muy inglesa!

AD VITAM

Barbour promueve una
identidad basada en la
perennidad de sus prendas:
la chaqueta se vende con
garantía de por vida, por
lo que cualquier propietario
puede enviarla a fábrica
para su arreglo. La marca
se inscribe así no solo en
la tradición artesana, sino en
un pensamiento ecológico
que propugna la durabilidad.

GOLPE PUBLICITARIO

Barbour es la única compañía
textil que ha conseguido
tres títulos de proveedor de
la Corona británica: los *Royal
Warrants of Appointment*.
Desde el siglo XVIII, este
reconocimiento supone
una pátina de prestigio
y las empresas que
lo consiguen lo explotan
a conciencia con fines
publicitarios.

REVOLUCIÓN INDUSTRIAL

En el origen de esta prenda
exterior está la innovación.
En 1894, la manufactura
textil J. Barbour and Sons
se establece en el norte
de Inglaterra y, con el fin de
distinguirse de sus competidores
(especializados en lonas
enceradas), se centra en
confeccionar vestimenta de
algodón impermeabilizado.
No son los primeros en aplicar
este procedimiento, pero
consiguen promocionar sus
creaciones mejor que nadie
gracias a un gran sentido del
marketing y a un catálogo
destinado a los trabajadores,
que envían por todo el mundo.

EN LA PAZ Y EN LA GUERRA

Durante la década de 1930,
Barbour sale del ámbito
profesional con prendas
concebidas para los
motociclistas. En la década
siguiente, suministra los

↑ Chaqueta Beaufort® de algodón encerado, de Barbour.

«GUSTA MUCHO TENER
UN BARBOUR CON SOLERA».

MARGARET BARBOUR

uniformes para los soldados
de los submarinos británicos y,
al acabar la guerra, sus prendas
se integran definitivamente
en la escena civil. En la década
de 1970, una mujer, Margaret
Barbour, da un golpe de timón.

COTO DE CAZA

En 1974, presenta el modelo
Bedale: es una chaqueta
de equitación con cuello de
pana, ideal para las partidas
de caza. Un hombre elegante
acompañado de un perro
protagoniza la campaña
de publicidad. En adelante,

Barbour simboliza la élite,
los caballeros de la aristocracia
y la tradición inglesa.

ETERNO

Sin embargo, no es una imagen
acartonada: el diálogo entre
los géneros más improbables
es una especialidad inglesa.
Desde los *hooligans* hasta
los rockeros del Festival
de Glastonbury, desde la
Semana de la Moda de Londres
hasta las películas de James
Bond, el Barbour proyecta
connotaciones monárquicas sin
renunciar a su herencia obrera.

GORRO
POMPONES ARRIBA

EMBAJADORES ················ COMANDANTE COUSTEAU, MACAULAY CULKIN

PASARELA ················ MISSONI, BRANDON MAXWELL, MICHAEL KORS

El gorro de piel o de fibra vegetal existe desde
la prehistoria. En la Antigüedad, su uso está
documentado en las civilizaciones orientales.
Griegos y romanos introducen en Europa el gorro
frigio, que se reserva a los esclavos libertos:
el gorro se convierte en un marcador identitario.

↑ Gorro de canalé, de cachemira, de Johnstons of Elgin.

SEÑAL DE CORTESÍA

En la Edad Media, por razones
de comodidad, modestia y
estatus social, es costumbre
cubrirse la cabeza y el cabello.
Los hombres utilizan una
cofia de tela y, a menudo, un
segundo tocado por encima,
habitualmente un capirote de
rollo. Los nobles se permiten
utilizar gorros muy altos.
En el Renacimiento, en
particular en Italia, el gorro se
pone de moda; se coloca recto
sobre el cráneo y se eleva con
una estructura interna.

¿GORRO O SOMBRERO?

En el siglo XVI, el gorro
se convierte en bonete,
caracterizado por su borde
vuelto y una copa más o menos
grande; aunque más parecido
al sombrero moderno,
el bonete sigue siendo maleable.
En esta misma época, marinos
y pescadores empiezan a
usar gorros de lana resistente
al agua.

SENTIDO DEL SACRIFICIO

Jacques-Yves Cousteau entra
en la posteridad tocado con
un gorro rojo de lana. Lo lleva
en recuerdo de los presidiarios
de la ciudad costera de Tolón:
el rojo los distinguía de la
marinería (identificada con
gorro azul). La vida de estos
reos estaba a menudo en
peligro, pues eran usados
como cobayas para probar
las primeras escafandras y
como mano de obra sin sueldo
en trabajos submarinos.

ESTILO RÚSTICO

Durante los siguientes siglos,
el gorro acaba confinado
en las clases campesinas
y la marinería militar,
reducido a distintivo tradicional
y folclórico. Pero, en los albores
del siglo XX, los universitarios
estadounidenses lo recuperan
e inicia su tímido regreso
a la escena civil y urbana.

AIRE COSMOPOLITA

Tras la Segunda Guerra
Mundial, el gorro, accesorio
de las clases obrera y militar,
se infiltra en el vestuario
de quienes se alzan contra
la sociedad: *beatniks*,
adolescentes indisciplinados
y *hippies* (*véase* pág. 326)
se reúnen en torno
al renovado emblema,
esta vez contracultural.
En la actualidad se erige
de nuevo en alegoría, la de la
gentrificación de los barrios.
Nostalgia, búsqueda de
autenticidad, apropiación
de símbolos o simplemente
necesidad de abrigo: sea como
fuere, el gorro pertenece al
imaginario de la modernidad.

GORRO DOMÉSTICO

En los siglos XVII y XVIII, los
caballeros de la aristocracia
utilizan en la intimidad un gorro
llamado «de noche», aunque
raramente se lo dejan puesto
para dormir. Rígido, de seda
y con bordados, se usa junto
con la bata. En el siglo XIX,
la mujer se apropia de él y, esta
vez, sí lo usa para dormir, con
el fin de proteger el peinado;
a tal fin, se reemplaza la seda
por algodón o lino.

CAMISA BLANCA
HACER VISIBLE LO INVISIBLE

EMBAJADORES ······· JULIA ROBERTS, CAROLYN BESSETT KENNEDY, TOM CRUISE

PASARELA ····· GIANFRANCO FERRÉ, CELINE, GIVENCHY, CAROLINA HERRERA

La camisa hace su aparición a comienzos de la Edad Media. Por aquel entonces, se trata de una prenda interior sencilla, de lino o de lana, que todo el mundo viste. A partir del Renacimiento, empieza a asomarse discretamente al exterior y a participar, con ornamentos de engañosa sutilidad, en toda la pompa del vestuario.

↑ Camisa blanca, de Jil Sander.

PRESUNTUOSA

Los aristócratas renacentistas gastan ingentes sumas en camisas de calidad, confeccionadas con tejidos refinados y que, sin embargo, quedan condenadas a no ser vistas. La solución es sencilla: confeccionar prendas exteriores con aberturas para que la camisa pueda verse.

ABAJO, ARRIBA

A partir de mediados del siglo XVII, la camisa aflora cada vez más en el vestuario masculino, pero sigue siendo híbrida: es una prenda exterior visible bajo el chaleco del traje «a la francesa» del siglo XVIII, y también es interior, pues aún es suficientemente larga como para tapar las intimidades por debajo del calzón (ancestro del pantalón). La camisa se adorna con extravagantes cuellos *lavallière* (con un gran lazo) y puños desmontables.

BIEN ABOTONADA

La estandarización de la figura masculina en el siglo XIX concede un mayor protagonismo a la camisa, aunque el chaleco sigue estando de moda. La producción se industrializa, se popularizan los cuellos postizos y aparecen las primeras camisas abotonadas hasta la cintura.

TRABAJADOR MODELO

En el siglo XX, el traje de hombre se libra del chaleco y la camisa blanca queda más expuesta que nunca. Tras la Segunda Guerra Mundial, la emergente cultura juvenil la destierra: considera que representa al mundo conservador y capitalista.

CUELLO BLANCO

El cuello postizo lo inventa en 1827 un ama de casa neoyorquina, que intenta facilitar las tareas domésticas.

> «DESLIZÁNDOSE DESDE EL HOMBRO A LA CADERA, LA CAMISA DE PLIEGUES INDOLENTES, COMO UNA GOLONDRINA BLANCA, SE PRECIPITÓ SOBRE SUS BLANCOS PIES».
>
> THÉOPHILE GAUTIER

No obstante, la camisa sigue su camino y desarrolla más formas (por ejemplo, la manga corta), más colores y más estampados.

MASCULINA-FEMENINA

La mujer también se deja seducir por la camisa blanca. En todo caso, en el inconsciente sigue siendo una prenda de hombre, y la mujer que la usa, una descarada usurpadora.

CAMISA CON BOTONES

La empresa Brown, Davis & Co., de Aldermanbury (Londres), comercializa la primera camisa abotonada de arriba abajo. Patentada en 1871, está pensada para producirse en serie, pero el modelo no se populariza hasta después de la Primera Guerra Mundial.

EN MANGAS DE CAMISA

UNA CUESTIÓN DE CORTES

ANCHA

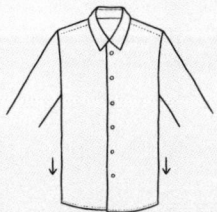

RECTA

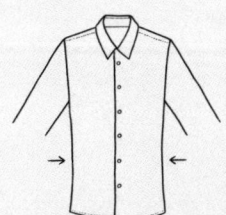

ENTALLADA

CEÑIDA

UNA CUESTIÓN DE CUELLOS

CUELLO FRANCÉS
Clásico

CUELLO AMERICANO
Puntas abotonadas

CUELLO ITALIANO
Mayor abertura de los picos

CUELLO MAO O DE OFICIAL
Recto y alto

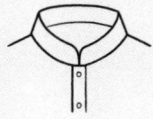

CUELLO INVERTIDO
Se dobla hacia el interior
y las puntas quedan ocultas

CUELLO INGLÉS
Puntas unidas con
una trabilla

CUELLO CLUB
Con puntas redondeadas

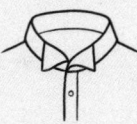

CUELLO ÓPERA
Cuello recto con
puntas cortas

UNA CUESTIÓN DE PUÑOS

RECTO

EN ÁNGULO
Bordes de corte
oblicuo

REDONDO
Bordes ligeramente
redondeados

NAPOLITANO
Con pliegue
y abotonado

CONO

FRANCÉS
Alargado; debe usarse
con gemelos

↑ **Camisa vaquera**, de Ralph Lauren.

→ **Sade**, fotografiada por David Montgomery (1980).

CAMISA VAQUERA
EL SUEÑO AMERICANO

| EMBAJADORES | ·········· | SERGE GAINSBOURG, SADE, PAUL NEWMAN |
| PASARELA | ·········· | MM6 MAISON MARGIELA, CELINE, LOUIS VUITTON |

En el siglo XIX, en Estados Unidos, Levi's crea la ropa laboral en tela vaquera; este tejido se utiliza para confeccionar todo tipo de prendas, por ejemplo, chaquetas o camisas. A esta última se le añaden bolsillos en el torso, para que el trabajador pueda llevar sus herramientas. Pero se generaliza primero en el mundo del rodeo.

↑ Yves Saint Laurent, en Marrakech (1972).

NACIDA EN LAS FÁBRICAS

Las primeras camisas de algodón o de cambray aparecen hacia 1910; en aquel entonces, las utilizan los *cowboys* y los obreros de las fábricas. La camisa vaquera se acerca al público general cuando, a partir de la década de 1930, se establecen manufacturas especializadas como Levi's, Blue Bell (reconvertida en Wrangler en 1947) o Rockmount Ranch Wear.

AL GALOPE

En la década de 1940, se multiplican los espectáculos de rodeo y los participantes son auténticas estrellas, aduladas e imitadas por todos. El estilo vaquero se pone de moda, impulsado también por Hollywood y su soñado Salvaje Oeste, que personifican John Wayne o Montgomery Clift. Wrangler domina el mercado y lanza, en 1947, una línea exclusiva diseñada en colaboración con profesionales del rodeo. Un año antes, Rockmount ha presentado un modelo con botones automáticos nacarados: es el prototipo de la camisa vaquera.

ESTILO *COWBOY*

La camisa vaquera es la más popular: se reconoce por los botones automáticos y los bolsillos de formas variadas. Destacan el *sawtooth* («diente de sierra») y el bolsillo con botón desplazado, que permite extraer un solo cigarrillo sin tener que sacar todo el paquete.

SEGUNDA MANO CHIC

La contracultura de la década de 1960 convierte esta encarnación de las tradiciones estadounidenses en símbolo de la rebeldía. Los *hippies* (*véase* pág. 326) acuden a los rastrillos para conseguir prendas convencionales y darles un nuevo significado. La camisa vaquera usada y desgastada representa el desmoronamiento de una sociedad llamada a renovarse.

EL EMPUJÓN DE HOLLYWOOD

Desde Steve McQueen hasta Robert Redford, la camisa vaquera se asocia a una masculinidad seductora e insumisa. Incluso James Bond la utiliza en *Dr. No* (*Agente 007 contra el Dr. No*), película de 1962. Ralph Lauren, que salta a la palestra a finales de la década, contribuye también a la renovación del estilo y convierte la camisa vaquera en un uniforme mixto, a la vez clásico y fresco.

DE FRANCIA A ESTADOS UNIDOS

El cambray es un lienzo de lino inventado en el siglo XIV cerca de la ciudad francesa de Cambrai. Entre los siglos XVIII y XIX, el lino se sustituye por el algodón y empieza a teñirse de añil, de modo que a menudo se confunde con el *denim*. Es tal su éxito en Estados Unidos que se utiliza masivamente en la ropa de trabajo y, desde 1901, es el tejido oficial de las camisas de la US Navy.

GABARDINA
CUANDO LLEGA LA LLUVIA

EMBAJADORES	MERYL STREEP, HUMPHREY BOGART
PASARELA	VUITTON, FENDI, BALENCIAGA

En 1823, Charles Macintosh inventa un algodón impermeabilizado con caucho. En el Reino Unido, los abrigos fabricados con este material son los *mackintosh* (o *mack*). Aunque se concibe para los hombres de la élite, también la adoptan los militares de alto rango y se denomina *trench coat* (de *trench*, «trinchera»).

↑ Pharell Williams, en los Campos Elíseos de París (2006).

«¡TRAEDME LA BURBERRY!».
EDUARDO VII DE INGLATERRA

LA INVENCIÓN DE LA GABARDINA

El sastre inglés John Emary, propietario de Aquascutum, define, en 1853, la estética de lo que debe ser un impermeable elegante. No obstante, quien pasa a la posteridad es Thomas Burberry, fundador de la casa del mismo nombre: en 1880, inventa un nuevo material más resistente y ligero, la gabardina. El tejido es patentado en 1888 y solo Burberry lo puede usar hasta 1917.

INVENTARIO MILITAR

Anilla de metal en forma de D: sirve para colgar armas o accesorios.

Solapas: bajan desde los hombros y protegen del retroceso de los fusiles.

Largo medio: para que no arrastre por el barro.

Charreteras: pueden usarse para colgar la máscara antigás.

Capa corta: para desviar el agua del cuerpo.

«ADAPTADA A LAS TRINCHERAS»

Al comienzo de la Primera Guerra Mundial, Burberry y Aquascutum libran su propia batalla, la comercial. Ambas casas visten a los oficiales de la alta sociedad, que asocian la gabardina tanto a sus actividades de ocio como a su deber patriótico. En 1916, Burberry llega a publicitar su impermeable militar como *trench-warm*, es decir, adaptado a la inclemente vida en las trincheras.

SÍMBOLO DE SOLIDARIDAD

Así nace la gabardina, de características tan reconocibles hoy: doble botonadura cruzada, charreteras, largo medio, cinturón y color caqui. Al principio, incluso en el corazón de las trincheras de la Gran Guerra, es un marcador de clase. Más tarde se democratiza, cuando los oficiales de menor rango adquieren copias más baratas. También la población civil la utiliza como tributo a quienes combaten en el frente.

ACTOR CARISMÁTICO

Hollywood se apropia de este impermeable guerrero y andrógino y se lo pone a mujeres fatales, gánsteres e inspectores melancólicos. La gabardina oculta los misterios del cine negro, resguarda los besos apasionados y consuela los corazones rotos. En la década de 1970, se convierte en una prenda todoterreno, sin perder nunca su elegancia y aura distinguida.

VERSIÓN CINEMATOGRÁFICA

1942: Humphrey Bogart, en *Casablanca*.

1948: Marlene Dietrich, en *A Foreign Affair* (Berlín Occidente).

1958: Jacques Tati, en *Mon Oncle* (Mi tío).

1961: Audrey Hepburn, en *Breakfast at Tiffany's* (Desayuno con diamantes).

1903: Peter Sellers, en *The Pink Panther* (La pantera rosa).

1964: Catherine Deneuve, en *Les parapluies de Cherbourg* (Los paraguas de Cherburgo).

1973: Robert Redford, en *The Way Were* (Tal como éramos).

1979: Meryl Streep, en *Kramer versus Kramer*.

← Meryl Streep, en *Kramer versus Kramer* (1979). ↑ Gabardina Héritage Kensington de largo medio, de Burberry.

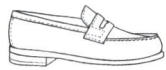

MOCASÍN
ELEGANTE SIN ESFUERZO

EMBAJADORES ·················· GENE KELLY, MICHAEL JACKSON

PASARELA ·················· GUCCI, PACO RABANNE, CELINE

El mocasín moderno tiene su origen
en el calzado maleable confeccionado con
ante que puede encontrarse en varias regiones
del mundo. Es posible incluso que se remonte
a la prehistoria, puesto que hombres y mujeres
llevan miles de años protegiéndose los pies
de esta manera.

↑ Mocasines Weejuns Larson, de G. H. Bass.

MOCASÍN DE LA MAR

El otro zapato estival que ha
entrado en el vestuario clásico
es el náutico. Este calzado, que
utilizan los marinos de Estados
Unidos, es inventado en 1935
por Paul Sperry, que diseña
una suela de goma blanca
(para no manchar la cubierta
del barco) y con ranuras (para
no resbalar). El modelo más
emblemático es el Dockside,
presentado en 1970 por
la marca estadounidense
Sebago.

DOMINGO DE PESCA

Los pueblos indígenas de
Norteamérica utilizan este
calzado ya desde el siglo XVII.
La palabra «mocasín» procede
de los dialectos de los nativos
canadienses. En Noruega,
en el siglo XIX, los campesinos
usan un calzado flexible,
que llama la atención de los
domingueros que salen de las
ciudades a pescar. A principios
del siglo XX, el mocasín ya es
el colmo de la elegancia entre
las élites aficionadas al deporte.

ESTILO *IVY*

En el año 1936, la marca
estadounidense G. H. Bass
& Co. lanza su propia versión
de este zapato noruego y lo
llama Weejuns. Es un modelo
contundente, de cuero marrón
o negro. Se convierte en el
arquetipo del mocasín y, después
de la guerra, los universitarios
estadounidenses lo adoptan
como calzado estándar del
estilo de la Ivy League (*véase*
pág. 334). Elegante y cómodo, el
mocasín seduce a una juventud
que se emancipa.

LA DOLCE VITA

En 1953, la casa italiana Gucci
propone un mocasín de lujo,
decorado con un bocado
ecuestre, que se impone en
la *jet set* europea. Por su parte,
Car Shoe concibe, en 1963,
el primer mocasín flexible
con tacos de goma en la suela.
El mocasín es ya el calzado
de la ociosidad orgullosa
y la despreocupación
elegante.

**«EN LA DÉCADA DE 1930, EN LAS PELÍCULAS
PARECÍA QUE TODO EL MUNDO ERA RICO; POR ESO
DECIDÍ LLEVAR CALCETINES BLANCOS, MOCASINES
Y PANTALÓN VAQUERO. YO HABÍA CRECIDO
DURANTE LA GRAN DEPRESIÓN».**

GENE KELLY

EL REY DEL POP

A principios de la década de
1980, el hiphop (*véase* pág. 316)
se apropia del mocasín. Pero
Michael Jackson es quien lo
introduce en la cultura popular,
haciendo de él un personaje
más de sus videoclips: el
mocasín, tan conservador
y distinguido, está a la última.
Intemporal y deliciosamente
burgués, como de otra época,
se adapta a todas las modas
sin estar realmente nunca
de moda.

MANIOBRA PUBLICITARIA

En 1978, Diego Della Valle
funda la marca Tod's y diseña
un mocasín flexible, cosido
a mano y con suela de goma
con 133 tacos: el Gommino.
De inmediato, envía un par
al carismático industrial
Giovanni Agnelli, propietario
del grupo Fiat, que los
luce durante una entrevista
en televisión. El mocasín Tod's
se convierte así en sinónimo
de la elegancia italiana.

LA HORMA DE SU ZAPATO

UNA CUESTIÓN DE FORMAS

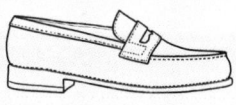

MOCASÍN

BROGUE
(Decorado con numerosas perforaciones)

DERBY

RICHELIEU
(Oxford)

NÁUTICO

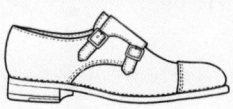

MONK

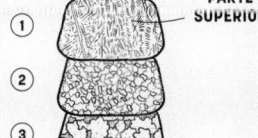

BOTA CHELSEA
(Botín con franjas elásticas en los laterales)

BOTA SAFARI
(Clarks)

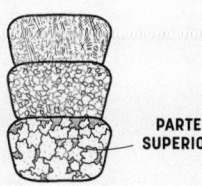

BOTA *CHUKKA*
(Clarks)

UNA CUESTIÓN DE MATERIALES

Pulido

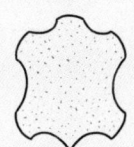

Cepillado

① Plena flor
② Flor corregida
③ Cuero de serraje

① PARTE SUPERIOR
②
③

CUERO

① PARTE SUPERIOR
②
③

NOBUK

PARTE SUPERIOR

ANTE

← **Andy Gray**, jugador escocés de fútbol (hacia 1978).

↑ **Falda escocesa tradicional de tartán.**

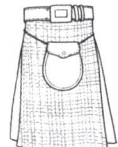

FALDA ESCOCESA
UNA FALDA DE HOMBRE

EMBAJADORES ········· JEAN-PAUL GAULTIER, SEAN CONNERY, EWAN MCGREGOR

PASARELA ···················· CHANEL, VIVIENNE WESTWOOD, VERSACE

Resulta imposible hablar de la falda escocesa o *kilt* sin hablar del tartán, un tejido de lana de cuadros que se documenta en los pueblos celtas desde la prehistoria. Objeto social y político, en el siglo XX se convierte en un elemento indispensable de la cultura popular y en una moda llena de contradicciones.

↑ **Minifaldas escocesas,** de Vivienne Westwood.

CUADROS Y CELTAS

El tartán es, en su origen, un grueso tejido de lana de cuadros, del que se han encontrado vestigios en tumbas prehistóricas y de la época celta. En esta cultura, los sirvientes tienen derecho a tartanes de un solo color; los campesinos, dos colores; los oficiales, tres; los artistas y los druidas, seis; y los reyes, siete. Los colores también tienen significado geográfico.

¿Y DEBAJO?

La tradición dice que el hombre escocés no lleva nada debajo de la falda. Parece que esta costumbre se remonta al siglo XVIII, cuando los regimientos escoceses reciben unas instrucciones sobre el uniforme que no mencionan la ropa interior. Quién sabe si el hombre moderno perpetúa esta tradición…

DE LARGA A CORTA

El tartán procede de las Tierras Altas escocesas, las Highlands; en su origen, se enrolla en la parte inferior del cuerpo y se sube hasta el hombro. A finales del siglo XVII, aparecen modelos más cortos, similares a una falda. La variedad de tartanes permite identificar y distinguir a los clanes, hasta que, en el siglo XVIII, a raíz de los conflictos con Inglaterra, se prohíbe su uso y desaparece.

NACIONALIZACIÓN INGLESA

En el siglo XIX, la falda escocesa renace… en Inglaterra. El país promueve una visión idealizada de su historia y el folclore se ensalza como un factor identitario. El *kilt* vuelve a escena reconvertido en fetiche nacionalista, e incluso la familia real se adueña de él. Los militares lo utilizan hasta mediados del siglo XX.

YEYÉ Y PUNK

En la década de 1960, la falda escocesa aparece en los colegios privados y en las alegres calles del *Swinging London*. Las cantantes yeyés acentúan su estilo engañosamente cándido con versiones mini (*véase* pág. 160). Un decenio más tarde, cae en la subversión con los punks (*véase* pág. 328): el tartán es otro código de la élite del que apropiarse para ridiculizarlo.

EL *KILT*, EN CIFRAS

8 yardas (7,3 m) de tartán para confeccionar el *kilt* tradicional.

5 yardas (4,5 m) de tartán para la falda escocesa de diario.

PRENDA EVOCADORA

Vivienne Westwood, mentora del estilo punk, sube el *kilt* a la pasarela en 1993. Dos años después, la colección de Alexander McQueen «Highland Rape» («Violación de las Tierras Altas») denuncia las atrocidades cometidas por los ingleses en Escocia. La prenda va y viene entre la tradición y la cultura popular, y siempre con connotaciones eróticas. Es el uniforme de las falsas ingenuas del cine y el *manga* japonés, pero no solo esto: el hombre con falda también forma parte de estas fantasías.

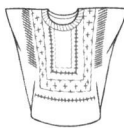

HUIPIL
HISTORIA EN FEMENINO

EMBAJADORAS ················· FRIDA KAHLO, SALMA HAYEK

PASARELA ················· MOSCHINO, ALBERTA FERRETTI, ISABEL MARANT

El huipil existe en la cultura mexicana y centroamericana desde la época precolombina. Su nombre procede del *huipilli* azteca, una túnica femenina similar a una casulla que se confecciona con dos o tres piezas de tela. Los motivos y colores reflejan una simbología cultural y social.

↑ **Indígenas tehuana**, en México (1921).

DOCUMENTO DE IDENTIDAD

Con la colonización española, las túnicas se decoran con flores y motivos figurativos. El huipil, con o sin mangas, se confecciona en diferentes largos: como una blusa, hasta la rodilla e incluso hasta los tobillos. Aún es prenda habitual de las mujeres en el sureste de México y en Guatemala. El huipil es diferente según la región y la cultura, a modo de documento de identidad. En el día a día se utiliza una versión simplificada, mientras que, para las ceremonias más formales, se prefieren modelos ricamente ornamentados.

ICONO ARTÍSTICO

Aparte de su función práctica, el huipil tiene un elocuente significado espiritual e identitario. No en vano, la pintora mexicana Frida Kahlo viste el traje tradicional de tehuana de la región natal de su madre, Tehuantepec: no es solo una celebración de la cultura matriarcal, sino también de su identidad mexicana, por oposición a la estética occidental dominante. La femineidad puede expresarse de muy diferentes maneras, y Frida Kahlo convierte en su atavío predilecto la falda amplia, el huipil corto y el tocado elaborado.

> «A LAS GRINGAS LES GUSTO MUCHO Y PRESTAN MUCHA ATENCIÓN A TODOS LOS VESTIDOS Y REBOZOS QUE TRAJE CONMIGO. SE QUEDAN CON LA BOCA ABIERTA CUANDO VEN MIS COLLARES DE JADE».

CARTA DE FRIDA KAHLO A SU MADRE DESDE SAN FRANCISCO (1930)

AL SERVICIO DE LA MUJER

Aunque el prestigio de Frida Kahlo y la explotación de su imagen hayan podido confinar al huipil en una interpretación reduccionista y estereotipada de su estilo, también es cierto que la prenda se ha beneficiado de esta notoriedad para ocupar su espacio en el imaginario occidental. En la actualidad, la confección de huipiles es el sustento económico de muchas mujeres, sobre todo de las amuzgos del suroeste de México. Representa el poder de su identidad y maestría.

MITO

De padre alemán y madre tehuana, y orgullosa de este origen mixto, Frida Kahlo conjuga tendencias occidentales y piezas tradicionales. Adopta el traje de tehuana, amplio y largo, que es fácil de poner, disimula su corsé ortopédico y le cubre las piernas.

↑ **Huipil** de la colección del Museo del Quai Branly, de París.　　　　→ **Frida Kahlo**, fotografiada por Nickolas Muray en Nueva York (1946).

CORBATA
CON LA TELA AL CUELLO

EMBAJADORES ·············· DIANE KEATON, ANDY WARHOL, MALCOLM X

PASARELA ·············· LOUIS VUITTON, VALENTINO, RAF SIMONS

El cuello de la mujer, sometido al capricho erótico de una sociedad dominada por el hombre, queda a menudo al descubierto. Por el contrario, el hombre lo tapa para señalar su posición social: el cuello ornamentado y arropado es el estandarte de una élite que declara su superioridad. Esta historia comienza con un pañuelo militar.

↑ Warren Beatty (1970).

> «UNA CORBATA BIEN ANUDADA ES EL PRIMER PASO SERIO EN LA VIDA».
>
> OSCAR WILDE

INFLUENCIA CROATA

Los soldados del Ejército imperial chino son los primeros en anudarse un pañuelo alrededor del cuello para diferenciarse. En el siglo XVIII, los militares croatas hacen lo propio durante la guerra de los Treinta Años. La corte de Luis XIV se deja seducir por este complemento y lo rescata del campo de batalla. La derivación de la palabra «croata» acaba dando nombre a la prenda.

GUSTO POR LA SOBRIEDAD

En el Renacimiento, golas y chorreras invaden el guardarropa del hombre. La corbata ofrece una solución más sobria y subraya la distinción. A principios del siglo XIX, la adoptan los dandis (*véase* pág. 324), que se diferencian mediante nudos rebuscados. He ahí la corbata en toda su ambivalencia: el vestuario masculino debe ser mesurado, pero pueden acentuarse los detalles.

EN LA OFICINA

La Revolución Industrial genera también numerosos trabajos administrativos, y la corbata de nudo simple se impone entre los empleados de oficina. La corbata moderna aparece a finales del siglo XIX en Inglaterra; algo más tarde, en 1923, el corbatero de Nueva York Jesse Langsdorf le da su forma definitiva. La prenda se normaliza.

NUDO REAL

Según han calculado unos matemáticos suecos, existen cientos de miles de maneras diferentes de anudarse la corbata. Los nudos más famosos son el simple, el doble y el Windsor. Parece que este último fue creado por el duque de Windsor en persona; es el nudo oficial de la Royal Air Force y es uno de los más grandes, pues se utiliza con los tejidos más gruesos.

EL CÓDIGO DE LA CORBATA

Extravagante en los años veinte, minimalista cuando es adoptada por los *mods* londinenses (*véase* pág. 304) y chillona en la década de 1970. Al estar vinculada a las convenciones sociales, responde a los imperativos profesionales y a las normas de elegancia. Hay quien la lleva por obligación para ir a trabajar, otros por elección, atraídos por su forma, materiales y motivos, que evocan el refinamiento de sus orígenes. Hoy, es una prenda que parece relegada a los actos oficiales y ceremonias.

CORBATA DE MIEMBRO

La llamada «corbata de club» aparece a finales del siglo XIX para identificar la pertenencia a un grupo o asociación. La invención le corresponde al club náutico de la Universidad de Oxford, concretamente a uno de sus miembros, que decide quitarle la cinta a su canotier y anudársela al cuello.

ARTE Y MATERIA

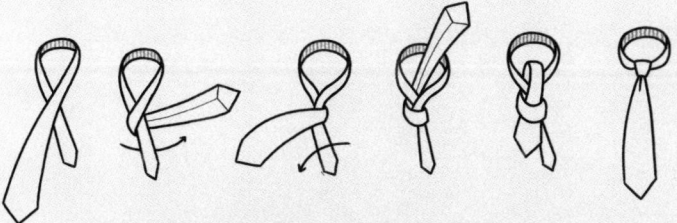

NUDO SIMPLE
El nudo que se consigue en un santiamén.

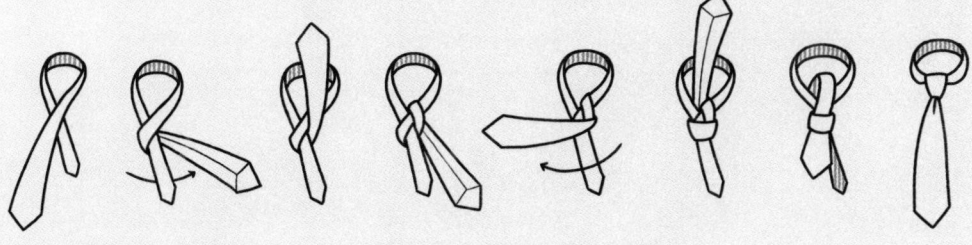

NUDO MEDIO WINDSOR
El nudo perfecto para las corbatas de tejido más fino.

NUDO WINDSOR
El nudo con nombre de duque que está reservado
a las grandes ocasiones.

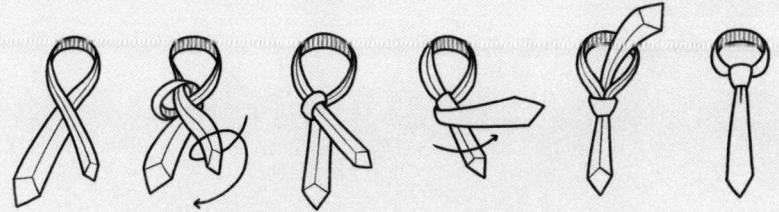

NUDO PRATT
El nudo popular en Estados Unidos desde la década de 1980, que se
empieza con la corbata al revés.

← Lily Rose Depp, *en el evento «Révélations des Césars» de la Academia de Cine francesa* (enero de 2017). ↑ **Corbatas**, de The Nines.

TRAJE MODERNO
ERGUIDO FRENTE A TODO

EMBAJADORES	RICHARD GERE, HARRY STYLES, DAVID BOWIE
PASARELA	GUCCI, VICTORIA BECKHAM, AMI

A finales de la Edad Media, las siluetas femenina y masculina, poco diferenciadas, evolucionan, la primera hacia el vestido, la segunda hacia un atuendo en dos partes. Para el hombre, la moda define un conjunto formado por casaca, camisa y calzón (este último sustituido por el pantalón a finales del siglo XVIII).

↑ The Kinks (1964).

«NO CREO QUE EL *POWER SUIT* REFLEJARA EL FEMINISMO».

GIORGIO ARMANI

TRAJE «A LA FRANCESA»

El hombre rico adopta un uniforme relativamente cómodo, que le permite practicar la equitación y mostrar al mismo tiempo un aire distinguido en el juego cortesano de las apariencias. Luis XIV lo comprende bien cuando propugna el atuendo «a la francesa», que primero está reservado a los hombres, pero que acabará siendo patrimonio de todos.

ESTILO BURGUÉS

En el siglo XIX, el traje, como lo conocemos hoy, se implanta en la sociedad nacida de la Revolución Industrial. El conjunto de tres piezas se convierte en divisa de la burguesía gracias a la estandarización de la producción; tampoco son ajenas a este éxito las exigencias estéticas que impulsan al hombre a vestirse discretamente y consolidar su imagen de individuo responsable.

MUJERES CON PODER

En la década de 1980, la mujer empieza a acceder a puestos directivos y se adapta a estas nuevas responsabilidades con un vestuario en el que destacan las chaquetas con grandes hombreras. Es el estilo *power dressing*, la «vestimenta de poder». Pero nada más lejos del feminismo: lo que indica este modo de vestir es que la mujer debe adoptar los códigos estéticos de la masculinidad.

VERSATILIDAD

Tanto si se reserva para los domingos como si se usa a diario, el traje se normaliza y se metamorfosea. En la década de 1920, adopta colores más claros; en el siguiente decenio, los hombros se ensanchan; diez años después, la cintura se entalla. El estilo evoluciona según el momento.

¿AMIGO O ENEMIGO?

El traje es el rey de la década de 1980. Giorgio Armani (*véase* pág. 290) hace de él un clásico, una segunda piel sensual con materiales fluidos y hombros pronunciados. Las mujeres lo adoptan para hacer gala de su poder y Richard Gere lo erotiza en *American Gigolo*. Aunque la muerte del traje se anuncia una y otra vez, por obsoleto y conservador, no cesa de ser reinterpretado (*véase* pág. 242) y deconstruido. El traje sobrevivirá mientras haya hombres... y mujeres.

PARA FUMADORES

A finales del siglo XIX, el rey Eduardo VII de Inglaterra encarga a su sastre una prenda híbrida, a medio camino entre el frac requerido para las cenas y la ligera chaqueta que se utiliza en el salón de fumar. Su objetivo es no tener que cambiarse. Así nace el esmoquin. En la década de 1930, se define con el aspecto de hoy, para convertirse en el protagonista de etiqueta en grandes ocasiones.

DÉCADA DE 1670

ETIQUETA REAL

Luis XIV impone el traje «a la francesa».

SIGLO XVII

AMAZONAS MODERNAS

Para la equitación, las mujeres adoptan levitas inspiradas en el vestuario masculino.

REVOLUCIÓN FRANCESA

SANS-CULOTTES

El pantalón sustituye al calzón poco a poco.

1860

NACE UNA PRENDA INTEMPORAL

Aparece el esmoquin.

SIGLO XIX

EL TRAJE SE CODIFICA

La Revolución Industrial prescribe el traje oscuro de tres piezas.

DÉCADA DE 1850

CHAQUETA MENOS FORMAL

Se desarrolla la llamada «chaqueta de fumar».

DÉCADA DE 1810

ELEGANCIA VANGUARDISTA

El dandi inglés George Brummell sienta las bases del traje moderno en colores oscuros.

DÉCADA DE 1930

ALGO DE FANTASÍA

La chaqueta cruzada se impone en los trajes.

DÉCADA DE 1940

SUBVERSIÓN Y PROVOCACIÓN

En Estados Unidos, el *zoot suit* desafía las convenciones en las comunidades latinas y afroamericanas.

1966

PRIMER TRAJE DE MUJER

Yves Saint Laurent propone el primer esmoquin femenino.

DÉCADA DE 2000

TRAJE SEXI

Hedi Slimane acerca el traje a los jóvenes con una versión minimalista y rockera.

DÉCADA DE 1980

MAESTRO DE LA DECONSTRUCCIÓN

Yohji Yamamoto deconstruye el traje occidental.

1980

EN PANTALLA

Se estrena *American Gigolo*, protagonizada por Richard Gere.

1975

DISEÑADOR DE REFERENCIA

Giorgio Armani crea su firma.

↑ **Traje Lancej de lana y lino**, de Ted Baker.

→ **Hombre con traje**, en Estados Unidos. Fotografía de Stephen Shore (1979).

CREACIONES

60 ICONOS

1858

Charles Frederick Worth funda su *atelier* en París, con Otto Bobergh; inventa la figura del maestro *couturier* y el propio concepto de alta costura.

1868

Charles Frederick Worth funda la Cámara Sindical de Costura y Confección para Damas y Señoritas.

1900

El sector de la alta costura participa en la Exposición Universal de París.

1947

El «New Look» de Christian Dior relanza la alta costura.

1945

La denominación «alta costura» se protege por decreto en Francia.

1945

Las muñecas del Pequeño Teatro de la Moda (Petit Théâtre de la Mode) recorren el mundo mostrando la costura parisina.

1954

Gabrielle Chanel regresa a bombo y platillo.

1968

Cristóbal Balenciaga se retira de la moda.

1973

Nace la Federación Francesa de la Alta Costura, el Prêt-à-porter, los Modistos y los Diseñadores de Moda.

2021

Por primera vez, un diseñador afroamericano es invitado a presentar una colección de alta costura en París: Kerby Jean-Raymond, fundador de Pyer Moss.

2021

Demna Guasalia relanza la alta costura en la casa Balenciaga.

2017

La federación sectorial es rebautizada como Federación de la Alta Costura y la Moda.

1905

Lady Duff-Gordon, con su casa de alta costura Lucile, organiza los primeros desfiles con vocación de espectáculo.

1911

La Cámara Sindical simplifica su nombre: Cámara Sindical de la Costura Parisina.

1917

Gran huelga de las modistas de las casas de costura.

1942

Lucien Lelong impulsa la organización de un desfile colectivo en la Francia libre.

1933

Paul Poiret crea el primer perfume de alta perfumería.

1919

Gabrielle Chanel abre su *atelier* en la rue Cambon, París.

1977

Hanae Mori es la primera diseñadora japonesa en ser aceptada en la Cámara Sindical de la Alta Costura Parisina.

1983

Yves Saint Laurent es el primer maestro de la alta costura en ser honrado en vida con una retrospectiva en el Metropolitan Museum of Art de Nueva York.

1985

Primeros «Óscar de la moda» para premiar a los diseñadores.

2002

Yves Saint Laurent se retira y la *maison* cierra su línea de alta costura.

1998

La Federación acepta miembros «invitados», que pueden presentar sus colecciones en paralelo a los desfiles de alta costura.

1997

La Federación crea una membresía especial (*membres correspondants*) para diseñadores extranjeros, a los que se invita a presentar sus colecciones bajo la denominación «costura».

CAMISA DE FLORES
CLASICISMO REVISITADO

DISEÑADOR	**PAUL SMITH** (*véase pág. 361*)
FECHA	**HACIA 1980**

Es difícil concebir algo más inglés.
Paul Smith subraya el espíritu ambivalente
de su país con siluetas a la vez clásicas
y extravagantes. Este peculiar diseñador,
apasionado de la bicicleta y coleccionista
compulsivo, ha sabido convertir su nombre
en una marca reconocible.

↑ Camisa de algodón Liberty Floral, de Paul Smith.

> **«TOMO ELEMENTOS DE LA MODA
> DE LA ÉLITE, DE LA CONFECCIÓN
> A MEDIDA DE LA ALTA SOCIEDAD,
> Y LOS COMBINO CON ALGO ABSURDO».**
>
> PAUL SMITH

EL GUSTO INGLÉS

Todo comienza en 1970, en una minúscula tienda de una oscura callejuela de Nottingham, un barrio del norte de Londres. Se llama Paul Smith Vêtements Pour Homme y está especializada en diseñadores innovadores de esa época, como Kenzo o Margaret Howell. Rápidamente, la tienda empieza a presentar también sus propias creaciones. Tras esta entrada un tanto casual en el mundo de la moda, Paul Smith construye su reputación sobre un estilo clásico, que rinde tributo al gusto inglés. En 1976, presenta en París su primera colección.

REGRESO

Inspirado por los recuerdos de su infancia, reinterpreta las camisas de trabajo de su hermano, que es cartero, los *tweed*s (*véase pág. 42*) tradicionales de la campiña que lo ha visto nacer y los pantalones vaqueros (*véase* pág. 136) importados de Estados Unidos. Y se alimenta del trabajo artesano inglés, el de los sastres que confeccionan a medida. Sus prendas dialogan con el clasicismo, pero con un lenguaje cromático propio: en los estampados, e incluso en los forros, abundan los colores intensos y abigarrados.

DEL PASADO AL PRESENTE

Paul Smith aprecia muy particularmente los estampados de flores. Y las rayas con los colores del arcoíris. Sus camisas aportan un toque exuberante a los trajes sobrios. Es posible que el diseñador descubriera tan singulares camisas en los *peacocks* (*véase* pág. 344) de la década de 1960, pues su estilo tiene algo de aquellos «pavos reales» andróginos que liberaron la masculinidad de la taciturna vestimenta nacida con la Revolución Industrial.

ALEGRE MASCULINIDAD

Paul Smith también concibe un hombre que luce como un pavo real, que piensa en su atuendo sin manierismos, pero que se atreve a vestirse con humor y jovialidad. Quizás es ahí donde reside el éxito de este creador: la alegría es intemporal y no está sometida a la moda.

TEMPLO TEXTIL

En 1875, Arthur Lasenby Liberty funda Liberty of London, una tienda especializada en tejidos y objetos artísticos de Asia y Oriente Medio. A partir de la década de 1900, el comercio propone también tejidos de confección propia, para los que a veces colabora con artistas ingleses como William Morris. Su tela icónica es el algodón Liberty Tana Lawn, que toma su nombre del lago Tana, en Etiopía; su estampado de flores, diseñado hacia 1930, fue adoptado por los *Peacocks* londinenses en la década de 1960.

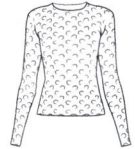

ESTAMPADO DE LUNAS
UN MUNDO MEJOR

| DISEÑADORA | ⋯⋯⋯⋯ | **MARINE SERRE** (véase *pág. 361*) |
| FECHA | ⋯⋯⋯⋯⋯⋯⋯⋯⋯⋯⋯ | 2017 |

En 2017, Marine Serre, recién diplomada por la escuela La Cambre, recibe el premio LVMH antes siquiera de haber presentado su primera colección, lo que ocurre en 2018. Todo va muy rápido para la diseñadora, que reivindica una moda híbrida entre la alta costura y el estilo deportivo. Cambian los contornos y los procesos de fabricación: el *futurewear* es la novedad.

↑ Top con cuello cisne Second Skin Moon, de Marine Serre.

«ME GUSTA PROTEGER EL CUERPO».

MARINE SERRE

SEGUNDA VIDA

Nada se pierde, todo se transforma: bien podría ser el credo de Marine Serre, quien introduce el *upcycling* en la industria del lujo. Esta práctica, que consiste en transformar tejidos usados y ropa de segunda mano en prendas renovadas, necesita procedimientos técnicos y artesanales, que empujan a la producción de moda a dar un paso adelante. En el caso de Marine Serre, el reciclaje no es un medio, sino un compromiso visceral y un desafío. Sus propuestas son el testimonio de una conducta y un vocabulario nuevos, que en absoluto obstaculizan el éxito comercial.

MOTIVO MÍSTICO

Hacer algo bello con algo viejo. Sobre todo hacer algo que guste. Ese es el verdadero éxito de Marine Serre. En la era de las redes sociales, el consumidor busca signos de pertenencia y motivos identificables.

La diseñadora concibe uno: un estampado de medias lunas, que ya está presente en su colección de 2018. La luna evoca la feminidad primigenia y mística; también es una representación ancestral y el distintivo de algunas religiones, entre ellas el islam. No es casualidad: Marine Serre elige conscientemente un símbolo de comunión que borra las fronteras y el odio.

DISTOPÍA

Marine Serre no solo transmite el mensaje con sus apuestas creativas y estéticas: también lo hace con sus desfiles, eventos comprometidos que a menudo anticipan fenómenos sociales. Es el caso de la presentación de su colección de otoño/invierno de 2019, en la que las modelos aparecen con máscaras. El ambiente apocalíptico del espectáculo habla de la contaminación ambiental; pocos meses después, el mundo se llena de mascarillas contra la COVID.

SOCIEDAD DE CONSUMO

El motivo se convierte en logotipo; hay quien se lo arranca y hay quien lo luce con orgullo, desde celebridades estadounidenses como Beyoncé hasta las *influencers* de Instagram. Aparece en trajes de dos piezas invadiéndolos de la cabeza a los pies, cubriendo el cuerpo entero con una marca. Marine Serre quiere denunciar los estragos de la industria de la moda, pero no puede controlar la distorsión consumista de su mensaje. He ahí la paradoja que representa su marca. Marine Serre busca un sentido para el universo de la moda y este responde profanándolo.

INSIGNIA

En 2019, Marine Serre intenta patentar su motivo de media luna en la Oficina de Propiedad Intelectual de la Unión Europea; el organismo rechaza la solicitud por considerar que se trata de un estampado decorativo y no del distintivo de una marca. La luna es suya sin realmente serlo.

A MEDIDA

En 2020, Beyoncé presenta su película musical *Black Is King*. La cantante y su cuerpo de baile lucen trajes confeccionados, de forma excepcional en color marrón, por Marine Serre.

IMAGEN DE MARCA

Marcar la ropa con alguna señal específica es una práctica histórica. Algunos reyes
se hacen bordar el monograma de su nombre en las camisas; las reinas marcan sus medias
y los lacayos visten los colores de la casa a la que pertenecen. En 1896, Louis Vuitton
es la primera empresa de artículos de lujo que convierte su monograma en un motivo.
Más adelante, otros recurren a colores, elementos o estampados particulares.

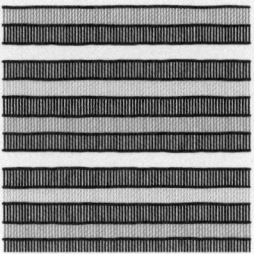

SONIA RYKIEL

MARINE SERRE

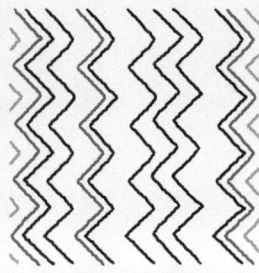

MISSONI

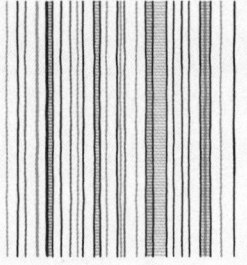

PAUL SMITH

ALEXANDER MCQUEEN

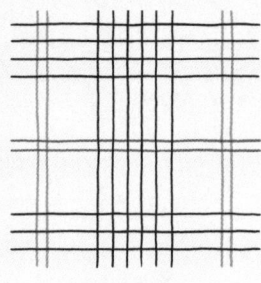

BURBERRY

PUCCI

VERSACE

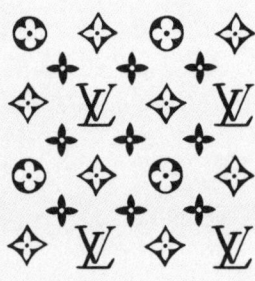

VUITTON

→ Bolso de Louis Vuitton, casa invitada a la Semana de la Moda de París de otoño / invierno de 2023-2024.

HOMBRE BARROCO
OBJETO DECORATIVO

DISEÑADOR ·············	**GIANNI VERSACE** (*véase pág. 362*)
FECHA ·············	DÉCADA DE 1990

Gianni Versace lanza su marca en 1978 y desde el principio llama la atención por sus estampados tornasolados, sus motivos barrocos y la sensualidad de sus tejidos. Son los códigos estéticos que acompañan al materialismo de la década de 1980, y Versace los vuelca en sus colecciones para hombre.

↑ **Camisa de Versace** (década de 1990).

> **«ADORO EL CUERPO. ADORO DISEÑAR TODO LO QUE TENGA QUE VER CON EL CUERPO».**
>
> GIANNI VERSACE

PLAYBACK

En 1990, el cantante George Michael reúne a las *top models* de más renombre para rodar su videoclip *Freedom! '90*. Unos meses más tarde, Gianni Versace invita a Linda Evangelista, Naomi Campbell, Christy Turlington y Cindy Crawford a cerrar su desfile cantando el éxito que las ha inmortalizado en pantalla. El evento se hace viral antes de existir las redes sociales.

MODA FETICHISTA

Para su colección de otoño/invierno de 1992, Versace organiza el desfile «Miss S&M», nombre que ya lo dice todo de las referencias fetichistas que caracterizan su propuesta: cuero, collares de perro, tachuelas, prendas ajustadas con correas... Versace celebra una femineidad sexual que divide a la crítica entre quienes ven una degradación del cuerpo de la mujer y quienes perciben la celebración de una sexualidad vilipendiada.

EL LUJO, SIEMPRE

La década de 1990 es la edad de oro de Versace, quizá porque rema a contracorriente de los estilos entonces dominantes: el minimalismo, la deconstrucción (*véase* pág. 308) y el *grunge* (*véase* pág. 338). Gianni Versace no renuncia a sus creaciones glamurosas y teatrales, que evocan el sexo y el poder, la subversión y el lujo. Sus desfiles y campañas publicitarias son arrolladores y exaltan la omnipotencia de las *top models*, que entonces reinan en la moda.

NUTRIR LA INSPIRACIÓN

Apasionado del arte, del teatro y de la historia —sobre todo la italiana—, Versace traduce sus referencias culturales en creaciones que, sean para el día o para la noche, son siempre lujosas. En 1992 adquiere una grandiosa villa en Miami (en Estados Unidos) y esta ciudad, de ambiente popular y con una gran comunidad hispana, despierta su inspiración; sus creaciones se vuelven aún más coloridas y excesivas.

EL HOMBRE ECLÉCTICO

El maestro libera al hombre de las convenciones e imposiciones de la moda: Versace define para él nuevos volúmenes y motivos. Con su estilo exuberante, adorna al hombre con colores y elementos artísticos que toma prestados del arte estadounidense de la década de 1960, de la Antigüedad y del barroco italiano. A este eclecticismo añade estampados animales, florales y marinos, que reflejan la cornucopia que es su vida en Miami.

OBJETO SEXUAL

Ahí donde Calvin Klein desata la sexualidad del hombre erotizando su representación publicitaria (*véase* pág. 105), Versace lo libera sin desvestirlo. Y no duda en metamorfosearlo en objeto de deseo y en acercarlo a un homoerotismo asumido, incluso reivindicado. Es un hombre ornamentado, que se funde en un decorado igualmente voluptuoso, festivo y hedonista.

PSICODELIA
DE LA CABEZA A LOS PIES

DISEÑADOR	EMILIO PUCCI *(véase pág. 359)*
FECHA	DÉCADA DE 1960

Existe a veces, en la despreocupación de los nacidos de buena cuna, una propensión a engendrar ideas que responden a necesidades de las que ellos son conscientes: solo ellos las tienen. Es el caso de Emilio Pucci, marqués italiano y experto esquiador que aspira a disfrutar de los deportes de invierno sin perder la elegancia.

↑ **Camisa** de Pucci.

FELIZ COINCIDENCIA

En 1948, Emilio Pucci llama la atención en Zermatt, una estación de esquí suiza que frecuenta la clase alta: ha diseñado un conjunto elegante para una amiga. Toni Frissell, fotógrafa de *Harper's Bazaar*, la inmortaliza, y la redactora de la sección de moda, Diana Vreeland, decide publicar las fotos. Pucci entra en la prensa y su carrera comienza.

DESPUÉS DE LA MONTAÑA, EL MAR

En 1949, Emilio Pucci decide establecer su marca en Capri y abre una *boutique*. Jackie Kennedy, Sophia Loren y otras muchas se enamoran de sus creaciones, que tan bien responden a las exigencias de la vida mundana y viajera. Por ejemplo, esos pantalones que ha inventado para los días de verano, un poco más cortos: los pantalones pesqueros o «capris».

SEDA ARTIFICIAL

El esquí da a Pucci el gusto por los materiales y las prendas técnicas. Trabaja mejor que nadie los tejidos elásticos, con los que crea trajes de baño (*véase pág. 72*) de coloridos motivos. Sus estampados se convierten en la quintaesencia de la *dolce vita*, elegante pero descarada: el desparpajo se expresa con colores extravagantes. En 1960, Pucci colabora con Guido Ravasi, especialista en seda artificial, y ambos conciben el revolucionario Emilioform; es un tejido de seda que no se arruga, ideal para las mujeres que hacen la maleta tantas veces como otras van a la oficina.

LA PSICODELIA ES ELEGANTE

El estilo Pucci se impone en la década de 1960, hasta el punto de hablarse de la «puccimanía». La estética *hippie* (*véase pág. 326*) abandona las calles de San Francisco para vestir a las más pudientes del mundo entero. Los caftanes (*véase pág. 46*) y vestidos largos, reinterpretados por el diseñador, visten a la bohemia más refinada. Pero el sueño dura poco, y en la década de 1970, la marca pierde popularidad, aunque la recupera en la década de 1990. No podía ser de otro modo: Emilio Pucci se adelanta a su época.

> «LA ALEGRÍA ES UNO DE LOS ELEMENTOS MÁS IMPORTANTES QUE HE APORTADO A LA MODA. LO HICE UTILIZANDO EL COLOR».
>
> EMILIO PUCCI

INMORTAL

Marilyn Monroe es clienta fiel de la casa Pucci. La leyenda cuenta que fue enterrada con un vestido verde de Pucci, pues así lo había expresado en sus últimas voluntades.

Página siguiente:
Esquiadora con un modelo de Pucci (1969).

2.55

BOLSO PARA TODO

| DISEÑADORA | ⋯⋯⋯⋯⋯⋯⋯⋯⋯ | COCO CHANEL (*véase pág. 351*) |
| FECHA | ⋯⋯⋯⋯⋯⋯⋯⋯⋯⋯⋯⋯⋯⋯⋯ | 1955 |

Chanel cierra su *maison* de alta costura en 1939 y no regresa a la moda hasta 1954. En 1955, presenta un nuevo bolso que sublima su concepción del vestuario elegante y práctico. Con su diseño identificable, se convierte en un icono de la casa, que perdura mucho después de la desaparición de su creadora.

EL GUSTO DEL HOMBRE

La posteridad de la casa Chanel se asienta en la inmortalidad de los innovadores motivos imaginados por la diseñadora. La estética del bolso 2.55 emana de historias que parecen leyendas. La forma rectangular y la bandolera recuerdan a las bolsas militares que bien podrían haber llamado la atención de Gabrielle Chanel. Fiel a sus principios, la creadora toma prestado del hombre aquello que pueda hacer más fácil la vida de la mujer.

DEL 2.55 AL 2.88

El 2.55 es resucitado por Karl Lagerfeld en la década de 1980. Adiós al viejo cierre rectangular: el nuevo, más llamativo, tiene forma de doble C. Ha nacido el 2.88. Lagerfeld, que llega a la casa en 1983, desempolva y da un nuevo esplendor al lenguaje definido por Gabrielle Chanel, y transforma el 2.55, en su momento pieza subversiva, en un icono reinterpretable a perpetuidad.

EL GUSTO POR LOS RECUERDOS

El acolchado en forma de diamante parece evocar las chaquetas de los mozos de cuadra con los que la diseñadora se codea cuando acude a montar o cuando asiste a las carreras de caballos, a las que es aficionada. Este pespunte, realizado sobre cuero, punto o satén de seda, garantiza la resistencia del bolso, pues está pensado para ser útil y no para ser una joya.

EL GUSTO POR LOS DETALLES

Para la bandolera, la diseñadora se inspira en las cadenitas con las que remata el dobladillo interior de la chaqueta de su traje sastre (*véase* pág. 203). Este tipo de asa libera las manos y los movimientos, pues permite colgar el bolso del hombro. Y al entrelazar la cadena con cuero, la hace más suave y evita que se clave en la piel. El forro de gorgorán rojo permite organizar el contenido: incluye un bolsillo pequeño, para el lápiz de labios, y otro, más oculto, para las cartas de amor.

↑ **Bolso 2.55**, de Chanel.

«LA MODA NO EXISTE SI NO BAJA A LA CALLE».

GABRIELLE CHANEL

GUSTO POR LA LIBERTAD

El 2.55 retrata una época que parece más indolente de lo que en realidad es. La moda de la década de 1950 atrapa a la mujer en el estereotipo de una femineidad encorsetada. Con su bolso, Chanel expresa su gusto por la comodidad y lo convierte en una pequeña revolución.

NOMBRE EN CLAVE

El nombre del bolso procede sencillamente de la fecha en que apareció: febrero de 1955.

OBJETO DE ARTE

En 2008, la arquitecta Zaha Hadid concibe un espacio expositivo desmontable: el Mobile Art. Su destino es albergar una muestra sobre el 2.55, que incluye las versiones realizadas para la ocasión por artistas contemporáneos como Sophie Calle, Daniel Buren o Subodh Gupta.

Página anterior:
Brigitte Bardot durante el rodaje de *Une ravissante* (*Un adorable idiota*, 1963).

TRAJE SASTRE
EL UNIFORME DE UN ESTILO

DISEÑADORA	**COCO CHANEL** (véase pág. 351)
FECHA	1954

En 1947, Christian Dior impone el gusto de la década que está a punto de comenzar, con un vocabulario arcaico que favorece los corpiños y las faldas corola. Gabrielle Chanel, que ha cerrado su casa en 1939, siente que debe responder a este retroceso: en 1954, vuelve a la moda para proponer una alternativa.

↑ **Traje sastre**, de Chanel.

VALOR SEGURO

Desde 1913, la silueta cómoda de Gabrielle Chanel ha dominado la costura. El jersey, el *tweed* (*véase* pág. 42) y las prendas inspiradas en el guardarropa masculino alimentan su estilo. En 1954, su estética no ha cambiado y vuelve dispuesta a imponer de nuevo su gusto, en una década que ha barrido del vestuario femenino la idea misma de la practicidad.

EL TRAJE DE LA RENOVACIÓN

Gabrielle Chanel responde a los perifollos con un traje sastre. El primer desfile tras su regreso, organizado el 5 de febrero de 1954, no genera entusiasmo. No obstante, sus conjuntos de falda y chaqueta sin cuello llaman la atención, sobre todo de las clientas estadounidenses, cuya elegancia distendida expresa un nuevo estilo de vida: el de las mujeres activas que, incluso siendo ricas, quieren poder vestirse solas.

MODA SIMPLIFICADA

El traje sastre personifica el estilo Chanel: sencillo, práctico y refinado. Cae en gracia por igual en la aristocracia y en las antípodas de la *nouvelle vague*. Se hace omnipresente y anticipa la simplificación de la figura.

HISTORIA DE ESTADOS UNIDOS

El 22 de noviembre de 1963, John F. Kennedy es asesinado. En el coche se encuentra también su esposa Jackie, vestida con un traje sastre de color rosa. Su imagen da la vuelta al mundo y se comenta que es un traje Chanel. Pero es una réplica de la casa estadounidense Chez Ninon a partir de un patrón de la *maison* francesa. Una copia que muestra el alcance de la marca.

SECRETO

El dobladillo interior del bajo de la chaqueta lleva cosida una cadenita dorada, que añade algo de peso para que la prenda conserve la caída.

«EL LUJO DEBE SER CÓMODO; DE LO CONTRARIO, NO ES LUJO».

GABRIELLE CHANEL

RENACIMIENTO LÚDICO

Karl Lagerfeld es nombrado director artístico de Chanel en 1983 y, bajo su mandato, la casa honra a la fundadora buceando en sus archivos. El traje sastre no escapa a estas reinterpretaciones: el que había sido emblema de la distinción en la década de 1950 se convierte, en 1980, en patrimonio de una generación ostentosa. A lo largo de los años, se hace minifalda (*véase* pág. 160) en color rosa bombón, se llena de resplandecientes cadenas de oro o adopta el espíritu hiphop. El traje sastre trasciende todas las épocas.

TRAJE CAMBIANTE

1991	Modo surfero
1994	Estilo hiphop
1995	Mínima expresión
2011	Arácnido
2013	Dieciochesco
2016	Versión vaquera
2017	Futurista

Página siguiente:
Inès de La Fressange, colección de primavera / verano de 1984 de Chanel.

«CLOCHARDS»
EL AMOR Y NO EL ODIO

DISEÑADOR   JOHN GALLIANO PARA CHRISTIAN DIOR (véase pág. 353)

FECHA 2000

En 1996, John Galliano asume la dirección de la casa
Christian Dior. El nombramiento de un joven
diseñador británico a la cabeza de la más prestigiosa
maison de alta costura francesa se vive como una
afrenta. Sin embargo, los suyos van a ser algunos
de los desfiles más deslumbrantes y míticos
de la moda contemporánea.

↑ **Bolso de John Galliano** para Christian Dior.

«PREFIERO EL MAL GUSTO
A LA AUSENCIA TOTAL DE GUSTO».

JOHN GALLIANO

CRISOL DE INFLUENCIAS

El sello Galliano es su gusto por
la referencia y las improbables
mezclas culturales e históricas.
Con una naturalidad sin igual,
sus pasarelas reúnen a mujeres
masáis, frívolas de la *belle
époque*, estrellas de Hollywood
y *geishas*. Cuanto más
insensatas las referencias
y más teatrales los desfiles,
mejor. Descubrir una colección
de Galliano para Dior es como
ir al circo con ojos de niño.
También es cierto que es una
época propensa al exceso:
el mercado del lujo está en
auge y las presentaciones
exuberantes impulsan al
consumidor a comprar todo
tipo de accesorios y perfumes.

UN POCO DEMASIADO
IMPERTINENTE

Para «Clochards» («Mendigos»),
la colección de primavera /
verano de 2000, Galliano decide
inspirarse en las personas
sin hogar con las que se cruza
cuando corre a orillas del

Sena. Las modelos desfilan
con prendas desgarradas,
botellas de alcohol y otros
objetos colgando de la cintura,
rostros manchados y el cabello
enmarañado. Los materiales
a menudo son bastos; por
ejemplo, algunos pantalones
están confeccionados con
tela de yute. Y lo más sangrante
es que se trata de una colección
de alta costura.

BOLSO IT

En 1999, John Galliano diseña
para Dior uno de los bolsos más
emblemáticos de la década de
2000. Inspirado en una silla
de montar, se adorna con un
estribo en forma de D y se lleva
colgado del hombro. Destaca el
estampado con el monograma
de Marc Bohan de 1967, que
encaja a la perfección en la
logomanía del cambio de siglo.
El bolso es adoptado por las
estrellas, y la serie *Sex and the
City* (*Sexo en Nueva York*) lo
convierte en un imprescindible.
En 2018, Dior vuelve a lanzarlo.

GRANDEZA Y DECADENCIA

La marca es acusada
de banalizar la miseria
y convertirla en un motivo
estético, como si los recursos
con los que las personas
sin hogar se ven obligadas
a cubrirse y calentarse pudieran
ser material creativo. Por otra
parte, resulta improbable que
la clientela adinerada vaya
a gastar sumas considerables
para acabar vestida como un
sintecho. Los manifestantes
se apiñan a las puertas
del desfile y la prensa
no especializada se crispa.
Es un escándalo: ¡la inspiración
tiene sus límites!

PERIÓDICO BAJO EL BRAZO

En el desfile de alta costura
de primavera / verano de
2000, Galliano presenta
su estampado de periódico
(el Christian Dior Daily),
que utiliza en varias faldas.
Su intención es recrear
los periódicos con los que
a menudo se abrigan las
personas sin hogar, aunque
la idea también se inspira en
un tejido concebido por Elsa
Schiaparelli en la década de
1930. El estampado es un éxito
y se convierte en un habitual
de las colecciones de Dior.

Página anterior:
Desfile de la colección de
primavera / verano de Dior de 2000.

CULTURA POP
BARATO Y CHIC

DISEÑADOR ········ **JEREMY SCOTT PARA MOSCHINO** (*véase pág. 361*)

FECHA ·················· **DÉCADAS DE 2010 Y 2020**

Desde su fundación en 1983, Moschino destaca por su estilo excéntrico, a veces alocado; es una rara *avis* en la industria del lujo. El diseñador estadounidense Jeremy Scott se convitió en director creativo de la marca de 2013 a 2023; su originalidad ha encajado a la perfección con el espíritu fantasioso de la casa, e incluso lo llevó más lejos.

↑ **Bolso Purse**, de Moschino.

«LA MODA DEBERÍA TENER UNA NATURALEZA TRANSGRESORA [...] SER DIVERTIDA, ALGO CON LO QUE DISFRUTAR».

JEREMY SCOTT

CULTURA POP

Ese 2013, el primer desfile de Scott es una declaración de intenciones: McDonald's, el traje sastre Chanel, Bob Esponja, bolsas de patatas fritas y cajas de cereales ensamblan una oda al consumo, la cultura, la comida basura y la diversión. El diseñador recurre a la moda para destilar sus fuentes de inspiración, exponer un valor cultural donde no hay jerarquías e interrogar a nuestra sociedad sin juzgarla.

CUESTIONAR EL MUNDO

Más adelante, sus propuestas incluyen a Barbie, los dibujos animados de Looney Tunes y Mi Pequeño Pony, pero también están pobladas de muñecas recortables, que cuestionan nuestra propensión a consumir la moda en dos dimensiones, de siluetas que parecen cromos y hablan del consumo excesivo de embalajes vinculado al comercio electrónico, y de increíbles atuendos lúdicos, con aspecto de haber sido coloreados de cualquier manera.

MOTIVO ARTÍSTICO

Para su colección de primavera / verano de 2020, Scott recurre al arte allí donde hasta entonces había jugado con la cultura popular. En homenaje a Picasso y a sus musas, el diseñador se divierte construyendo la expresión literal del gesto artístico. A veces, el tema cubista se transmuta en atavío, en *arte-à-porter*.

DE COMPRAS

En su colección para Chanel de otoño / invierno de 2014, Karl Lagerfeld decide arrastrar a la *maison* al corazón de la cultura consumista. Bajo el techo de cristal del Grand Palais de París, el desfile recrea los pasillos de un supermercado, con estantes y productos rebautizados con juegos de palabras en referencia a Chanel. Toda una reflexión sobre la mutación contemporánea del lujo: artesanía virtuosa antaño, supermercado de la moda hoy.

Y, ocasionalmente, algún personaje, una señorita de Aviñón o un arlequín, cobra vida.

ARTE PARA TODOS

Jeremy Scott trata a Picasso como el enésimo icono pop, y no lo hace para devaluarlo, sino para insertarlo en una sociedad que consume el arte como la moda: al ritmo del dedo en la pantalla del móvil, que pasa una imagen y luego otra en un gesto infinito. Scott desacraliza el arte, al tiempo que sublima el lugar que ocupa en la vida cotidiana.

INSPIRACIONES MÚLTIPLES

Otoño / invierno de 2014:
McDonald's

Primavera / verano de 2015:
Barbie

Otoño / invierno de 2017:
Cartón de embalar

Otoño / invierno de 2018:
Jackie Kennedy

Otoño / invierno de 2019:
«El precio justo»

Primavera / verano de 2020:
Picasso

Otoño / invierno de 2020:
María Antonieta

Otoño / invierno de 2021:
Hollywood

ATHLEISURE
JUGAR LA PRÓRROGA

DISEÑADOR	PRADA *(véase pág. 359)*
FECHA	1999

En los albores del nuevo milenio, el gusto por un minimalismo teñido de futurismo se traduce en prendas de aspecto técnico, que deben mucho al diseño deportivo. Desde que se incorporó a la empresa familiar, Miuccia Prada no ha dejado de reinventar la identidad de la marca.

↑ **Cortavientos de nailon técnico,** de Prada.

LÍNEA ROJA

En 1984, Miuccia Prada presenta sus primeros bolsos de nailon y el éxito es arrollador. Se lanza después al *prêt-à-porter* para mujer, en el que mezcla inspiraciones artísticas, referencias a la década de 1960 y un anticonformismo que reinventa el lujo. En 1995, Prada diseña los uniformes del equipo italiano de la Copa América de vela. Los tejidos y técnicas utilizados para estos últimos inspiran, dos años después, la Línea Rossa («Roja») de Prada Sport, una colección de prendas deportivas para hombre, reconocible por los tejidos lisos de nailon marcados con un logo rectangular rojo (a veces de plástico).

MODA TECNO

Prada Sport invade otros terrenos de juego. A partir de 1999, Miuccia Prada combina las prendas deportivas básicas con el minimalismo que ya define sus colecciones para mujer. La Línea Rossa es acogida con entusiasmo por la escena electrónica (*véase pág. 342*) y por quienes prefieren un estilo práctico y *high-tech*.

INSPIRACIONES ECLÉCTICAS

Primavera/verano de 2005: *reggae*

Primavera/verano de 2007: desfile de 1971 de YSL

Otoño/invierno de 2010: los locos años veinte

Primavera/verano de 2012: Palm Springs en 1950

Otoño/invierno de 2013: Alfred Hitchcock

Primavera/verano de 2017: *Club Kids* de los ochenta

Otoño/invierno de 2020: secesión vienesa

> «LO FEO ES BELLO, LO FEO ES EMOCIONANTE. QUIZÁS PORQUE ES MÁS RARO DE VER. LA INVESTIGACIÓN DE LA FEALDAD ES, PARA MÍ, MÁS INTERESANTE QUE LA IDEA BURGUESA DE LA BELLEZA. ¿POR QUÉ? PORQUE LO FEO ES HUMANO».
>
> MIUCCIA PRADA

EL DEPORTE ES TENDENCIA

La aventura de Prada Sport termina en 2001, pero el lujo y el estilo deportivo ya están unidos para siempre y todas las marcas se suben al carro del *Athleisure*. Esta expresión, que aparece en inglés ya en la década de 1970 y resucita con fuerza en la de 2010, define la moda que se adapta a la vez al deporte y a la vida diaria.

FEÍSMO BELLO

En 2018, Miuccia Prada da una segunda oportunidad a su línea deportiva, extrayendo sus códigos básicos —el nailon, el velcro y las zapatillas (*véase* pág. 92) y calcetines deportivos— para inyectarlos en sus colecciones. Prada se arriesga con mezclas que a veces desentonan. No en vano, ¿no ha sido su estilo apodado como «feo bello»?

ZAPATO PIGALLE
SÍGANME...

DISEÑADOR ·················· **CHRISTIAN LOUBOUTIN** (*véase pág. 357*)

FECHA ································· **2004**

Siendo niño, Christian Louboutin visita el Palacio de la Puerta de Oro en París. Allí, para proteger el suelo, un cartel prohíbe los zapatos de aguja: es el dibujo de un zapato de tacón tachado con una raya roja. Ya de adulto, Louboutin rompe esta prohibición y asume el rojo como emblema de sus creaciones.

↑ **Zapato Pigalle Follies 100**, de Christian Louboutin.

«EL BUEN ZAPATO NO ES EL QUE VISTE, SINO EL QUE DESVISTE».

CHRISTIAN LOUBOUTIN

DE LO PROHIBIDO A LO SECRETO

Siendo adolescente, Louboutin contempla en secreto a las bailarinas de los cabarés parisinos; admira la forma en que arquean los pies. En 1991, lanza su propia marca. ¿Su firma? Una feminidad exacerbada, un erotismo desacomplejado. Y la comodidad no es un objetivo. Calzar sus tacones vertiginosos exige el dominio del cuerpo; a cada paso, la mujer roza la inestabilidad y camina con el aire cimbreante que buscaba el diseñador.

FIRMA EN ROJO

La suela insignia de color rojo intenso nace apenas un año después de que Christian Louboutin cree su marca: un día que trabaja en unos prototipos que no le gustan demasiado, observa que una de sus asistentes se está pintando las uñas. Con ese esmalte embadurna la suela de uno de los zapatos y engendra así su propio mito.

UN ZAPATO PODEROSO

En 2004, diseña el zapato Pigalle, cuyo nombre lo dice todo de la obsesión de Louboutin: rehabilitar una feminidad largo tiempo reprobada. Con insolencia, magnifica la sensualidad de la mujer que la utiliza con un fin, que conoce el juego del deseo. Se trata de devolver a la mujer su poder sexual y dejar que sea ella la que marque el paso, insumisa y tentadora.

NUEVO CÓDIGO

Con su emblemática suela roja, el Pigalle asume la mirada masculina y le da la vuelta. La mujer que desea escapar a la servidumbre estética impuesta por el hombre, a una identidad construida sobre fantasías sexuales, puede disfrutar mientras se libera: la suela escarlata de Christian Louboutin invita... al menos a la contemplación. También el pronunciado escote que desciende hasta el

HISTORIA ANTIGUA

En el Antiguo Régimen, el tacón rojo hace furor. Parece que el involuntario impulsor de esta moda fue Felipe de Orleans, hermano de Luis XIV; tras una noche de fiesta en el barrio popular de París donde se encuentran los mataderos, el príncipe vuelve a palacio con los tacones manchados de sangre de buey. A Luis XIV le gusta el contraste de color, y en especial el rojo que simboliza el poder, y ordena cubrir con cuero rojo los tacones de todos sus zapatos. Sus cortesanos imitan el gesto y el tacón rojo se convierte, hasta la Revolución, en blasón de la aristocracia privilegiada.

nacimiento de los dedos, algo muy poco habitual y que utiliza los códigos de la seducción en partes del cuerpo inéditas.

EL JUEGO DE LA SEDUCCIÓN

El zapato Pigalle es engañoso: su exaltación casi fetichista del pie en realidad huye del juego tradicional de la seducción para plantear uno más audaz, de sensualidad clandestina, subversiva y exhibicionista.

Página siguiente:
Emma Stone, en la gala de los Review Awards, en Nueva York (2012).

ESMOQUIN
EN LA CORTE DEL HOMBRE

DISEÑADOR	....	**YVES SAINT LAURENT** (*véase pág. 360*)
FECHA	....	**1966**

Ya desde su primera colección de alta costura en 1962, Yves Saint Laurent propone a la mujer que incorpore el pantalón en su atuendo cotidiano, a pesar de que es una prenda emblemática del guardarropa masculino. El maestro es el primero en integrar la prenda con normalidad en el vestuario femenino.

↑ **Chaqueta de esmoquin**, de Yves Saint Laurent.

«CHANEL LIBERÓ A LA MUJER, SAINT LAURENT LE DIO EL PODER».

PIERRE BERGÉ

FUERA DEL FUMADERO

En 1966, Saint Laurent sube la apuesta con el esmoquin. En su colección de otoño / invierno sugiere con audacia a la mujer que se apropie del conjunto más sofisticado del vestuario masculino. Inicialmente reservada al salón de fumar de las casas elegantes, la chaqueta de esmoquin es el arquetipo esencial de la virilidad (*véase* pág. 186) y el símbolo de un espacio vetado a la mujer.

JUEGO DE PODER

Yves Saint Laurent no atiende a convenciones: se han quedado obsoletas. La década de 1960 redefine las reglas de la sociedad y, si una mujer quiere llevar esmoquin, es muy libre de hacerlo. Sin embargo, el diseñador tampoco tiene intenciones reivindicadoras. El pantalón contestatario se convierte, en sus manos, en el aliado de unos nuevos códigos de seducción. Saint Laurent se niega

a hacer del esmoquin una herramienta de travestismo con pretensiones. Para él, es una prenda que construye un aspecto y un estatus: al jugar con el lenguaje estético

MUSAS

Yves Saint Laurent queda prendado del personaje de Marlene Dietrich en *Marruecos* (1930). En el vestuario destaca un traje de tres piezas, que complementa con pajarita y sombrero de copa; le da un aire firme, ambiguo, desafiante y seductor. Saint Laurent quiere recrear esa imagen. Tal vez también le inspirara la artista Niki de Saint Phalle, que combina pantalón de traje y zapato de tacón.

del hombre, la mujer se convierte en su igual: se plantea un juego de poder.

VERSIÓN BIS

Françoise Hardy es la primera en encargar el esmoquin de la colección... y la última, pues las

demás mujeres no se animan. Las clientas de la alta costura aún no están preparadas para vestir el pantalón con tanta espontaneidad. La propuesta consigue sus frutos con el nacimiento de la línea de *prêt-à-porter*, Saint Laurent Rive Gauche, también en 1966. Es el mismo año que la colección de alta costura, pero no es la misma clientela. Más jóvenes e independientes, estas mujeres sí se dejan atrapar por el esmoquin.

UNA NUEVA FEMINEIDAD

Replanteado una y otra vez, el esmoquin, esbelto y elegante,

no ha abandonado la narrativa de la moda. Permite a la femineidad andrógina expresarse sin asfixiar su sensualidad. ¿La mujer necesita los códigos del hombre para sentirse poderosa? No. Pero puede jugar a su juego.

EL ESMOQUIN, EN CIFRAS

230 versiones de esmoquin concebidas por Saint Laurent

36 años de esmoquin Saint Laurent, de 1966 a 2002

Página anterior:
Charlotte Rampling (1974).

TRAJE BAR
UN «NEW LOOK» NO TAN NUEVO

DISEÑADOR	....	**CHRISTIAN DIOR** (*véase pág. 352*)
FECHA	....	**1947**

El 12 de febrero de 1947, Christian Dior presenta su primer desfile de alta costura e inaugura la moda de la década de 1950. El maestro acaba de fundar su *maison* y todo en esta colección traza las tendencias de una década que aspira a barrer las restricciones y la austeridad impuestas por la Segunda Guerra Mundial.

↑ **Traje Bar**, de Christian Dior (1947).

MODELO

Dior es la *maison* de la confección por excelencia, y cualquier técnica es buena si ayuda a crear la prenda perfecta y respetar el mandato del maestro: «Afinar el cuerpo sin romper el talle». El traje Bar se cose en el taller principal de la casa. Y no lo hace cualquiera: el modisto es Pierre Cardin.

LA HORA DEL CÓCTEL

¿Por qué se llama «Bar»? La razón es que Christian Dior se inspira en el bar del hotel Plaza Athénée, situado en la avenue Montaigne de París; se encuentra enfrente de su *atelier* y lo visita con regularidad. Tal origen permite identificar la hora perfecta para este traje sastre, que recupera, además, otra tradición de la etiqueta: cambiarse de atuendo a lo largo del día. Y así vuelven a popularizarse los vestidos de cóctel, los trajes de noche, los conjuntos de diario, los vestidos de tarde, los de baile… Todo un guardarropa bien surtido.

LA LÍNEA COROLA

De entre todos los conjuntos presentados, hay uno que despunta: el traje Bar. El conjunto consta de una chaqueta color marfil y una amplia falda negra, e ilustra a la perfección la línea corola concebida por Christian Dior. La aspiración del diseñador es desembarazarse de la moda que ha acompañado al conflicto: cambia las espaldas cuadradas por hombros caídos, alarga las faldas y responde a la sobriedad con lujo. La suya es una «mujer flor» que huye de la melancolía. Hay que hacer sitio a lo nuevo y esta idea se convierte en el credo de la colección, después de que Carmel Snow, redactora jefa del *Harper's Bazaar* estadounidense la califique de «New Look»: un nuevo estilo.

FUERA DE CONTEXTO

Pero el año es 1947 y solo hace dos que ha acabado la guerra: sus estigmas siguen muy presentes en la sociedad. Muchas personas aún deben recurrir a las cartillas de racionamiento para alimentarse. A Christian Dior se le recrimina la opulencia de sus creaciones.

UNA FEMINEIDAD ARCAICA

De esta «nueva» figura emana también una visión nostálgica de la femineidad. Desde la década de 1920, la mujer se ha ido liberando de los obsoletos yugos de la moda femenina (*véase* pág. 320) y la guerra le ha hecho confiar en su emancipación. Y he aquí un diseñador que pretende ponerle faja, ajustarle el talle y colgarle una pesada falda, como si el siglo XVIII hubiera regresado con sus corsés. La mujer queda de nuevo encerrada en un molde arcaico. Es una imagen muy habitual en la década de 1950: la del ama de casa ideal, elegante y rodeada de electrodomésticos modernos.

«CHRISTIAN DIOR ERA UN COMPLETO DESCONOCIDO EL 12 DE FEBRERO DE 1947 Y UNA CELEBRIDAD EL DÍA 13».

FRANÇOISE GIROUD

Páginas siguientes:
Desfile de primavera / verano de Dior de 2018.
Christian Dior durante la prueba de un vestido con una modelo (década de 1950).

MODA ITALIANA
LA *DOLCE VITA*

DISEÑADOR	DOLCE & GABBANA *(véase pág. 352)*
FECHA	DÉCADA DE 1980

La moda italiana se perfila tras la Segunda Guerra Mundial, entre desfiles de alta costura y películas de Fellini. Su identidad refleja el poder de una industria textil con gusto por los materiales bellos y las prendas de caída perfecta. Cuando Dolce y Gabbana fundan su marca en 1985, llevan a Italia en el corazón.

↑ Vestido midi con encaje y festón doble, de Dolce & Gabbana.

«ESPERO QUE LA GENTE RECUERDE A DOLCE & GABBANA POR LA SENSUALIDAD, EL MEDITERRÁNEO Y LA AUTENTICIDAD».

DOMENICO DOLCE

SICILIA EN EL ALMA

En esta historia «a la italiana», Sicilia es la protagonista. Es el hogar de Domenico Dolce y sus homenajes son constantes. Arquitectura barroca, mosaicos bizantinos, cerámica de colores y yacimientos arqueológicos alimentan las creaciones del dúo. No obstante, predomina el gusto por el color negro y un aire ancestral e intemporal (*véase* pág. 106).

INSPIRACIÓN ECLÉCTICA

Para su desfile de otoño/invierno de 2015, los diseñadores proponen la colección «Viva la mamma!». El nombre está muy lejos de ser anecdótico: los modelos con hijos recorren con ellos la pasarela; a veces son bebés, e incluso una de ellas desfila embarazada. Por si fuera poco, los motivos se inspiran en los dibujos de los nietos y nietas de Domenico Dolce y Stefano Gabbana.

HISTORIAS DE MUJERES

Dolce & Gabbana recrea imágenes que nos resultan familiares y ajenas a la vez, a menudo inscritas a su pesar en nuestra memoria colectiva: son las mujeres mayores de los pueblos italianos, vestidas de luto y charlando, quizás discutiendo, en la hora menos calurosa del día, algunas tocadas con mantilla de encaje, una tradición artesana que en Sicilia se remonta al siglo XVI.

DE LA CALLE A LA PASARELA

Como era de esperar, Dolce & Gabbana inscribe a esta mujer en los cánones de la belleza de la moda. Es una musa más joven, pero conserva en su estilo las huellas de una femineidad que expresa un buen vivir teñido de religiosidad. ¿Contradictorio? No, más bien deliciosamente italiano.

ITALIA ENTERA

El negro tampoco es siempre absoluto: aquí y allá, una nota de leopardo o un toque de oro realzan la austeridad de la silueta. Porque Italia también es opulencia, fantasía y sensualidad. Con cada colección, el dúo de diseñadores escribe una oda a su país. Su fuerza reside en el gusto por el arquetipo desacomplejado y por el folclore rejuvenecido. Dolce & Gabbana es *la mamma* y es también Sophia Loren.

REALISMO «A LA ITALIANA»

Desde muy pronto, Dolce & Gabbana utiliza sus campañas publicitarias para subrayar el carácter italiano de su estética: aparecen procesiones religiosas, largas mesas de convite y familias en intensos debates. A veces, confrontan a sus modelos con la realidad del país. En 1987, Ferdinando Scianna convierte las callejuelas de Sicilia en escenario improvisado de una sesión fotográfica. En 2016, el fotoperiodista Franco Pagetti hace lo propio y retrata a modelos y transeúntes en las aceras de Nápoles.

VESTIDO LENCERO

SEGUNDA PIEL

DISEÑADOR	CALVIN KLEIN (véase *pág. 356*)
FECHA	DÉCADA DE 1990

El minimalismo es la quintaesencia de la moda estadounidense. Empieza a dibujarse a finales del siglo XIX, pero toma fuerza en la década de 1940, con las propuestas de diseñadoras como Claire McCardell, cuya elegancia es mucho más práctica que la moda que llega de París. Esta es la herencia de la que bebe Calvin Klein.

↑ Vestido lencero Midi Slim, de Calvin Klein.

UNA MODA PRÁCTICA

Calvin Klein lo sabe bien: la moda estadounidense es práctica. El estilo parisino es refinado, pero a veces se aleja demasiado del modo de vida americano. Como otros diseñadores antes que él, apuesta por una estética mucho más fácil de vestir en el día a día, que se nutre del estilo deportivo y del espíritu urbano.

GRUNGE, PERO NO MUCHO

En la década de 1990, la estética *grunge* (véase pág. 338) conquista a la juventud. Calvin Klein comparte su gusto por la fluidez, su comodidad y esa sensualidad que finge no tener. Pero la suya es una versión dulcificada y minimalista. Recupera el vestido lencero, que muchas jóvenes *grunge* combinan con camiseta y botas, y lo reformula en seda o satén y con tonalidades neutras.

CUERPO A CUERPO

Esta prenda de caída informal no esculpe el cuerpo, pero tampoco lo ignora. Su indiscutible sensualidad procede de su origen: antiguamente, se utilizaba como combinación y aún emana de ella la impudicia de la intimidad. A pesar de todo, la figura que se impone en la década de 1990 no tiene nada que ver con la extravagancia sexual de la década de 1980, y el vestido lencero se adapta:

ADORMILADA

La combinación, prenda de interior con tirantes finos similar a un vestido, aparece a finales del siglo XIX. En la década de 1920, se populariza y se acorta. En la década de 1940, la diseñadora estadounidense Sylvia Pedlar concibe una versión sin mangas que llega hasta la rodilla: el picardías, que se convierte en tendencia en la de 1950 gracias a la película *Baby Doll* y la moda de las *pin-ups*.

a menudo se lleva con despreocupación e indolencia.

FUERA CLICHÉS

El vestido lencero se alía con botas, sandalias de tacón o zapatillas deportivas, y es lo que decide su triunfo en la década de 1990. Se pavonea desafiante —como el vestido transparente diseñado por Liza Bruce y lucido por Kate Moss— o adopta aires sutiles sobre la alfombra roja de Hollywood, y es tan modesto adornando a una novia como estridente y *vintage* vistiendo a Courtney Love. Sensual pero no sumiso. Cada mujer lo usa con sus propias reglas.

INTERIOR, EXTERIOR

Esta no es la primera prenda interior que acaba convertida en vestido. En la década de 1780, María Antonieta y sus comparsas aristócratas importunan a la corte ataviándose con vestidos camiseros de muselina. El escándalo estalla en 1783, cuando María Antonieta es retratada con una «camisa de la reina» sin distintivo real y que evoca una intimidad descarada e intolerable.

NEOCLASICISMO
DIOSAS GRIEGAS

DISEÑADOR	ALIX GRÈS *(véase pág. 354)*
FECHA	DÉCADA DE 1930

Los locos años veinte terminan con el tumulto que habían alimentado, aniquilados por el crac bursátil de 1929. Sigue la Gran Depresión y una crisis económica mundial. La década de 1930 se erige sobre estas tierras movedizas y prefiere la contención, así como un glamur que ponga en su sitio a las clases populares.

↑ Vestido, de Madame Grès (1971).

EL LUJO TRANQUILO

La suntuosidad ya no se expresa mediante faralaes y lentejuelas, sino con la sofisticación del corte y los materiales. Las películas en blanco y negro de Hollywood son la referencia del refinamiento en colores lisos, y las figuras adoptan aires de estatua. También se desarrolla la práctica deportiva y los cuerpos se broncean, se esculpen y se definen. Se dibuja un ideal sinuoso tanto para el día como para la noche.

FUERZA CON CALMA

La fotografía de moda de la década de 1930 transmite tranquilidad, hieratismo y elegancia. Gracias al blanco y negro, los fotógrafos construyen hábiles efectos de geometría y luz. George Hoyningen-Huene define un estilo sofisticado y artístico, mientras que Horst P. Horst se inclina por una estética severa y experimental.

APOLO Y VENUS

Se aspira a un cuerpo perfecto como el de las esculturas de la Antigüedad. La moda toma prestados los códigos de la arquitectura griega y cincela formas que se drapean y plisan para envolver suavemente a la mujer. Alix Grès (Madame Grès), una de las diseñadoras que se inspiran en la era clásica, crea sus vestidos directamente sobre el cuerpo de las modelos, y controla las formas fluidas como haría una escultora con la piedra.

ESCULPIR CON TEJIDO

La caída es tan limpia, el pliegue tan preciso, que la muselina parece piedra. Alix Grès reniega de la opulencia y el rebuscamiento en favor del ascetismo y la sobriedad. Sin embargo, en esta búsqueda de la perfección, sus modelos exhalan sensualidad. No hay contradicción en ello: al simplificar las formas, es el cuerpo el que destaca.

> «YO QUERÍA SER ESCULTORA. PARA MÍ, TRABAJAR EL TEJIDO O LA PIEDRA ES LO MISMO».
>
> ALIX GRÈS

UN NUEVO ORDEN

No es sorprendente que la década de 1930 resucite el ideal clásico. El contexto económico llama a la contención, y los movimientos totalitarios que surgen en Europa imponen el regreso al orden, un orden digno, imponente e inconmovible. El Olimpo que propugnan es cualquier cosa menos paradisíaco.

REVOLOTEO

Madeleine Vionnet es otra exponente del estilo neoclásico. Sus ligeros modelos están confeccionados mediante el corte al bies. Esta técnica consigue que la caída del tejido parezca adaptarse al cuerpo y permite movimientos y juegos de volúmenes. Vionnet es reclamada por los diseñadores de vestuario de Hollywood, donde las comedias musicales hacen furor y las actrices necesitan vestidos con los que poder ejecutar los números de baile.

ESTILO DISCO
FIEBRE DEL SÁBADO NOCHE

DISEÑADOR ·················· ROY HALSTON *(véase pág. 355)*

FECHA ·················· DÉCADA DE 1970

Roy Halston, diseñador de sombreros, se consagra cuando Jackie Kennedy elige uno de sus modelos para la ceremonia de investidura presidencial de su esposo en 1961. Pero cuando los sombreros caen en desuso, Halston se inspira en Nueva York y su fauna para crear el estilo que marcará toda una época.

↑ Vestido Ombrée, de Halston Heritage.

«CREABA UN ESTILO QUE BAILABA CONTIGO. SUS PRENDAS BAILABAN SOBRE EL CUERPO».

LIZA MINNELLI

LOS AIRES DE UNA ÉPOCA

Halston sabe que la mujer activa quiere jugar con los códigos de la moda masculina. Para su vestuario de día, concibe formas minimalistas, con elegantes cuellos vueltos, refinados abrigos y pantalones de corte perfecto. Se inspira en lo que mejor conoce, él mismo, y ofrece a la mujer el mismo estilo que tan cuidadosamente ha construido para sí.

IMPERMEABLE... O NO

En 1971, Roy Halston conoce a Issey Miyake en París. El diseñador japonés lleva una camisa de *ultrasuede*, un sustitutivo sintético del ante que llama la atención de Halston. Erróneamente, cree que es impermeable y lo utiliza para diseñar una gabardina. Pero el tejido absorbe el agua... Mejor entonces confeccionar un vestido camisero: el Ultrasuede aparece en 1972 y se convierte inmediatamente en un éxito.

HISTORIAS DE UNA SOLA NOCHE

La década de 1970 es la era de la música disco. Este estilo, nacido en las *boîtes* gais clandestinas, transmite una atmósfera festiva, sensual, glamurosa y un punto decadente. Halston diseña vestidos hechos para bailar: son elegantes, sexis y no impiden el movimiento.

VESTIDO PARA BAILAR

Con inspiración en los musicales de Hollywood de la década de 1930, recupera los plisados y drapeados y los cortes al bies que tanta libertad permiten a las actrices: si ellas pueden ejecutar sus números con tales vestidos, bien pueden sus clientas usarlos para mover las caderas en la pista de baile. Y Halston las acompaña a Studio 54, el club emblemático por el que se dejan caer todos los modernos y artistas neoyorquinos: da igual ser famoso, solo importa ser libre y despreocupado.

EN CIUDAD Y EN PANTALLA

Rodeado de sus Halstonettes (como él mismo llama a sus modelos-musas), el diseñador se sumerge en la vida nocturna, a veces dejándose llevar por los excesos. Las noches son desenfrenadas en esta década frívola, que aún no conoce el sida. Hasta que la epidemia irrumpe. Aunque Halston se quema las alas por el camino, ha sabido acompañar a la mujer moderna, creando para ella el vestuario de su liberación.

BATALLA DE ESTILOS

El 28 de noviembre de 1973, Halston participa en un desfile organizado en el Palacio de Versalles que confronta a cinco *maisons* francesas con cinco diseñadores estadounidenses. Los franceses asombran con una escenografía espectacular, mientras que sus colegas americanos optan por el minimalismo y la comodidad: sus propuestas y las modelos lucen relajadas, alegres y dinámicas. Se imponen en un sistema dominado por Europa.

Página siguiente:
Beverly Johnson con un vestido de Halston (1975).

VESTIDO ESCULTURA
EL ARQUITECTO DE LA ALTA COSTURA

DISEÑADOR ·············· **CRISTÓBAL BALENCIAGA** (véase *pág. 350*)

FECHA ···························· **DÉCADAS DE 1950 Y 1960**

Cuando Cristóbal Balenciaga abre su *maison* en París en 1937, tiene a sus espaldas veinte años de trabajo como modisto. Un *leitmotiv* guía el trabajo del maestro: la depuración. Pero la sencillez, en su caso, no constriñe la creatividad; al contrario, la exalta con confianza y rigor.

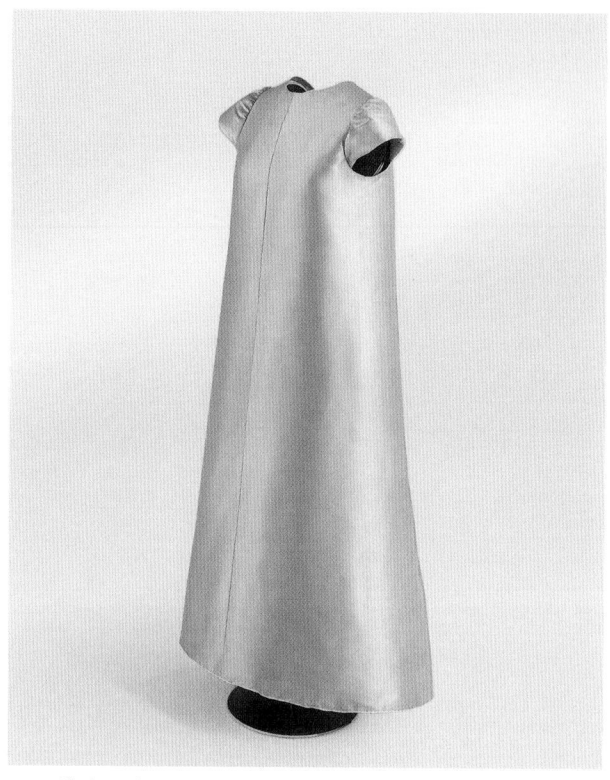

↑ Vestido de noche de Balenciaga (1967).

A CONTRACORRIENTE

El estilo de Balenciaga es tan prolífico que concentrarse en una sola pieza emblemática sería reduccionista. Desde sus inicios, sus figuras estructuradas se impregnan de referencias a la historia y a su España natal. Después de la Segunda Guerra Mundial, por fin se desmarca y asombra al mundo de la moda enfrentándose al «New Look» de Christian Dior (*véase* pág. 213) con formas abstractas, que rompen los cánones del cuerpo femenino que reinan en la década de 1950.

CUERPOS ABSTRACTOS

Mientras que Dior se centra en la cintura y las caderas, Balenciaga trabaja la espalda. Reinventa los volúmenes, pero nunca encierra el cuerpo; más bien le ofrece un refugio reconfortante y altivo. La experimentación con formas y materiales es constante, como demuestra su dominio del gazar, un tejido creado para él por la casa Abraham, rígido, fibroso y que no tolera errores. El maestro es exigente.

ESPAÑA EN EL CORAZÓN

De España, Balenciaga toma prestado el negro, así como las chaquetas toreras, las mantillas de encaje y los volantes de los vestidos de flamenco. También se inspira en Velázquez, como si deseara recordar constantemente de dónde viene. Y en parte sus raíces están en el siglo XIX (había nacido en 1895) y sus creaciones más historicistas evocan el estilo de la década de 1880.

CREADOR VISIONARIO

A medida que evoluciona, Balenciaga tiende al minimalismo y la abstracción. Llegada la década de 1960, su visión se radicaliza, como si se adelantara a las nuevas necesidades. Sus vestidos *baby doll* o su vestido globo de finales de la década anterior anuncian el corte trapecio. Resulta irónico

«UN MODISTO DEBE SER ARQUITECTO PARA LOS PATRONES, ESCULTOR PARA LAS FORMAS, PINTOR PARA EL COLOR, MÚSICO PARA LA ARMONÍA Y FILÓSOFO PARA LA MEDIDA».

CRISTÓBAL BALENCIAGA

que Balenciaga anticipe la época que le llevará a renunciar a su carrera.

PASAR PÁGINA

En 1968, Cristóbal Balenciaga cuelga las tijeras. Dicen que está amargado, sobrepasado, indignado por los caminos que está tomando la moda. ¿Quizás había comprendido que ya no tenía nada más que ofrecer? ¿Y si Balenciaga sencillamente quiso retirarse en la cumbre de su arte?

BINOMIO

En 1954, Hubert de Givenchy diseña un vestido camisa que, en 1957, evoluciona en vestido globo, al igual que hace Balenciaga. Ambos definen el corte que marcará las siluetas de la década de 1960. No es extraño: Givenchy siente una profunda admiración por el maestro español, al que considera su mentor. Se refiere a él como «el arquitecto de la alta costura».

Página anterior:
Alberta Tiburzi, vestida por Balenciaga. Fotografía de Hiro (1967).

CRINOLINA
SÁTIRA POLÍTICA

DISEÑADOR	··············	**DEMNA GVASALIA** (*véase pág. 355*)
FECHA	··············	**2020**

En 2016, Demna Gvasalia se convierte en el nuevo director artístico de Balenciaga. Es el fundador de la marca Vetements, muy popular entre los jóvenes, y la elección sorprende. Sus prendas deconstruidas y su estilo deportivo, heredado de Martin Margiela, no parece encajar demasiado en esta prestigiosa *maison*.

ODA AL PATRIMONIO

En su colección de primavera / verano de 2020 para Balenciaga, Demna reitera la reflexión que se ha convertido en su firma personal: explorar los archivos de la casa y deconstruirlos para rendir tributo al maestro Cristóbal Balenciaga. De su etapa en Vetements conserva el gusto por la provocación, no la del rebelde sin causa, sino la que cuestiona el mundo y su evolución.

LOS MECANISMOS DE LA MODA

En 1858, el estadounidense Thomson patenta la crinolina, una estructura metálica circular que se coloca debajo del vestido, en lugar de las enaguas, para dar volumen a la falda. Es el mismo nombre de la silueta generada por este accesorio, redonda y ajena a las formas naturales. La crinolina es revolucionaria y se inscribe en el progreso industrial, pero para la mujer es un estorbo.

¿EXTRAÑO O ANÓNIMO?

Diferenciarse y camuflarse: he aquí el planteamiento de Demna. El diseñador, que se ha atrevido a introducir en el lujo la ropa deportiva y el estilo de la calle, defiende su propuesta recordando que la moda evoluciona. Su infancia en la antigua Unión Soviética alimenta un estilo teñido de ingenio y uniformidad. Su colección de 2020, casi distópica, señala con el dedo la homogeneidad de la estética política, de los hábitos modernos del poder.

UN SIGLO XIX INSPIRADOR

Demna exacerba ferozmente el *power dressing*: prioriza los hombros anchos, herencia de los soberanos del Renacimiento que ya habían marcado toda una época, la década de 1980. También recupera los vestidos con crinolina (o miriñaque) de la segunda mitad del siglo XIX. Su guiño al pasado es una muñeca rusa: el tributo a Cristóbal Balenciaga impulsa

↑ Desfile de la colección de *prêt-à-porter* de primavera / verano de 2020 de Balenciaga, en París.

«DESTRUIR PARA CREAR: PIENSO QUE ES NECESARIO».

DEMNA GVASALIA

la mirada aún más atrás en el tiempo, al siglo que el maestro español apreciaba por haber modificado el cuerpo y la postura.

PODER PARA TODOS

Este miriñaque de 2020 habla de autoridad, pero también de diversión. Los vestidos parecen flotar sobre la pasarela, ligeros y escultóricos. Demna desacraliza el poder y lo transforma en un acto personal y soberano, fruto de la elección y no de la imposición.

PASARELA DE LO TRIVIAL

El arte de la reinterpretación es un *leitmotiv* de Gvasalia.

2015: jersey de bombero
2016: camiseta DHL
2017: bufanda política
2018: bolsa de la compra
2019: tatuaje trampantojo
2020: camisa de policía
2021: mono con estampado de dólares
2022: sudadera de los Simpson.

Página siguiente:
Desfile de la colección de *prêt-à-porter* de primavera / verano de 2020 de Balenciaga, en París.

ABRIGO DE PELUCHE
OSOS AMOROSOS

DISEÑADOR	JEAN-CHARLES DE CASTELBAJAC *(véase pág. 351)*
FECHA	1988

Desde sus primeros pasos en el mundo de la moda, Jean-Charles de Castelbajac insufla su gusto por la subversión, el humor y el surrealismo. Amante del arte, sus prendas recrean los principios decorativos y conceptos de los principales movimientos modernos y contemporáneos.

↑ Abrigo de osos de peluche Arca de Noé, de Jean-Charles de Castelbajac (1988).

«¡LLEVO DENTRO UNA INMENSA PINACOTECA DE BELLEZA RARA!».

JEAN-CHARLES DE CASTELBAJAC

HOMENAJES LÚDICOS

Jean-Charles de Castelbajac honra con regularidad a los artistas que admira, e incluso ha colaborado con algunos de ellos para crear sorprendentes vestidos pictóricos. También saluda, sin protocolos ni jerarquías, a personalidades de la moda como Coco Chanel, a los iconos del cine y la historia y a los emblemas de la cultura pop. Es capaz de reunir a Robert Combas, Jackie Kennedy y Mickey Mouse.

EL MEJOR AMIGO DEL HOMBRE

En 1989, Castelbajac colabora con Snoopy Incorporated, propietaria de los derechos de estos dibujos, para crear varias piezas construidas con decenas de peluches del famoso perro. Uno de los abrigos es presentado por Vanessa Paradis, ídolo juvenil y, para la ocasión, mensajera entre el mundo infantil y el adulto.

LA ERA DE LAS IMÁGENES

Al igual que el arte pop, Jean-Charles absorbe y explota la abundante iconografía que nos rodea. De los anuncios publicitarios al arte, pasando por la música, los dibujos animados y el cine, sus colecciones son pastiches de todo lo que ha visto, leído o escuchado. Y lo más importante: nunca se toma en serio a sí mismo. Sabe que la moda es el patio de juegos de la fantasía *(véase* pág. 207).

SÍNDROME DE PETER PAN

Si existe un mundo que vive con la imaginación es el de la infancia. Por eso, esta nunca se aleja demasiado de sus propuestas. En 1988, presenta un abrigo confeccionado con más de cuarenta osos de peluche, que conjuga con naturalidad los excesos del nuevo realismo y el candor de la infancia.

VESTIRSE DIFERENTE

A su manera, también protesta contra el uso de las pieles. Este abrigo de peluche propone una moda que no recurre a actos de violencia, que los burla para ofrecer un caparazón amoroso y reconfortante. Con su alegre trampantojo, Jean-Charles de Castelbajac responde con desenfado a la década más ostentosa.

COSTURA POP

1982 Vestido Babar
1982 Vestido-cuadro Robert Combas
1983 Vestido Coco Chanel
1984 Vestido Lucky Strike
1997 Casulla del papa Juan Pablo II
2000 Jersey Jimi Hendrix
2002 Vestido Keith Haring
2008 Gorra Lego
2012 Vestido Mickey Mouse

Página anterior:
Vanessa Paradis, en el desfile de otoño / invierno de 1989 de Jean-Charles de Castelbajac.

FALDA-MESA
UNA MODA POLÍTICA

DISEÑADOR ·················· HUSSEIN CHALAYAN (*véase pág. 351*)

FECHA ··· 2000

Desde la década de 1990, Hussein Chalayan promueve una estética singular, más cercana a la *performance* artística que a la moda. El diseñador de origen chipriota utiliza la pasarela como plataforma de experimentación, cuestionamiento y reivindicación. Su trabajo amplía las fronteras de la creación de prendas de vestir.

↑ **Falda-mesa**, de Hussein Chalayan.

> **«MI INTERÉS POR LA MODA PROCEDE DE MI INTERÉS POR EL CUERPO COMO FIGURA CULTURAL ESENCIAL».**
>
> HUSSEIN CHALAYAN

SALÓN VESTUARIO

En febrero de 2000, Hussein Chalayan organiza un desfile sorprendente. O más bien un espectáculo teatral. Cuatro modelos con sencillos vestidos grises entran en un espacio con aspecto de salón, donde hay una mesa de café, cuatro butacas con fundas y una televisión. Las modelos se acercan al mobiliario, retiran las fundas y se visten con ellas, convirtiéndolas en elaboradas prendas geométricas.

CORTOMETRAJE

En 2005, Hussein Chalayan representa a Turquía en la Bienal de Venecia. Para la ocasión, dirige un cortometraje en el que la actriz Tilda Swinton, con bata de laboratorio, toma muestras de ADN de prendas de varias personas, para conocer cómo son sus vidas y a qué se dedican, y descifrar así el lazo sagrado que nos une a nuestro vestuario.

AL AIRE LIBRE

Chalayan es célebre por la originalidad de sus desfiles.

1998 Seis mujeres desfilan con chadores cada vez más cortos; la última está desnuda.

2000 Un memorable vestido motorizado se transforma en carlinga de avión.

2007 Varios vestidos se metamorfosean para narrar la historia de la moda.

2009 Los vestidos rígidos de látex simulan movimientos aerodinámicos.

2011 Un vestido animatrónico desprende cristalitos que evocan el polen.

2016 Varios vestidos se disuelven al mojarse con agua.

JUEGO DE TRANSFORMACIÓN

El fascinante y lúdico ejercicio continúa, y empieza a dibujarse otro giro argumental. Unos asistentes doblan las sillas y las transforman en maletas, que colocan junto a las modelos. Una última mujer aparece en escena con un vestido minimalista, se acerca a la mesa de café, desliza las piernas por una abertura central y la alza, desplegando su estructura en volutas de madera desde la cadera a los pies. La mesa es una falda.

MODA METAFÓRICA

El mensaje es político, y la *performance*, nada más que un pretexto creativo: este mobiliario transportable habla de los migrantes y los refugiados que huyen de la guerra. Chalayan conoce ese drama de primera mano: su familia escapó del conflicto turco-chipriota. Plantea así una pregunta sencilla: ¿qué nos queda cuando tenemos que dejarlo todo atrás?

HABITAR EL VESTIDO

Las prendas de vestir son un refugio, como lo son los objetos familiares con los que desfilan sus modelos. Chalayan plantea también preguntas sobre el espacio doméstico y su relación con el exterior, sobre todo en la vida de la mujer. Esta falda-mesa es el hogar que uno nunca abandona.

VESTIDO DELPHOS
MUJERES AUDACES

DISEÑADORES	··········	MARIANO FORTUNY Y ADÈLE HENRIETTE NEGRIN* *(véase pág. 353)*
FECHA	··	1906

De origen español, Mariano Fortuny y Madrazo se instala en Venecia a principios del siglo XX. Allí pinta, realiza grabados, diseña decorados y practica la fotografía. En 1906 se lanza a la creación de prendas y tejidos, a los que imprime su carácter artístico.

↑ **Vestido Delphos**, de Mariano Fortuny y Adèle Henriette Negrin.

PIEZAS ÚNICAS

Fortuny llama la atención de inmediato con sus chales y sus vestidos artesanales, que beben de la historia clásica y de sus propias convicciones estéticas. Sus creaciones son escasas, y por tanto muy codiciadas. La pieza más emblemática es el vestido Delphos, inspirado por una célebre escultura de la Grecia clásica, el Auriga de Delfos.

¿LA LIBERACIÓN?

En esta época se gesta un ansia cada vez más apremiante por emancipar el cuerpo femenino. La silueta de la *belle époque*, con sus tiránicos corpiños y sus curvas absurdas, ha llevado al extremo el yugo físico al que está sometida la mujer. La simplicidad de las túnicas clásicas es el nuevo ideal: adiós a las transformaciones desmesuradas, bienvenidas sean la comodidad y la naturalidad.

BAILARINAS INSPIRADORAS

Loïe Fuller e Isadora Duncan, entre otras artistas, destierran los tutús y abrazan las túnicas neoclásicas, que permiten una gestualidad más relajada. En París, el diseñador Paul Poiret se inspira en la libertad de estas bailarinas, así como en la estética orientalista de los Ballets Rusos. Por su parte, Fortuny acerca la Grecia clásica a Oriente, o más bien recuerda los lazos que siempre han unido ambos mundos.

LUZ INSOLENTE

El plisado de seda del vestido Delphos y las cuentas de cristal de Murano que lo adornan crean juegos de luz exquisitos, que evocan la laguna veneciana; es fácil reconocer la formación artística de Fortuny. Por encima de todo, emana de él un erotismo insolente. Se lleva sin corsé ni ropa interior, una verdadera audacia si se tiene en cuenta que el vestido es semitransparente.

EL GUSTO DE LAS ATREVIDAS

Es un vestido que requiere aplomo. En una sociedad que aún aprieta con gorgueras el cuello de la mujer, solo las más liberadas se atreven: las almas bohemias, actrices como Sarah Bernhardt y millonarias rebeldes como Peggy Guggenheim. La moda no libera a todas las mujeres, pero Fortuny les ofrece una mirada al futuro.

* Desde 2023 y después del aval del MET, el Delphos se atribuye a la mujer de Fortuny, Adèle Henriette Negrin.

MITOS DEL DISEÑO

La ensayista estadounidense Susan Sontag quiso ser enterrada con un vestido Delphos. Su pareja, la fotógrafa Annie Leibovitz, la inmortaliza el día de su entierro.

PLISADOS MODERNOS

En 1993, Issey Miyake lanza «Pleats Please» («Plisados, por favor»), una colección de prendas tubulares de finos plisados, técnica que había utilizado por primera vez en 1989. Tanto Miyake como Fortuny buscan en el plisado la geometría y la ligereza que les permitan conjugar comodidad con elegancia. Miyake lleva al universo de la tecnología el trabajo artesano de Fortuny, cuyo procedimiento sigue sin conocerse con exactitud.

VESTIDO-MEME

HASHTAG

DISEÑADOR	VIKTOR & ROLF *(véase pág. 362)*
FECHA	2019

Se dice que las prendas que elegimos hablan de quiénes somos, con sutileza o a las claras. Los propios diseñadores utilizan sus colecciones para reflexionar sobre el mundo. Viktor & Rolf conciben sus desfiles como espectáculos conceptuales con los que expresarse, a veces de manera muy literal.

Desfile de primavera / verano de 2019 de Viktor & Rolf, en París.

TODOPODEROSO MEME

Los memes, que pululan en las redes sociales, son imágenes reinterpretadas en clave cómica con la ayuda de textos. Se cambian como cromos, hasta el punto de convertirse en una forma de diálogo y caer en las redes del *marketing*. El meme subvierte una imagen ya existente y la moda no se libra. Viktor & Rolf han preferido anticiparse.

TORBELLINO

La industria de la moda vive a un ritmo desenfrenado, y no se trata solo de las marcas de «moda rápida», que renuevan sus escaparates a veces de un día para otro. El mundo del lujo también se deja llevar por la obsesión de la novedad constante: a los desfiles bianuales se suman ahora precolecciones, avances, «desfiles crucero» que proponen modelos estivales en invierno, colaboraciones, prendas exclusivas...: una espiral infernal destinada a satisfacer los deseos efímeros.

VESTIDOS DE PRINCESA

Dieciocho vestidos de tul suben a la pasarela en la colección de primavera / verano de 2019. Son prendas voluminosas de gran colorido. Pero las modelos del desfile se expresan literalmente, mediante frases como «No photos please» («Fotos no, por favor») o «Freedom» («Libertad») y motivos similares a emojis.

PALABRAS DE MODA

Internet premia a quien más grita. Viktor & Rolf comprenden bien un fenómeno que pone de manifiesto nuestro narcisismo. Los vestidos son declaraciones sobre la moda, «Fashion Statements», como indica el nombre de la colección. Con su tridimensionalidad de objeto real, se contraponen a la bidimensionalidad de los memes y señalan su banalidad. Hay un contraste también entre el aspecto de caramelo envuelto en celofán de los vestidos y la agresividad de algunos mensajes.

«LAS PRENDAS NO SON MÁS QUE REPRESENTACIONES; NUESTRA VERDADERA CREACIÓN ES EL DESFILE».

VIKTOR & ROLF

NUNCA ES SUFICIENTE

En 1999, Viktor & Rolf organizan un desfile que ha pasado a la historia. La modelo Maggie Rizer se yergue sobre una plataforma giratoria vistiendo solo un minivestido de yute; sobre esta prenda, la pareja de diseñadores va superponiendo todo tipo de prendas inspiradas en formas históricas, hasta construir una montaña textil de la que solo asoma la cabeza. La colección «Russian Doll» («Muñeca rusa») denuncia el círculo vicioso de la producción textil y el consumismo.

VIVIR EN LA PANTALLA

Viktor & Rolf responden al absurdo con ironía y maestría técnica. Celebran el arte de una alta costura que aspira a sobrecoger, por oposición a esa moda que solo se degusta en dos dimensiones, mediante imágenes que se intercambian con frenesí en las redes sociales. Ya no se admira: se pasa con el dedo. No se observa: se reacciona. Moda que planta cara.

Página siguiente:
Desfile de primavera / verano de 2019 de Viktor & Rolf, en París.

VESTIDO DE BANDAS
SEGUNDA PIEL

DISEÑADOR ················· **AZZEDINE ALAÏA** (véase *pág. 350*)

FECHA ························· **1990**

Azzedine Alaïa estudia escultura en su Túnez natal. Cuando llega a París a mediados de la década de 1950, practica la costura de forma autodidacta, con una clientela exigente. Alaïa estudia los cuerpos para realzar lo mejor de cada uno. El corte y el material se imponen en sus creaciones.

LA DÉCADA DE 1980: CONSAGRACIÓN

Durante la década que exalta el cuerpo, a veces demasiado, Alaïa se presta al juego a su manera: para él, el cuerpo no es una ficha más del materialismo, sino un objeto de estudio. Fascinado por sus curvas, líneas y pliegues, lo acompaña, incluso vela por él, pero dejando que tenga siempre la última palabra. Los cortes de Alaïa no definen un exoesqueleto, sino que se funden como una segunda piel.

LA VERDAD HECHA MUJER

Azzedine Alaïa colabora con el fotógrafo Peter Lindbergh. Su estilo realista, que se nutre del expresionismo, el documentalismo social de August Sander y la danza, acompaña el estilo sencillo y sensual del modisto. Lindbergh se distingue por sus retratos de mujeres fuertes y auténticas, poco maquilladas o incluso ojerosas.

LENGUAJE PERSONAL

Tejido de punto, corte al bies, cremalleras, cuero...: con un dominio de la técnica sin igual, el diseñador utiliza texturas y materiales diversos para definir siluetas intemporales. Al trabajar directamente sobre el cuerpo de sus modelos y clientas, capta la ciencia de las formas y se inscribe en la tradición de maestros como Cristóbal Balenciaga o Madeleine Vionnet.

CUERPO ESENCIAL

El cuerpo da vida al vestido. Al moverse, al respirar, la mujer lo transforma; las hendiduras se ensanchan y estrechan, laten con ella. Es tan ceñido que podría aprisionar el cuerpo, pero en realidad lo libera y permite que respire allí donde podría constreñirlo.

EL NACIMIENTO DE LA SIRÈNE

Este vestido nace en 1990. Se inspira en las momias egipcias y está lacerado como una obra de Lucio Fontana.

↑ Vestido La Sirène, de Azzedine Alaïa (1994).

«NUNCA HE SEGUIDO LA MODA. MI CONDUCTA LA HAN DICTADO LAS MUJERES. HE PENSADO SOLO EN ELLAS. ESTOY CONVENCIDO DE QUE TIENEN MÁS TALENTO QUE CUALQUIER DISEÑADOR».

AZZEDINE ALAÏA

MUSEÍSTICO

Alaïa también contribuye al reconocimiento de quienes revolucionaron la moda. Su fundación conserva cientos de prendas, figurines, fotografías y tejidos adquiridos durante años, desde iconos de Balenciaga, Madeleine Vionnet y Madame Grès hasta piezas de diseñadores como Adrian o Charles James, pasando por las propuestas de los contemporáneos Yohji Yamamoto y Rei Kawakubo.

El cuerpo es todopoderoso, disimulado y realzado al mismo tiempo. Al hender el tejido, Alaïa crea una nueva dimensión: un espacio que deviene presencia, una piel expuesta pero nunca indecente.

Página anterior:
Naomi Campbell, en el Lincoln Center de Nueva York (1994).

NACIMIENTO DE VENUS
MUJERES FATALES

DISEÑADOR ···················· **THIERRY MUGLER** (*véase pág. 358*)

FECHA ························· 1995

A finales de la década de 1970, la moda está dominada por formas fluidas, andróginas y a veces bohemias. Thierry Mugler nada a contracorriente: elige acentuar las formas, exacerbarlas incluso, y convertir a la mujer en materia de una espectacular reflexión.

CREACIONES EMBLEMÁTICAS

1984: La Madonna

1988: La Diabólica

1989: La Sirena

1992: Corpiño Motocicleta

1995: La Mujer Robot

1997: La Mujer Insecto

1997: Traje sastre neumático

1997: La Quimera

GRANDIOSO

En marzo de 1984, Thierry Mugler es el primer diseñador que abre un desfile al público general. Organizado en el palacio de eventos Le Zénith de París, es digno de una superproducción hollywoodiense: 2000 invitados, 4000 espectadores, 55 modelos y más de 200 prendas. La pasarela no puede ser mejor escenario para quien teatraliza sus figuras y las convierte en criaturas antropomorfas, en ángeles y en heroínas pop. Cuando Pat Cleveland desciende del cielo estrellado, Thierry Mugler deslumbra a su público.

GUSTO POR EL ESPECTÁCULO

Tras un grandioso desfile en Le Zénith de París en 1984, Thierry Mugler elige el teatro Cirque d'Hiver para ofrecer un espectáculo sensacional que celebre el veinte aniversario de su casa. El diseñador, que desde 1992 pertenece al exclusivo círculo de la alta costura parisina, presenta su colección de otoño / invierno de 1995.

HIPERMODELOS

El desfile recupera los códigos de su creatividad: erotismo, subversión, fetichismo y futurismo. Las modelos de Mugler son arquetipos empujados al paroxismo, mujeres reimaginadas como criaturas híbridas, que flirtean con el cine, el dibujo animado y la ciencia ficción.

CUERPOS PODEROSOS

Estos cuerpos modelados a base de corpiños y caderas estructuradas podrían sugerir una visión reduccionista y sometida de la femineidad.

↑ **Vestido tubo**, de Thierry Mugler (1986).

En realidad, es todo lo contrario, pues estas mujeres esculpidas, arropadas por sus armaduras, son poderosas, inalcanzables y dueñas de su cuerpo.

EL NACIMIENTO DE LA MUJER

Mujeres trabajadoras, diosas y cíborgs deambulan por el Cirque d'Hiver. Y entre todas estas heroínas, una mujer avanza enfundada en un estilizado vestido negro, que se abre como la corola de una flor, como una concha, sobre un bustier rosa cubierto por una lluvia de lentejuelas y estrás. La modelo, Simonetta Gianfelici, engalanada con perlas y guantes, emerge del vestido, a la vez fantástica y refinada. Mugler se inspiró en el cuadro *El nacimiento de Venus* de Sandro Botticelli. Pero la diosa de Mugler sabe

lo que quiere: no eclosiona con ingenuidad, sino con afirmación. Más que nacer, alcanza la plenitud.

TRIBUTOS Y COLABORACIONES

Thierry Mugler (1948-2022) renace en la década de 2010, impulsado principalmente por las cantantes estadounidenses de *rhythm and blues* y de hiphop. Su colaboración con Beyoncé en 2008 sella su regreso. Lo que más gusta son las recreaciones de sus modelos históricos. En 2019, la rapera Cardi B elige tres modelos de 1995 para acudir a los Premios Grammy, entre ellos el Nacimiento de Venus.

Página siguiente:
Desfile de otoño / invierno de 1995 de Thierry Mugler (París).

TRAMPANTOJO
BROMAS APARTE

DISEÑADOR ·················· **ELSA SCHIAPARELLI** *(véase pág. 360)*

FECHA ·· **1937**

El trampantojo está en el corazón de la trayectoria de Elsa Schiaparelli: los jerséis con motivos que simulan lazos y cuellos lanzan la carrera de la diseñadora italiana. Cuando se suma a la alta costura parisina, lo hace aportándole un vocabulario nuevo y lúdico.

↑ Sombrero de Elsa Schiaparelli, otoño / invierno de 1937.

«EN LOS MOMENTOS DIFÍCILES, LA MODA SIEMPRE ES ESCANDALOSA».

ELSA SCHIAPARELLI

CONTAR HISTORIAS

A finales de la década de 1920, una nueva mujer emerge frente a la *garçonne* (*véase pág. 320*): es más glamurosa, esbelta y sutil. En todo caso, la sutileza no es del gusto de Elsa Schiaparelli, que prefiere lo sorprendente, lo provocador y lo decorativo. Sus creaciones cuentan historias y evocan ideas absurdas: hay botones en forma de trapecista, collares con procesiones de insectos y guantes con uñas pintadas.

AMIGOS ARTISTAS

No en vano, la diseñadora frecuenta a los surrealistas y es testigo de sus querellas artísticas y su universo fantástico. ¿Por qué no hacer lo mismo? Schiaparelli introduce un lenguaje nuevo y sorprendente en la costura parisina: el humor, que los diseñadores tradicionales se han preocupado de mantener a distancia. La moda no es cosa de risa. Pero a Schiaparelli le importan poco las convenciones, pues parecen ignorar los desafíos de una década que recurre a la ironía para paliar el malestar político y social. La creadora celebra la ligereza, no desde la despreocupación, sino desde la consciencia.

SALVADOR DALÍ

Schiaparelli concibe sorprendentes colaboraciones con los surrealistas. Invita a Jean Cocteau, Meret Oppenheim y Leonor Fini a diseñar prendas, complementos, objetos cosméticos y joyas. Pero sobre todo trabaja con Salvador Dalí. Ambos imaginan prendas tocadas por la locura, a veces escandalosas; es el caso del vestido Langosta, de connotaciones eróticas que no pasan desapercibidas cuando lo luce Wallis Simpson en la edición estadounidense del *Vogue*.

NACE UN SOMBRERO

Durante unas vacaciones, Gala, compañera de Salvador Dalí, inmortaliza al artista con un zapato de mujer en la cabeza. La idea divierte a Elsa Schiaparelli; diseña un sombrero con forma de zapato de tacón y lo presenta en su colección de otoño / invierno de 1937. El zapato hace furor, ya que es elegante a pesar de su extravagancia. Schiaparelli convierte un recuerdo estival en un objeto tan pícaro como ella misma.

CHOCANTE

El sombrero trampantojo de Elsa Schiaparelli se presenta en dos versiones: una en negro y otra con el tacón rosa. Es un rosa rotundo, fucsia, concebido por la diseñadora, que lo presenta también en 1937 con el nombre *shocking pink*, «rosa chillón». Este color se convierte en la firma de la casa.

Página anterior:
Modelo con el sombrero de Elsa Schiaparelli diseñado con Salvador Dalí (1937).

BOTONES Y CORAZONES
EL AMOR, NO EL ODIO

DISEÑADOR ···················· **PATRICK KELLY** (*véase pág. 356*)

FECHA ···················· **DÉCADA DE 1980**

Ser un hombre negro en una América segregacionista motiva a Patrick Kelly en su proceso creativo. Toda su obra habla de cura y reparación: clama el amor y no el odio, y se apropia de la iconografía afroamericana peyorativa. Sin clichés, el diseñador honra a su comunidad.

↑ Vestido Buttons (Botones), de Patrick Kelly (otoño / invierno de 1986-1987).

«QUIERO QUE MI ROPA OS HAGA SONREÍR».

PATRICK KELLY

LA LLAMADA DE PARÍS
Ignorado en Estados Unidos, Kelly prueba suerte en París: llega en 1979 y, para mediados de la década de 1980, ya ha alcanzado renombre gracias al apoyo de las tiendas Victoire y de la revista *Elle*. Enseguida consolida su propio estilo, basado en los vestidos minifalderos ajustados y decorados con colores: botones, corazones, lazos y motivos alegres y encantadores. Estas prendas son el reflejo de la identidad de su marca, exuberante y eufórica.

EL PRIMERO
En el año 1988, Patrick Kelly es el primer diseñador estadounidense en ser admitido por la Cámara Sindical del Prêt-à-porter de los Modistos y Creadores de Moda de París.

HUMOR COMBATIVO
El humor es una característica del estilo de la década de 1980, aunque también es una moda materialista, despreocupada y excesiva. Patrick Kelly encaja a la perfección, pero su bonhomía y las referencias surrealistas no impiden que sus propuestas tengan mensaje. Desde la falda de bananas en homenaje a Josephine Baker hasta el logotipo de la marca, que imita un *golliwog* (un muñeco negro con el pelo crespo), pasando por el sombrero con forma de sandía, Kelly utiliza la tradicional iconografía racista para neutralizarla.

BOTONES POR TODAS PARTES
Al adornar sus creaciones con botones, Patrick Kelly honra el recuerdo de su abuela, que, por falta de medios, utilizaba botones desparejados para zurcir camisas de niño. Cuando los botones forman un corazón, el diseñador expresa su amor por su abuela y por las mujeres negras cuyos elegantes atavíos admiraba los domingos en misa. Mujeres que la moda había excluido de su lenguaje, su historia y su negocio.

EL AMOR, SIEMPRE
Patrick Kelly dibuja corazones no por candidez ni por negación, sino porque sabe que responder al odio con odio no sirve de nada. La moda es una fiesta y, cuando a uno lo invitan a un círculo cerrado, es mejor entrar con amor.

HISTÓRICO
En 1958, Eunice Walker Johnson y John H. Johnson, fundadores de la revista *Ebony*, instauran la Ebony Fashion Fair, un certamen en el que solo desfilan mujeres negras y que se dirige exclusivamente a un mercado que las marcas ignoran: la clienta afroamericana. Estos desfiles, innovadores no solo por su discurso, sino también por su moderna puesta en escena, tienen una influencia constante en la moda y definen una nueva historia para la industria y la comunidad afroamericana.

MODA ALEGRE
EL PODER DE LAS FLORES

DISEÑADOR	**KENZO TAKADA** *(véase pág. 362)*
FECHA	**DÉCADAS DE 1970 Y 1980**

Instalado en Francia desde 1965, Kenzo Takada vende sus diseños al modisto Louis Féraud, así como a grandes almacenes y marcas de *prêt-à-porter*. Cuando abre su primera *boutique* en la galería Vivienne, la decora como un cuadro de Henri Rousseau y la llama Jungle Jap.

↑ Vestido de terciopelo y estampado de flores, de Kenzo (1970).

«NO PODRÍA, SOY DEMASIADO TÍMIDO».

KENZO TAKADA (SOBRE LA RAZÓN DE NO DISEÑAR PRENDAS AJUSTADAS Y SEXIS)

ALEGRÍA

El 14 de septiembre de 1977, Kenzo Takada presenta su colección parisina en Nueva York, en Studio 54. La discoteca solo lleva abierta unos meses, pero ya es el templo de la noche donde se da cita la fauna más exuberante. El diseñador, cuyo estilo llama a la ligereza y la despreocupación, encuentra allí el escenario perfecto para sus alegres atuendos y desfiles lúdicos. Un interludio musical de la escultural Grace Jones ambienta a las modelos, que desfilan bailando y jugando con globos.

UN PUNTO DE DESCARO

El diseñador japonés presenta sus modelos en las redacciones de las revistas de moda y consigue llamar la atención de *Elle*, que sigue de cerca las propuestas de este modisto soñador. En 1970 presenta su primera colección y lo hace con un malentendido, o más bien sin conocimiento de causa.

Al no estar versado en los usos y costumbres de la moda, no tiene en cuenta las estaciones y presenta la colección de verano en verano y la de invierno, en invierno. Es lógico desde un punto de vista estético, pero no tiene ningún sentido comercial. Poco importa, ya que la década que comienza cree en la libertad ¡y al diablo con las convenciones!

MEZCLA DE ESTILOS

Sus prendas están pobladas de motivos alegres y floridos, y se caracterizan por una ligereza inspirada en el *yukata* japonés. Con naturalidad, Kenzo Takada concilia las formas japonesas tradicionales con los códigos occidentales. Las mangas de kimono se combinan con micropantalones y lo rústico se mezcla con lo urbano, los colores vivos y los motivos abigarrados. El creador privilegia el volumen y la comodidad y saca de la marginalidad al estilo *hippie*.

ESTILO FLOREADO

Jungle Jap se convierte en Kenzo. El diseñador privilegia los estampados de flores inspirados por el arte japonés, con los que ornamenta chaquetas de algodón acolchado, bolsitos de *patchwork* y vestidos campestres.

CRISOL

Kenzo Takada es ciudadano del mundo y toma prestado de todas las culturas. La alegría es su bandera y sus desfiles son danzarines y joviales. Su narrativa es la felicidad que emana de la curiosidad por lo ajeno y la difuminación de las fronteras.

GIGANTESCO

En 1975, Kenzo Takada convoca en Tokio el desfile más grande del mundo: 18 000 personas durante dos días para conocer sus propuestas.

Página 240:
Kenzo Takada con dos modelos (colección de *prêt-à-porter* de otoño / invierno de 1973).

SAHARIANA
MUNDO SALVAJE

DISEÑADOR	YVES SAINT LAURENT (véase *pág. 360*)
FECHA	1967

A finales del siglo XIX, la sahariana entra en el guardarropa masculino, concretamente en el de los británicos que cazan en los territorios coloniales de la India y África. Esta chaqueta se convierte rápidamente en el blasón de una virilidad heroica e imperialista, y con esos tintes llega a Estados Unidos en la década de 1940.

↑ **Sahariana**, de Yves Saint Laurent.

MODELO PARA MUJER
En 1967, Yves Saint Laurent introduce la sahariana en «Bambara», su colección de alta costura para mujer. Es un modelo muy parecido a la prenda original.

ESCÁNDALO
El 21 de enero de 1971, Saint Laurent presenta su colección de alta costura de primavera / verano. El desfile causa malestar en la sala. El diseñador se ha atrevido con una provocación imperdonable: evocar la ocupación nazi de Francia. Su inspiración es el estilo retro de Paloma Picasso, aficionada a la ropa de las tiendas de ocasión. El público conoce bien esas siluetas pergeñadas por la necesidad. Son malos recuerdos. La prensa tilda la colección de «espantosa»; a la juventud le gusta y la tendencia *vintage* toma impulso.

EL ATRACTIVO DEL ESCOTE
Sin embargo, la versión que triunfa es una posterior. En 1968, Saint Laurent reinterpreta la sahariana para *Vogue Paris* añadiéndole un pronunciadísimo escote, cerrado con un lazo; la prenda es inmortalizada por la felina y sensual modelo Veruschka y el fotógrafo Franco Rubartelli. La prenda da en la diana y empieza a comercializarse al año siguiente.

INSPIRACIÓN AFRICANA
El *couturier* toma prestado del vestuario del hombre para renovar el de la mujer y emanciparla. Esta conquista estilística esconde un contexto cultural difícil de ignorar: la colección propone figuras inspiradas en la etnia bambara de Mali. Vestidos de rafia, conchas y tocados arquitectónicos —todo exhibido por modelos blancas— chocan con la imperiosa sahariana colonial.

«HE SIDO UN VIAJERO ESENCIALMENTE SEDENTARIO Y ESO ME HA PERMITIDO DESARROLLAR LA IMAGINACIÓN».

YVES SAINT LAURENT

GEMELA
Una noche, en la *boîte* parisina Régine, Saint Laurent observa en la pista de baile a una joven rubia, delgada y andrógina. Es Betty Catroux. El diseñador cree haber encontrado a su doble femenina y la convierte en su musa.

IMPERIALISMO CULTURAL
La sahariana nace de la dominación y conserva sus aires de conquista en la colección de Saint Laurent. El desfile contrapone torpemente el África soñada con el Occidente civilizado:

las prendas africanas desnudan; la sahariana, cubre. Las intenciones del diseñador no son racistas, pero su propuesta refleja la visión imperialista de la cultura occidental. En 1967, en Mali, Malick Sidibé fotografía a una juventud que viste pantalones campana (*vease* pag. 326) y minifalda (*véase* pág. 160), baila el twist y circula en motocicleta. Esta África también merece mostrarse.

Página 241:
Betty Catroux, Yves Saint Laurent y Loulou de la Falaise (1969).

CORTE CEÑIDO
UN HOMBRE NUEVO

DISEÑADOR	HEDI SLIMANE *(véase pág. 361)*
FECHA	DÉCADA DE 2000

En 2000, Hedi Slimane asume la dirección artística de Dior Homme, donde impone un estilo que homenajea a las vanguardias. Con sus creaciones, pero también con la banda sonora de sus desfiles y sus campañas publicitarias, Slimane redefine la masculinidad tiñéndola de una identidad importada de la escena rock.

↑ Chaqueta de la colección «Strip», de Dior (2004).

EL CUERPO DEL HOMBRE

Hedi Slimane se inspira en el rock de las décadas de 1960 y 1970 y en la joven guardia *underground*. Consumado fotógrafo, documenta y absorbe el desaliño de la juventud insumisa y lo refleja en sus creaciones. A finales de la década de 1990, ya destaca en la casa Saint Laurent, donde propone un nuevo punto de vista sobre la moda masculina y, en particular, sobre el cuerpo del hombre.

VIRILIDADES

A lo largo de la década de 1990, la masculinidad es sometida a todo tipo de cuestionamientos. Helmut Lang y Raf Simons, entre otros, sienten la necesidad de reformular la identidad estilística del hombre, que, en esa década, está marcada por una virilidad exacerbada, a veces tan despampanante como la quiere Versace (*véase* pág. 198), otras tan ordinaria como dicta la moda deportiva. Hedi Slimane da una alternativa minimalista y andrógina.

«ME GUSTARÍA QUE LOS HOMBRES PENSARAN EN EVOLUCIONAR HACIA ALGO MÁS SOFISTICADO, MÁS SEDUCTOR; QUE EXPLOREN LA POSIBILIDAD DE UNA MASCULINIDAD COMPLETAMENTE REINVENTADA».

HEDI SLIMANE

INFLUYENTE

El estilo concebido por Hedi Slimane tiene un impacto considerable en la moda contemporánea; define una iconografía nueva y una forma distinta de pensar el guardarropa masculino, tanto en las casas de lujo como en el *prêt-à-porter*. Slimane abre la puerta al debate sobre la representación del género en la indumentaria.

MODA VIRTUOSA

Slimane aplica a sus creaciones las técnicas de la alta costura, que dan importancia al corte, a los detalles y a los materiales, sin caer en los excesos. Sus perfiles son sobrios, acerados y longilíneos. Al popularizar este aire nuevo, ofrece la posibilidad de una masculinidad diferente en una época que pretende imponer una vía única.

FANTASÍA MASCULINA

El cuerpo dibujado por Slimane también es un ideal pernicioso: muy joven, delgado y frágil. A pesar de ello, su propuesta convence, porque transforma y trasciende la moda masculina, que hasta ese momento ha estado casi siempre en un segundo plano. Ahora se beneficia de un interés renovado y, gracias a Hedi Slimane, el vestuario masculino se convierte en un objeto comercial, deseable y cultural.

MOTIVACIÓN

Karl Lagerfeld se confiesa: al descubrir la colección de Hedi Slimane para Dior Homme, se pone a dieta para poder lucir los trajes *ultraslim* del diseñador. Pierde 40 kilos.

PORNO CHIC
SEXO Y DECADENCIA

| DISEÑADOR | ·········· | **TOM FORD PARA GUCCI** (véase *pág. 353*) |
| FECHA | ·········· | **DÉCADAS DE 1990 Y 2000** |

En 1994, Gucci nombra director artístico
a Tom Ford. Con el impulso del diseñador
estadounidense, la casa de complementos de lujo
se convierte en la marca de la que todo el mundo
habla. Tom Ford insufla a sus creaciones una
estética, o más bien una atmósfera, inspirada
en el estilo disco de la década de 1970.

↑ Vestido Tom Ford para Gucci (1996).

«SI EL SEXO SALE DEL NEGOCIO, NOSOTROS TAMBIÉN».

TOM FORD

VENDER SEXO

Tom Ford destila la década
disco para extraer su espíritu
indolente y sensual. Sobre
todo la sensualidad, y ese es el
secreto de su estilo: el lenguaje
de Gucci se tiñe de sexo tanto
en sus propuestas como en
sus campañas publicitarias.
Hedonismo, glamur
y minimalismo son los
mimbres de sus colecciones,
pues Tom Ford vende sexo,
pero lo hace con estilo.
Sus modelos, que desfilan
con el rímel corrido, el pelo
mojado y la piel sudorosa,
evocan un desenfreno vivido
con camisa de seda y pantalón
de terciopelo.

TRÍO DE CHOQUE

Tom Ford crea el porno chic.
En realidad, con la ayuda de
su musa y consultora Carine
Roitfeld y del fotógrafo Mario
Testino, resucita la estética
decadente característica de las
fotografías de Helmut Newton
y Chris von Wangenheim

de la década de 1970. Las
campañas concebidas por el trío
muestran parejas abrazadas y
pubis depilados para dibujar una
G. Sus detractores consideran
escandalosa la cosificación
de la mujer; otros elogian esta
sexualidad cómoda consigo
misma.

REDACTORA JEFA

En 2001, Carine Roitfeld,
que ha definido la iconografía
del porno chic, es nombrada
redactora jefa de *Vogue Paris*.
Durante diez años, aporta
su gusto por la irreverencia
y una libertad que se convierte
en la identidad de la revista
francesa y la distingue
de su mastodóntica prima
estadounidense. Su celebridad
llega con la aparición de los
blogs y de las fotografías
del *streetwear*. El personaje
se hace tan mítico como
la revista.

MODA SENSUAL

Aunque estas imágenes
flirtean con la indecencia,
las creaciones de Tom Ford son
más sutiles. Su juego es el de
las camisas un poco demasiado
abiertas, los pantalones de
talle bajo, los tirantes caídos
y los tejidos sensuales que se
pegan a la piel. En su colección
de primavera / verano de 1997,
transgrede los códigos del
lujo al proponer un tanga con
logotipo Gucci en la rabadilla.

GUSTO PROFÉTICO

Tom Ford se atreve a todo
y funciona. Las ventas se
disparan y se propaga el porno
chic. El diseñador anticipa
la década de 2000 con todo su
narcisismo y voyerismo.

Página siguiente:
Kate Moss, en el desfile de
primavera / verano de 1997, de Gucci.

BROCADO ROCKERO
DISTRACCIÓN

DISEÑADOR ··· **OLIVIER ROUSTEING PARA BALMAIN** *(véase pág. 360)*

FECHA ··· **2012**

En 2011, con solo 25 años, Olivier Rousteing
es nombrado director artístico de Balmain.
Trabaja allí desde 2009 y conoce bien
los estandartes de la casa, fundada en 1945
por Pierre Balmain: el arte de la confección,
el refinamiento de los detalles y cierto
frescor juvenil.

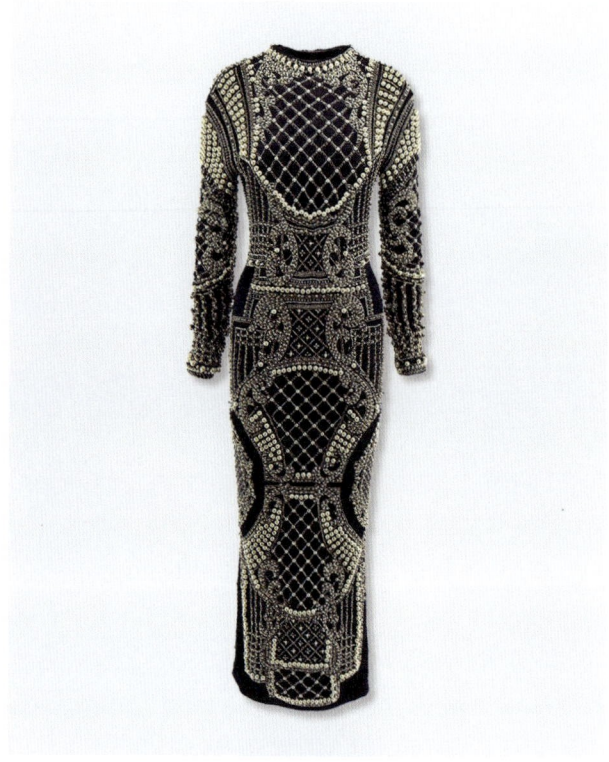

↑ Vestido de Balmain (otoño / invierno de 2012).

UN NUEVO GLAMUR

Rousteing elimina cualquier
rastro de nostalgia, pero respeta
las bases de la *maison* cuando
le imprime su huella personal
y su dominio de los códigos
de la sociedad contemporánea.
Su simpatía por la cultura
popular y la fauna que la puebla
le acerca a las celebridades:
el estilo glamuroso y sexi de
Roustein encaja con esta nueva
generación que aspira a influir
y deslumbrar.

ESTRELLAS INVITADAS

En 2021, para festejar sus diez
años en la dirección artística
de Balmain y rememorar las
prendas más emblemáticas
de su mandato, Rousteing
organiza un desfile e invita
a las estrellas de las pasarelas
de la década de 1990. Carla
Bruni, Naomi Campbell, Karen
Elson o Milla Jovovich son
la sorpresa de una noche
memorable.

MUJERES PODEROSAS

Rousteing es, además, el primer
director artístico negro de
la alta costura parisina y sus
propuestas también hablan
de su lucha personal. En 2018,
para el festival de Coachella,
metamorfosea a Beyoncé
en una Nefertiti pop: la reina
egipcia devenida en tótem
identitario de la mujer
afroamericana. Rousteing
sabe bien que en las lentejuelas
pueden anidarse importantes
debates sociales.

NUEVA GENERACIÓN

En particular, reniega del
esnobismo de quienes
denigran las redes sociales.
Él mismo corteja a las
hermanas Kardashian
y demás *influencers* y estrellas
de los *realities* de la televisión.
No cree en las jerarquías:
estas nuevas celebridades
representan a su generación
y dictan las tendencias.
Sería hipócrita ignorarlas.

«EN MI OPINIÓN, UNA MUJER FUERTE VESTIDA
CON BROCADOS NO ES UN OBJETO NI UN TROFEO.
ES UNA MUJER CON ARMADURA».

OLIVIER ROUSTEING

EJÉRCITO BALMAIN

En 2012, presenta su definición
personal de la femineidad:
andrógina y sensual. Honra a la
tradición de la casa adornando
sus figuras con delicadas y
virtuosas perlas. Los hombros a
menudo son pronunciados, casi
geométricos, hasta el punto de
que sus modelos son conocidas
como el «ejército Balmain».
Olivier Rousteing concibe un
batallón de mujeres que juegan
a parecer trofeos, pero que de
hecho son temibles mujeres
de negocios. Igual que sus
creaciones, tan magníficas
como delicadas.

EL TOP DE LAS TOP

Antes, las *influencers* eran las
top models. Se considera que
el pistoletazo de salida de este
fenómeno fue la portada de
1990 del *Vogue* británico, una
fotografía de Peter Lindbergh
que reúne a Naomi Campbell,
Christy Turlington, Linda
Evangelista, Cindy Crawford
y Tatjana Patitz: las llaman las
Big Five, las Cinco Grandes.
A ellas se suma Claudia
Schiffer, que rápidamente
sustituye a Tatjana Patitz
en el pelotón de cabeza.

Página anterior:
Desfile de otoño / invierno
de 2010-2011, de Balmain.

VESTIDO ANGKOR
MUJER ORQUESTA

DISEÑADOR	KARL LAGERFELD PARA CHLOÉ *(véase pág. 357)*
FECHA	1983

En 1952, Gaby Aghion funda la marca Chloé. Aspira a una moda moderna y emancipadora, libre de las cortapisas de la alta costura, y propone siluetas simplificadas, relajadas y cosmopolitas. Aunque ella misma no es diseñadora, se rodea de creadores que comparten su visión.

↑ **Vestido Angkor**, de Karl Lagerfeld para Chloé (1983).

«TENGO UN DON INNATO PARA RECONOCER EL TALENTO AJENO».

GABY AGHION

BAJO LOS FOCOS

Al principio, el oficio de estilista es anónimo en el seno de la moda; son profesionales independientes que colaboran con una industria que no deja de crecer. Sin embargo, la posguerra y la década de 1970 les pertenecen. Cuando por fin se colocan bajo los focos, los estilistas definen un nuevo género y dictan, más que una línea, un aspecto. Karl Lagerfeld, formado en las grandes casas de moda, es un ejemplo de perfil híbrido, medio estilista, medio diseñador.

DE CLÉO A CHLOÉ

En 1900, la musa del París de la *belle époque*, Cléo de Mérode, baila danzas exóticas vestida de divinidad camboyana; para recrear las fantasías orientalistas de la época, se inspira en los bajorrelieves de Angkor. A la hora de crear su vestido, Karl Lagerfeld quizás tuvo presente a la sinuosa bailarina, de nombre tan parecido al de la marca para la que trabaja.

TODO POR LA MÚSICA

En 1964, Lagerfeld entra en escena en Chloé, donde permanece más de veinte años, al tiempo que colabora con Fendi. En 1983, se incorpora a la casa Chanel. Ese mismo año, concibe para la colección de primavera / verano de Chloé un desfile que gira en torno al mundo de la música. Esta fuente de inspiración, muy adecuada a los primeros años de una década que adora las fiestas en las discotecas de moda, se presta al espíritu alegre y juguetón de las presentaciones de la marca.

VESTIDO SURREALISTA

En la pasarela, aparece un vestido trampantojo. Por detrás, aparenta ser una falda negra y una torera; sin embargo, de frente se revela un brocado de resplandeciente oro en forma de violín. El vestido se complementa con dos puños independientes, igual de espectaculares. Es inevitable pensar en

MODA SURREALISTA

Arte y cultura están en el ADN de Chloé. También el humor, sobre todo en los tiempos de Karl Lagerfeld, que no duda en proponer a la *maison* un florilegio de sorprendentes vestidos y complementos.

1979: bolso abanico
1983: vestido tijera
1983: vestido ducha
1984: vestido percha
1995: vestido bombilla
2001: culote de piñas
2001: camiseta de bananas

El violín de Ingres de Man Ray, irónica reflexión fotográfica sobre el concepto de la mujer objeto. La referencia no es extraña, pues el surrealismo ocupa un lugar destacado en el trabajo de Lagerfeld para Chloé.

CITA MISTERIOSA

Pero ¿por qué llamarlo Angkor? ¿Qué relación existe entre este violín trampantojo y el yacimiento arqueológico camboyano? El hecho de que la música típica de Camboya naciera en Angkor en el siglo VII da una buena idea de la erudición de Karl Lagerfeld.

BOLSO KELLY
GRAN SEÑORA

DISEÑADOR	HERMÈS
FECHA	1956

Thierry Hermès funda su taller de equipamiento ecuestre en 1837. A comienzos del siglo XX, en respuesta al auge de los viajes, la casa reorienta su dominio del cuero para confeccionar artículos de marroquinería. El primero de estos bolsos es el Haut à Courroies («alto con correas»), concebido para transportar la silla y las botas de montar.

↑ **Bolso Kelly**, de Hermès.

A LA MODA

En la década de 1930, Robert Dumas, yerno de Émile Hermès, propone una versión femenina, un «petit sac pour dame à courroies»: un «bolsito de señora», de forma trapezoidal, que se cierra con correas y un candado, y presenta unos clavos en la parte inferior, que lo elevan ligeramente y protegen el cuero de la base. Su línea geométrica se inscribe en la estética rigurosa y minimalista de esa década.

SALTO AL ÉXITO

Su verdadero triunfo llega a finales de la década de 1950, cuando la actriz Grace Kelly es fotografiada en Filadelfia acompañada de este bolso y del príncipe Rainiero de Mónaco, con el que está a punto de casarse. Se dice que Grace Kelly utiliza el bolso para disimular su incipiente embarazo.

EL SUEÑO DE SER PRINCESA

La leyenda es falsa, pero estupenda para la publicidad. Mujeres de todo el mundo sueñan con este cuento: una bella actriz de Hollywood que se convierte en princesa. En su honor, la casa Hermès rebautiza el bolso. Desde ese momento, el Kelly encarna lo romántico y lo novelesco.

OBJETO DE DESEO

En 1981, Jane Birkin coincide en un avión con el presidente de Hermès, Jean-Louis Dumas. Este le propone diseñar un bolso elegante y funcional. Así nace el Birkin: maleable, espacioso y con dos asas. Sale a la venta en 1984 y, a finales de la década de 1990, se convierte en un verdadero fenómeno en el mundo del lujo.

«EL LUJO ES LA RAREZA, LA CREATIVIDAD, LA ELEGANCIA».

PIERRE CARDIN

¿BOLSO DE SEÑORA?

Es un bolso de mano elegante y ascético, que reniega de la condición de objeto de colección y no oculta su origen práctico, en una década que empuja la femineidad a su paroxismo con todo tipo de estereotipos y convencionalismos. Es elegante pero no es conformista; distinguido, pero no ostentoso. La propia Grace Kelly es un modelo de elegancia y relajación estadounidenses. Su bolso Hermès demuestra que es una mujer pragmática, consciente de las responsabilidades que está a punto de asumir.

TODOTERRENOS

La moda da protagonismo a los bolsos joya, aunque diseña modelos prácticos.

Década de 1930: cabás Saint Louis, de Goyard

1930: Speedy, de Louis Vuitton

1961: Jackie, de Gucci

1993: Pliage, de Longchamp

1998: cabás de Vanessa Bruno

2000: City Bag, de Balenciaga

2002: Billy, de Jérôme Dreyfuss

2003: 24H, de Gérard Darel

2011: Phantom, de Celine

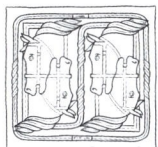

PAÑUELO CUADRADO
MULTIFORME

DISEÑADOR	HERMÈS
FECHA	1937

Las mujeres del siglo XVIII suelen guardar
en el corpiño un pañuelo de lino o de muselina.
Este accesorio femenino, estiloso y coqueto,
se confecciona en versión masculina desde
el siglo XIX, cuando los hombres empiezan
a engalanarse el cuello con fulares.

Pañuelo de seda **Brides de Gala**, de Hermès, diseñado por Hugo Grygkar.

PAÑUELO PARA EL CUELLO

Hasta la década de 1930
son habituales los militares
analfabetos, y el Ejército tiene la
costumbre de proporcionarles
pañuelos estampados con
instrucciones ilustradas.
En 1937, Robert Dumas, yerno
de Émile Hermès, se inspira en
esta tradición militar y diseña
el primer pañuelo de seda de la
historia de la casa. Es cuadrado,
mide 90 centímetros de lado
y su nombre oficial es Juego
de Ómnibus y Damas Blancas,
ya que reproduce un popular
juego de mesa relacionado con
el transporte público parisino.

VUELTA AL CUELLO

En 1951, Hermès lanza sus
primeras corbatas de sarga
de seda y 8 centímetros de
ancho. Desde entonces, lucen
los alegres motivos figurativos
diseñados por Henri d'Origny.

FIRMA DE LA CASA

El pañuelo honra el mundo
ecuestre al que se vincula
Hermès: se confecciona con
sarga de seda, el tejido antaño
utilizado para las casacas de los
jockeys. El fular, del que llegan
a diseñarse hasta cuarenta
versiones diferentes,
se populariza muy rápidamente
en los círculos mundanos
y elegantes. Y cada persona
lo utiliza a su manera.

A CADA CUAL SU PAÑUELO

He ahí donde reside el valor
del *carré* de Hermès: se adapta
a los gustos y la personalidad
de cada uno. Los hombres
se adornan el cuello, la reina
Isabel de Inglaterra se protege
el cabello y Colette lo usa como
extravagante pajarita, mientras
que algunas lo anudan en el
bolso y otras, en la cintura. En
la década de 1950, Grace Kelly
(*véase* pág. 248) se rompe un
brazo y lo utiliza como cabestrillo.

POLIVALENTE

El pañuelo también demuestra
sentido del humor cuando se
estampa con motivos lúdicos
y frases impertinentes. Y viaja a
territorios inesperados, como
el de la sensualidad: en la década
de 2000, la moda populariza el
pañuelo transformado en top,
colocado en forma de triángulo
sobre el busto y dejando la
espalda al descubierto.

EL *CARRÉ*, EN CIFRAS

90 centímetros de lado

79 gramos de seda pura

450 kilómetros de hilo
de seda

75000 tintes en la carta
de colores

2 años necesarios para
su confección

Página siguiente:
**Grace Kelly y el príncipe Rainiero
de Mónaco** (1956).

SANTÓN
TIERRA NATAL

DISEÑADOR	JACQUEMUS (véase pág. 355)
FECHA	2017

Simon Porte Jacquemus es originario del sur de Francia, de una Provenza a caballo entre la tierra y el mar, que no deja de reivindicar y celebrar. Su trabajo, pintoresco y a la vez sorprendentemente universal, explora la temática meridional y honra tanto al paisaje como a sus habitantes y a su propia familia.

↑ Vestido de la colección «Los Santones de Provenza», de Jacquemus.

SI EL MOZO SUPIESE...

En 2009, cuando aún no ha cumplido los 20 años, crea su marca, Jacquemus. Con pocos medios, pero con mucho desparpajo y ambición, llama la atención. Utiliza las redes sociales para hablar de su marca y de sí mismo, dos conceptos a menudo relacionados.

HISTORIAS DE MODA

Precisamente lo que diferencia a Jacquemus es su habilidad como narrador: las historias son el corazón de su trabajo y nutren sus creaciones, sus desfiles, su publicidad y su cuenta de Instagram. Con frenesí, comparte todo lo que anima su espíritu y el banco de imágenes que vive en su imaginario.

ENTRE LA TIERRA Y EL MAR

Son imágenes auténticas y frescas, alimentadas por la infancia, los recuerdos y el presente: los amigos, la orilla del mar, las canciones, las sobremesas familiares, las excursiones en escúter y los campos de lavanda. En 2017 diseña «Los Santones de Provenza», una colección de tintes nostálgicos e intemporales que recrea la tradición occitana: sombreros de paja, blusas arlesianas, faldas acampanadas, contrastes en blanco y negro y tantos otros guiños a otro maestro enamorado de las comarcas meridionales, Christian Lacroix.

«BÚSCAME EN INSTA»

Instagram se convierte en la prolongación del trabajo de muchos diseñadores. Utilizan la plataforma para exponer sus fuentes de inspiración, compartir sus procesos creativos y a veces contar intimidades. Es impúdico pero actual: nuestra era se construye con estos elementos compartidos. Instagram es una pasarela más, que permite conocer la vida del artista y comprender su trabajo.

«SIN RELATO NO HAY MODA. UNA PRENDA ES ALGO VACÍO. YO ME INSPIRO EN RECUERDOS, EN AMBIENTES, EN PERSONAS QUE PASAN».

SIMON PORTE JACQUEMUS

REFUTAR EL FOLCLORE

El corte de las prendas es moderno y esquemático, a veces desestructurado. Aquí, un encaje antiguo recuerda a la celosía del museo Mucem de Marsella; allá, las faldas se hacen maxilargas o ultracortas y los lunares adoptan un aire travieso. Jacquemus reúne la tradición con lo contemporáneo. De la historia íntima que nos desvela emana un sentimiento universal: el encanto de los tiempos pasados, de los veranos de la infancia, de los recuerdos familiares.

AL AIRE LIBRE

En 2018, Simon Porte Jacquemus presenta su primera colección para hombre en la playa de la cala de Sormiou, en Marsella, y sienta a los asistentes en toallas de playa. En 2019, elige un campo de lavanda tapizado con una tela rosa, como si de una instalación de Christo se tratara, y en 2020, un campo de trigo. Estos lugares inéditos y sorprendentes son parte de su firma personal.

Página anterior:
Sophia Loren (1965).

FALDA LE POUF
LA REINA DEL BAILE

DISEÑADOR	CHRISTIAN LACROIX *(véase pág. 356)*
FECHA	DÉCADA DE 1980

Se considera que la década de 1980
es la segunda edad de oro de la alta costura
parisina, solo por detrás de la década de 1950.
Es una era de crecimiento económico:
muchas personas se enriquecen y quieren
hacerlo patente. La moda se inflama,
exuberante y ostentosa.

↑ **Minifalda**, de Christian Lacroix.

«TODOS BUSCAMOS EL TIEMPO PERDIDO».

CHRISTIAN LACROIX

DEL MUSEO A LA MODA

Antes de dedicarse a la moda, Christian Lacroix aspira a ser conservador en un museo o diseñador de vestuario. Su inclinación por la grandilocuencia, la historia y el arte alimenta sus creaciones. Lacroix triunfa en una década despreocupada y marcada por la efervescencia materialista, primero en la *maison* Patou y después en su propia casa, fundada en 1987. Su estilo es el de las mujeres acomodadas de la década de 1980, que salen a la calle ataviadas como para una fiesta.

GUSTO POR EL PASADO

El estilo Lacroix bebe de las formas suntuosas del pasado. Recupera los contornos de los siglos XVII y XVIII: el busto estrecho, como encorsetado, sobre una falda amplia, a veces abullonada. En realidad, sus fuentes son muchas, pues el diseñador es originario de Arlés, y tanto la Provenza como la Camarga inspiran sus motivos, sus colores vivarachos y sus atrevidos fichús. Sus modelos se pavonean, resplandecientes y petulantes, como narradoras de historias, unas veces barrocas y otras dramáticas. La pasarela es el escenario de Christian Lacroix.

EL CARÁCTER DE LA DÉCADA

El relato de Lacroix es nostálgico pero no retrógrado. Es contemporáneo, ya que expresa el carácter de una década en la que el dinero es el rey y no hay nada de vergonzoso en ello. Fiestas y cócteles se encadenan, y contribuyen a resucitar conjuntos que la década de 1970 había vuelto obsoletos. Es necesario un estilo intermedio entre el traje de noche y el vestuario de cena o cóctel. Lacroix responde con conjuntos de torera y falda abullonada corta; esta última recuerda a los polisones (*pouf*, en francés) que abultaban las faldas de antaño.

DOS MEJOR QUE UNO

En 2009, Christian Lacroix cierra su *maison* y abandona la pasarela. Diez años después, Dries van Noten presenta su colección de primavera / verano de 2020, con creaciones que recuerdan a la obra del maestro francés. La sorpresa llega al final del desfile: Lacroix se une a Van Noten para saludar al público y desvela así que la colección tiene dos padres. El tributo del diseñador belga no puede ser más real ni más modesto: qué mejor manera de reconocer la influencia de Lacroix que invitarlo a colaborar. Un gesto de gran humildad entre tantas guerras de egos en esta industria a menudo cruel.

LA FIRMA LACROIX

Esta década pomposa tiene sus propios marcadores identitarios: las hombreras, el talle estrecho y la falda Le Pouf. El icono de Lacroix combina muy bien con la ligereza de la época. Es elegante a la vez que insolente, seductora en cualquier velada y, por qué no, atrevida y chispeante en una pista de baile. Christian Lacroix resucita la estética de la bella durmiente y le ofrece una vida a mil por hora.

Página siguiente:
Faye Dunaway, en Nueva York (1981).

«DRESS MEETS BODY»
UN CUERPO NUEVO

DISEÑADOR ···· **KAWAKUBO PARA COMME DES GARÇONS** (*véase pág. 356*)

FECHA ·· 1997

La diseñadora japonesa Rei Kawakubo pertenece al movimiento deconstructivista, que desmantela las normas de la moda. Muy criticada en sus comienzos por la prensa occidental, que la acusa de promover lo feo, propone una nueva mirada que se centra en la relación entre las prendas y el cuerpo.

↑ Vestido Lumps Bumps, de Comme des Garçons (1997).

«LO BELLO NO TIENE POR QUÉ SER BONITO».

REI KAWAKUBO

CUERPOS DEFORMES

En la colección de primavera / verano de 1997 de su marca, Comme des Garçons, Rei Kawakubo (*véase* pág. 308) propone contornos con extrañas protuberancias: las prendas se rellenan con cojinetes en las caderas, bajo el cuello o en la espalda. El emplazamiento es anárquico, y las formas, discordantes y sorprendentes.

MUJER TRANSFORMADA

No es la primera vez que la moda occidental altera la figura femenina. En el pasado, se utilizan tontillos y guardainfantes para construir impresionantes caderas rectangulares, corpiños (*véase* pág. 262) para estrangular el talle y polisones para acentuar el volumen posterior. La mujer no ha dejado de someterse a modas que ignoran la realidad de su morfología.

EL TIEMPO PASA

A su manera, Rei Kawakubo participa en este juego de extremos. Imagina su propio exoesqueleto, un cuerpo «de moda» que se superpone a la anatomía real. Al elegir almohadillas flexibles y redondeadas, sugiere que el cuerpo puede repensarse desde su misma esencia: la metamorfosis. Contrariamente a lo que la moda nos hace creer, la silueta no es un paradigma fijo e intemporal: el cuerpo cambia, envejece, engorda, adelgaza... Rei Kawakubo le da todo el espacio que pueda necesitar, el espacio que tan a menudo se le ha negado a la mujer.

FORMAS A ESCENA

En 1997, Kawakubo colabora con el coreógrafo estadounidense Merce Cunningham en el vestuario de su ballet contemporáneo *Scenario*. Los trajes de rayas o cuadros con protuberancias impactan en la coreografía, pues limitan los movimientos de los bailarines. Así, la creadora desestabiliza no solo el lenguaje de la moda, sino también las convenciones estéticas de la danza.

EXTRAÑO DIÁLOGO

Aunque no lo reivindique así, el discurso de Rei Kawakubo es feminista y subversivo. La crítica considera que las figuras engendradas son tan grotescas como Quasimodo. En realidad, la colección plasma el extraño diálogo que la moda mantiene con el cuerpo.

CHAQUETA STOCKMAN
EL ORIGEN DE LA MODA

DISEÑADOR ················· **MARTIN MARGIELA** *(véase pág. 358)*

FECHA ··· 1997

El credo de Martin Margiela es deconstruir la concepción de la moda. De hecho, la primera vez que se usa el término «deconstrucción» en esta industria es para describir el trabajo de Margiela. El diseñador modifica la esencia de cada prenda para darle una segunda vida sin eclipsar la anterior.

↑ **Chaqueta Semi Couture**, de Martin Margiela (1997).

DOS VIDAS EN UNA

El reciclaje está en el corazón de la obra de Margiela, a veces en forma de reproducción, otras de recuperación, pero siempre motivado por el deseo de diseccionar para comprender y reevaluar. Margiela se pregunta si mover una manga de sitio modifica el sentido de una prenda o si llevar un bolso de plástico ennoblece el objeto. No obstante, a pesar de estas metamorfosis, el recuerdo original del elemento recuperado nunca se pierde.

UN BUSTO ESCONDE OTRO

Alexis Lavigne, fundador de la escuela de moda ESMOD, inventa, en 1864, el busto de maniquí de escayola. Uno de sus alumnos, Frédéric Stockman, funda su empresa en 1867 y consigue imponer su nombre como palabra genérica. A menudo al busto de maniquí se le llama sencillamente «Stockman».

GESTO ARTESANO

Margiela propone conocimiento y transmisión: al alterar los objetos y transformarlos, saca a la luz la concepción misma de la moda y, en particular, el gesto artesano del corte y confección. Algunos le reprochan haber dislocado las convenciones de la moda, pero lo cierto es que el diseñador le rinde el más bello de los tributos, pues apela a la labor fundacional de la creación. La costura es un trabajo manual y se realiza con materiales. Mostrar las asperezas de un tejido, exponer una costura mal terminada o revelar un forro es dar testimonio del proceso de confección.

Página 255:
Desfile de *prêt-à-porter* de primavera / verano de 1999, de Maison Margiela.

BUSTO ESENCIAL

La colección de otoño / invierno de 1997-1998 es su mejor exponente. En consonancia con las propuestas del año anterior, Margiela recuerda la esencia del trabajo artesano de la moda. El busto Stockman es el cómplice de modistas y sastres desde el siglo XIX. Margiela lo deconstruye literalmente, lo vacía y desmantela para reconvertirlo en piezas de vestir: un peto, unas mangas o una chaqueta. A veces va aún más lejos y combina el tejido de lino crudo con papel de patronaje.

HOMENAJE

Con esta propuesta radical, Margiela saluda un arte ancestral. Esa es la ironía: se le tilda de rebelde cuando solo es fiel a su herencia. El diseñador celebra la modestia de las manos que trabajan en los *ateliers* y se atarean entre bambalinas. Honrar un objeto corriente como es el maniquí Stockman es sugerir que la alta costura no es obra de una sola persona ni debería ser un desfile de egos individuales. Una postura poco sorprendente en realidad, si se recuerda que Margiela no realizaba apariciones públicas para no alimentar el culto a la personalidad.

RAYAS
UN MUNDO MÁS LIBRE

DISEÑADOR ···················· SONIA RYKIEL *(véase pág. 360)*

FECHA ·· 1968

En 1955, Sonia Rykiel, que está embarazada
de su primer hijo, diseña un vestido premamá
y una serie de jerséis ceñidos, que vende en la tienda
de su marido. Estos suéteres se inspiran en las
formas masculinas, pero con las hechuras ajustadas
típicas de la ropa infantil. Nace así el estilo
Sonia Rykiel.

↑ Rebeca de rayas de punto «niño pobre», de Sonia Rykiel.

«LA BELLEZA SIEMPRE TENDRÁ RAYAS».

SONIA RYKIEL

UNA MODA PROPIA

«Jersey de niño pobre»
(«poor boy sweater»): este
es el apelativo que se gana.
Pero Sonia Rykiel se anticipa
a las necesidades de la nueva
generación de mujeres.
Comienza la década de 1960,
y la prensa, sobre todo la revista
Elle, ensalza el trabajo de
la diseñadora, que crea todo
aquello que ella misma querría
ponerse. Se dirige a una mujer
activa, que se mueve entre
la escena privada y la vida
profesional y busca la comodidad
sin menoscabar el estilo. Es el
perfil de Sonia Rykiel y el de las
demás mujeres de ciudad, cuya
vida cambia a toda velocidad.

FIRMA PERSONAL

Las rayas, el negro y el colorido
son la firma de Sonia Rykiel.
Tras hacerse con una clientela
fiel, lanza su propia marca
y se instala en la calle Grenelle
de París, en 1968. Sus formas
ceñidas son refinadas, picantes,
sexis, sencillas e intemporales.

Anima a las mujeres a ser
ellas mismas, liberarse de
las tendencias y encontrar
un estilo propio. Incluso
convierte este pensamiento
en un concepto: *démode*,
que, contrariamente a lo que
la costura parisina propugna,
responde al gusto del
consumidor y no a los dictados
del diseñador.

MUJERES LIBRES

Libertadora de la mujer
y su cuerpo, Sonia Rykiel crea
un vestido de cóctel para llevar
sin sujetador. También renueva
el ambiente austero de los
desfiles de moda pidiendo a sus
modelos que sonrían y bailen
en la pasarela; es otra forma
de romper las convenciones
que asfixian a la mujer.
Adiós a la mujer objeto, abran
paso a la mujer sujeto, deseada
y que desea. También es una
seducción inteligente: en su
tienda, la diseñadora no solo
vende ropa, también objetos
y libros.

CUERPOS FELICES

Las rayas de Rykiel son
a la vez masculinas e infantiles,
juguetonas y sensuales cuando
se enrollan en el cuerpo de
la mujer, definen sus formas
y las acarician. Las rayas no
paran de moverse, se agitan
febriles como un eco del
cuerpo que las luce. Un cuerpo
dinámico, exaltado, vivo.

Página 258:
Sonia Rykiel (1977).

Página 259:
Jean-Paul Gaultier (1992).

PANTEÓN DE CREADORES

Sonia Rykiel pertenece
a la generación de estilistas
que inventan el *prêt-à-porter*
de diseño. Es una moda más
accesible, creativa y estética,
libre de mandamientos y que
prioriza el estilo personal. Tras
años de poco reconocimiento,
se consagra en 1973 al ser
admitida en la nueva Cámara
Sindical del Prêt-à-porter de
los Modistos y Creadores
de Moda, a la que también
pertenecen Christian Dior,
Yves Saint Laurent, Kenzo,
Emanuel Ungaro, Dorothée
Bis, Chloé y Emmanuelle
Khanh.

FALDA DE HOMBRE
¿OTRA MASCULINIDAD?

DISEÑADOR	JEAN-PAUL GAULTIER (*véase pág. 354*)
FECHA	1984

Mientras que la mujer puede apropiarse de prendas del guardarropa masculino, hay impertinencias que la moda y la sociedad no toleran. Al hombre le resulta difícil romper los códigos de la masculinidad: llevar una falda aún se considera una transgresión.

¿UNA MODA VIRIL?

La progresiva timidez de la moda occidental resulta curiosa. Y se olvida con rapidez. En la Antigüedad y en la Edad Media, el hombre se envuelve en amplias túnicas. Por todo el mundo es habitual el uso de *boubous* (*véase* pág. 134), chilabas (*véase* pág. 110), *qamis* (*véase* pág. 135) y *sarongs* (*véase* pág. 33), sin que la virilidad del hombre quede en entredicho. Incluso en Escocia, el *kilt* o falda escocesa (*véase* pág. 178) hace furor. ¿A qué se debe tanto revuelo cada vez que un hombre viste falda? ¿Quizás localizamos la masculinidad en el lugar equivocado?

CUESTIONES DE GÉNERO

Jean-Paul Gaultier atropella los códigos de la vestimenta y manipula la identidad sexual. En 1984, presenta la colección masculina «Y Dios creó al hombre», que incluye varias faldas similares a pareos. El desfile es una oda a la fluidez identitaria y a una hipersexualización que se ríe de la asignación de géneros. La moda de Gaultier no es unisex: prefiere el intercambio y que el hombre también use corpiño (*véase* pág. 263) y se pinte los labios.

ENGAÑAR AL MIEDO

La década de 1980 está marcada por el VIH. La comunidad LGTBIQ+ es estigmatizada, los homosexuales generan temor. Todo lo que parece afeminado se destierra y lo viril se exacerba. El aire desenfadado y frívolo de Jean-Paul Gaultier esconde un zarpazo contra la mala fe. La falda de hombre es aclamada en la pasarela, pero el público general la acoge con tibieza. La sociedad sigue empantanada en sus creencias.

↑ Falda escocesa Iconic Tartan, de Jean-Paul Gaultier.

«¿POR QUÉ NO HABRÍAN DE MOSTRAR LOS HOMBRES QUE PUEDEN SER FRÁGILES O SEDUCTORES?».

JEAN-PAUL GAULTIER

NUEVA GUARDIA

El joven diseñador Ludovic de Saint Sernin, inspirado por la obra del fotógrafo Robert Mapplethorpe, también infunde a su trabajo un erotismo que deconstruye la masculinidad. Sus creaciones para hombre rechazan cualquier contención; incluso los sugestivos posados de sus modelos masculinos celebran la expresión desacomplejada de uno mismo. Se atreve con espaldas desnudas, escotes pronunciados, camisetas de tirantes transparentes, *slips* recortados y escuetos pareos.

LA CALLE ES TÍMIDA

Los hombres con falda se multiplican en la pasarela. Desde Walter van Beirendonck hasta Rick Owens (*véase* pág. 296), muchos diseñadores asumen esta nueva imagen, así como algunos famosos. Pero en la calle, más preocupada por lo que opinen los demás, es otra historia.

CORPIÑO
ARTESANÍA TECNOLÓGICA

DISEÑADOR	ISSEY MIYAKE *(véase pág. 358)*
FECHA	1980

Instalado en Francia desde la década de 1960, el diseñador japonés Issey Miyake presenta su primera colección parisina en 1973. Propone una visión inédita de la moda, que cuestiona sus códigos estéticos y creativos y, sobre todo, sitúa al cuerpo en el centro de la reflexión.

DIMENSIÓN PLÁSTICA

Comprender el gesto, el movimiento, la silueta: estas son las motivaciones de Issey Miyake. Su moda no es un fin en sí misma. Concibe piezas que dialogan con el cuerpo en un intercambio sincero. Esta conversación se basa en la dimensión plástica de las prendas a la hora de tomar cuerpo: materias y tejidos crean efectos mediante plisados, nidos de abeja, formas geométricas y caídas fluidas. El atuendo es un envoltorio vivo y singular.

CON TODA CONFIANZA

A partir de 1986, el fotógrafo estadounidense Irving Penn se hace cargo de las campañas de Issey Miyake. Sus creaciones resuenan con más fuerza incluso en las expresivas imágenes en blanco y negro. La colaboración resulta tan evidente y natural que el diseñador ni siquiera asiste a las sesiones. ¡Una confianza inédita!

EL TEJIDO MANDA

La tecnología es su aliada en esta búsqueda de corporeidad. Le permite imaginar tejidos únicos, que a veces arrebatan las riendas al diseñador para decidir la forma que tomará la prenda.

CUERPOS EN FORMA

La década de 1980 se obsesiona con el cuerpo. Se esculpe a ritmo de aeróbic y se moldea con licra. Issey Miyake no quiere despreciar esta preocupación; al fin y al cabo, es también la suya desde hace tiempo. Su colección «Bodyworks» de otoño/invierno de 1980, que reflexiona sobre el cuerpo y la tecnología, se inaugura con un sorprendente corpiño de resina.

SEGUNDA PIEL

Hiperrealista y a la vez ilusorio, al adherirse a la figura femenina, el bustier pone en contacto la verdad del cuerpo con la quimera del material. Esta pieza antropomorfa revela detalles como el ombligo y los

↑ Corpiño, de Issey Miyake (otoño/invierno de 1980).

«PREFIERO MIRAR AL FUTURO Y NO AL PASADO».

ISSEY MIYAKE

pezones, pero su color rojo o azul realza su artificialidad. Confunde lo orgánico con lo plástico, lo verdadero con lo falso, y define una segunda piel que borra el cuerpo real y lo transforma, sin por ello negar su existencia más elemental. Plantea un extraño diálogo entre el cuerpo expuesto y el cuerpo camuflado, entre la presencia y la ausencia.

EL CREADOR Y SUS MATERIALES

1982: corpiño de ratán

1985: abrigo concha de mar

1991: vestido paloma

1993: «Pleats Please»

1999: A-POC

2010: colección «Origami»

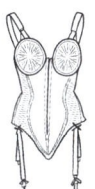

PECHOS OBÚS
ARMA CARGADA

DISEÑADOR	....	**JEAN-PAUL GAULTIER** (*véase pág. 354*)
FECHA	....	**1983**

En la década de 1980, el corpiño vuelve a escena. Lo reinventan Vivienne Westwood y Chantal Thomas, para transformarlo en el objeto de moda enarbolado por mujeres poderosas y sexuales. Ya no es una expresión de la dominación masculina; no es un yugo, sino el aliado de una femineidad exacerbada, incluso indignada.

↑ **Corsé de Jean-Paul Gaultier** para Madonna (1990).

RECUERDOS DE INFANCIA

Gaultier presenta su primer bustier en 1983, en su colección «Le dadaïsme» («El dadaísmo»); la prenda se inspira en las fajas ortopédicas de su abuela. Es de satén, con copas cónicas —otro recuerdo, el de los sujetadores que veía en su infancia— y se prolonga para adoptar la forma de un vestido. Lo íntimo se hace político. El diseñador da una nueva trascendencia a una pieza de lencería. Del interior la saca al exterior.

ÍDOLO JUVENIL

En 1990, Madonna se lanza a la gira Blond Ambition y pide a Jean-Paul Gaultier que diseñe su vestuario. Esto crea para ella un corsé que mezcla clasicismo y desestructuración. Acompañado de un traje de aires masculinos, el bustier rosa es un arma fetichista, casi fálica. Los roles se han invertido. Madonna se hace todopoderosa y se convierte en un mito.

MUCHO CON POCO

Esta forma se impone en la obra de Jean-Paul Gaultier. Reaparece en 1984, en el desfile de la colección «Barbès», llamada así en honor a una zona de París que el diseñador frecuenta a menudo. Esta vez, a los recuerdos de la infancia y la mutación, se añade el mestizaje: Gaultier homenajea a las mujeres africanas de ese barrio popular y a la forma en que combinan sus prendas de vestir, sacando mucho de donde hay poco.

EL CUERPO AL PODER

Corpiño y pechos obús son las enseñas de una época festiva, en la que la sexualidad, el humor y la extravagancia se dan la mano en la pasarela. Adosados a un vestido de terciopelo de color óxido, abrazan el desgarbo callejero; en color rosa pálido, convierten en fetiche los clichés de la lencería. Jean-Paul Gaultier ofrece a la mujer los medios para reapropiarse

de las prendas que la han aprisionado. Este busto reivindicado, casi amenazador con sus aceradas puntas, es cómplice de la emancipación del cuerpo. Mejor dicho, del asalto al poder mediante el cuerpo.

DESARMAR CÓDIGOS

Mujeres hiperfemeninas: es la reivindicación de Gaultier. Pero su intención no es apoyar teorías de género igualmente limitadoras, sino desarmar los estereotipos con mucho sentido del humor.

«**DISEÑADOR INCONFORMISTA BUSCA MODELOS ATÍPICOS. ROSTROS DEFORMES NO ABSTENERSE**».

JEAN-PAUL GAULTIER

CUERPOS MODELO

El corpiño se impone en el Renacimiento. Alza el pecho y modifica la figura según los dictados de la sociedad. La mujer no va a poder librarse de él hasta la Primera Guerra Mundial. Abandonado en la década de 1920 (aunque el cuerpo siga comprimiéndose con fajas), reaparece en 1950 en forma de *guêpière*. Desde 1980, se ha vuelto temerario y se ha normalizado.

Página siguiente:
Kim Williams para Jean-Paul Gaultier. Fotografía de Peter Lindbergh (1984).

ERA ESPACIAL
UN PEQUEÑO PASO PARA EL HOMBRE...

DISEÑADOR	····················	PIERRE CARDIN (*véase pág. 351*)
FECHA	····················	DÉCADA DE 1960

En la década de 1960, junto a la emancipación, la novedad y la juventud, reina una fantasía soberana: los mundos siderales. La carrera espacial es una de las batallas de la Guerra Fría, y el universo, con su inmensidad y misterio, satisface las aspiraciones de la década.

↑ Minifalda Era Espacial, de Pierre Cardin (década de 1960).

> **«LA VESTIMENTA QUE PREFIERO ES LA QUE INVENTO PARA UNA VIDA QUE AÚN NO EXISTE: EL MUNDO DEL MAÑANA».**
>
> PIERRE CARDIN

UNA MODA REFLEJO DE SU TIEMPO

El gusto espacial alimenta la inspiración de los diseñadores de la década de 1960, sobre todo los de la nueva guardia, como André Courrèges (*véase pág. 267*) y Pierre Cardin. Las formas rigurosas de la estética cósmica rebaten todo lo que hay de vaporoso en la alta costura tradicional. La era espacial impregna la moda de materiales y procedimientos innovadores, que a veces se importan del mundo industrial.

MULTICULTURAL

En 1960, Pierre Cardin inaugura su *prêt-à-porter* para hombre con la colección «Cylindre», protagonizada por innovadoras y juveniles chaquetas de tipo Nehru, sin cuello (un diseño característico de la India). En un momento en el que la moda occidental rechaza las normas tradicionales, Cardin redibuja el guardarropa variando los estilos culturales.

HACIA LA INNOVACIÓN

En 1959, Pierre Cardin presenta una línea de *prêt-à-porter* que le granjea la expulsión de la Cámara Sindical de la Costura Parisina. Pero es el primer diseñador en conseguir su propio espacio en los grandes almacenes Printemps y en conceder licencias de su marca de forma masiva. Diseña tanto para hombre como para mujer y, llevado por sus ambiciones futuristas, concibe incluso una moda unisex.

EJÉRCITO ESPACIAL

La línea «Cosmocorps» de 1968 propone formas sorprendentes. El hombre luce túnicas sin mangas con cuello vuelto y pantalones de punto; la mujer, rígidos vestidos trapezoidales. Son estilos diferentes y, sin embargo, la colección transmite cierta homogeneidad, como si hombres y mujeres pertenecieran a la misma armada espacial.

«EN UNA GALAXIA MUY LEJANA...»

1960: John Lautner, casa Chemosphere (Los Ángeles)

1962: John Graham, torre Space Needle (Seattle)

1965: Pierre Paulin, silla Tulip

1966: *Star Trek*, serie de televisión

1968: Stanley Kubrick, 2001: A Space Odyssey (*2001: Una odisea del espacio*)

1968: Roger Vadim, *Barbarella*

1969: David Bowie, *Space Oddity*

LA MODA FUTURA

Estas creaciones nacen de un contexto tan específico que no pueden ser intemporales. Al diversificar su marca y pensarla como un negocio, Cardin se inscribe en la moda contemporánea, tanto en sus defectos (la producción en masa, la contaminación) como en sus esperanzas visionarias.

Página anterior:
Sputnik Girl: Nicole de Lamargé, con abrigo trapecio y sombrero ojo de buey rematado con zorro blanco, de la colección de otoño / invierno de 1966 de Pierre Cardin. Fotografía de Peter Knapp.

CAZADORA DE VINILO
QUÉ FANTÁSTICO ES EL PLÁSTICO

DISEÑADOR	**ANDRÉ COURRÈGES** (véase pág. 352)
FECHA	**1971**

André Courrèges se forma con Balenciaga y funda su propia casa en 1961. Aunque al principio perpetúa tímidamente los volúmenes de su maestro, en 1964 se independiza con una colección revolucionaria, de siluetas juveniles y geométricas que liberan el cuerpo y llevan la moda a un nuevo territorio.

↑ Cazadora icónica de vinilo, de Courrèges.

REGRESO AL FUTURO

En la década de 1980, el futuro ya no es tendencia y Courrèges se marchita. Pero la de 2010 llega ávida de *vintage* y *storytelling*, y la casa cobra nueva vida. Las cazadoras de vinilo se reeditan y se desean con el mismo frenesí con el que se buscan las creaciones originales de la marca en las tiendas de segunda mano.

ERA ESPACIAL

Minifaldas (*véase* pág. 160), piernas enfundadas en botas blancas, colores ácidos: el estilo Courrèges pertenece a la era espacial, una época fascinada con el espacio exterior y sus misterios. En la década de 1960 también aparece una nueva clienta: una mujer joven que busca movimiento y libertad, y cuyo cuerpo se difumina en favor de una androginia construida a base de vestidos rectos y pantalones audaces.

EL CULTO DE LA NOVEDAD

André Courrèges juega con los materiales. Algunos son nuevos, como el PVC y el vinilo, con los que confecciona complementos e incluso abrigos. En general, predominan los colores lisos; los motivos, cuando existen, son geométricos y contundentes. Las formas son futuristas, inspiradas por la fantasía de la vida en el espacio, poblada de mujeres astronautas con casco, pelucas exuberantes o capuchas y gafas de sol. Todo es nuevo, lúdico e impertinente.

LA MARCA COURRÈGES

La marca se impone. Al reunir en sus colecciones el *prêt-à-porter*, la moda deportiva y la alta costura, Courrèges reniega de la jerarquía obsoleta de una moda arcaica. En 1971, el diseñador —que colabora con su esposa Coqueline Barrière desde el principio— presenta una cazadora de vinilo con bolsillos de parche y el logotipo AC en blanco.

«PIENSEN EN LA MUJER CHANEL: SE PUEDE IDENTIFICAR SU ENTORNO, SUS OCUPACIONES, SUS AFICIONES Y SUS VIAJES. PIENSEN EN LA DE COURRÈGES: UNO NO SE PREGUNTA LO QUE HACE, QUIÉNES SON SUS PADRES O CUÁNTO GANA. ES NECESARIA Y SUFICIENTEMENTE JOVEN».

PIERRE BOURDIEU

IMPULSO AL CUERPO

La chaqueta se convierte en arquetipo y rubrica la transición de la década de 1960 a la de 1970. De ella retiene los códigos futuristas, pero su corte ceñido transmite una nueva sensualidad, un cuerpo más suelto y carnal. Como los vestidos trapecio y las botas en la década de 1960, la cazadora de vinilo es la prenda insignia de una marca y de toda una época.

EL PLÁSTICO YA NO ES CHIC

La casa Courrèges ha abandonado el vinilo. Los remanentes se utilizan para la confección de prendas singulares, mientras que el resto de la confección se realiza con punto, sobre el que se aplica una película vegetal al 70 por ciento.

Página siguiente:
Colección primavera/verano de 1971 de **Courrèges**.

VESTIDO METÁLICO
TORNILLOS Y TUERCAS

DISEÑADOR	PACO RABANNE (*véase pág. 359*)
FECHA	1966

En 1966, Paco Rabanne presenta su primera colección, «Douze robes importables en matériaux contemporains» («Doce vestidos imposibles de llevar fabricados con materiales contemporáneos»). Con este nombre tan descarado, el diseñador se anticipa a las críticas, pues sabe que sus prendas, de metal o acetato de celulosa (Rhodoid) no van a ser del agrado de todos.

MATERIALES INÉDITOS

En una década tan innovadora como la de 1960, en la que otros creadores ya han explorado las calidades estilísticas del PVC, no puede sorprender que Paco Rabanne decida utilizar materiales inesperados. Pero el diseñador de origen español va aún más lejos, ya que sus vestidos de metal rompen la tradición también por su estilo, su tacto y su proceso de fabricación.

MODA INDUSTRIAL

Paco Rabanne, que estudió Arquitectura en la Facultad de Bellas Artes en París y tiene experiencia en la creación de joyas y accesorios, es aficionado a la experimentación. Y si la época abre las puertas a la novedad, ¿por qué limitarse? Sustituye los tejidos fluidos por un material sólido: placas de metal, que atornilla y ensambla como haría un chapista. La visión futurista de la década no debe detenerse en el plástico: también puede ser metalúrgica.

CUERPOS LUMINOSOS

Sus vestidos de metal son como espejos y, más que armaduras —como son descritos por la crítica de la época—, liberan el cuerpo de la mujer y la visten de luces y destellos. Además, estas formas metálicas a menudo dejan ver la piel. Paco Rabanne transforma lo mecánico en sensualidad.

GUSTAR Y NO GUSTAR

No solo arrecian las críticas, también las burlas, hasta el punto de que, en 1966, el fotógrafo y director de cine William Klein lo caricaturiza en su película de culto *Qui êtes-vous Polly Maggoo?* Pero poco importa: Paco Rabanne gusta a iconos como Françoise Hardy, y Roger Vadim le encarga el provocativo vestuario de Jane Fonda para *Barbarella*.

↑ Vestido metálico, de Paco Rabanne (1982).

«UNO PUEDE VESTIRSE CON CUALQUIER MATERIAL, POR MUY INVEROSÍMIL QUE SEA. CUANDO LA TIERRA TENGA 2000 MILLONES DE HABITANTES, YA NO QUEDARÁ LANA, NI ALGODÓN. ¡NO HABRÁ NADA! NO QUEDARÁ NADA MÁS QUE LOS PRODUCTOS DE LA MINERÍA Y LA BASURA QUE RECICLAMOS PARA PODER FABRICAR ROPA».

PACO RABANNE

PACO RABANNE EN EL CINE

1966: Diseña el vestuario de *Casino Royale*.

1966: Audrey Hepburn viste uno de sus modelos en *Two for the Road* (*Dos en la carretera*).

1967: Varias de sus creaciones aparecen en *Tres aventureros*...

1967: ... y en *2 ou 3 choses que je sais d'elle* (*Dos o tres cosas que yo sé de ella*).

LIBERAR EL GESTO

Los vestidos metálicos no solo presentan un nuevo lenguaje estético: reinventan completamente el acto de la confección. ¿O acaso solo puede ser moda aquello que se cose?

Página anterior:
Vestido metálico, de Paco Rabanne (1967).

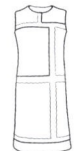

VESTIDO MONDRIAN
ARTE-À-PORTER

DISEÑADOR ·················· YVES SAINT LAURENT (*véase pág. 360*)

FECHA ················· 1965

La década de 1960 modela nuevos modos de vida y un vocabulario estilístico innovador para una juventud que lucha contra el pasado. La moda, y en particular la alta costura, deben reinventarse para sobrevivir. Yves Saint Laurent encuentra el equilibrio entre la revolución y la elegancia.

↑ **Vestido Homenaje a Piet Mondrian**, de Yves Saint Laurent (otoño / invierno de 1965).

«LA POSICIÓN DEL ARTISTA ES HUMILDE. EN ESENCIA, ES UN CANAL».

PIET MONDRIAN

UN VESTIDO PINTURA

Su colección de alta costura de otoño / invierno de 1965 se decanta por una audacia sutil. Las piezas más destacadas son los vestidos de cóctel inspirados en la obra de Piet Mondrian. La geometría vanguardista del pintor casa con el nuevo lenguaje estético. Yves Saint Laurent propone un motivo sorprendente: una pintura animada por el cuerpo. Y aunque los vestidos son objetos tridimensionales, conservan de la obra original el gusto por la línea y la forma.

AMANTE DEL ARTE

1966: tributo al *pop art* de Tom Wesselmann.

1969: Claude Lalanne crea para Saint Laurent joyas-escultura antropomorfas.

1988: bordado de *Los girasoles* de Van Gogh en una espectacular chaqueta.

MODA PARA LA CALLE

Saint Laurent no solo sacude la tradición con esta referencia artística, sino que se atreve a la sobriedad más depurada. La alta costura absorbe en adelante lo que la calle le exige: comodidad y simplicidad. El diseñador propone una túnica de punto sin mangas ni florituras y fácil de llevar.

COSTURA Y SIMPLICIDAD

A pesar de su aparente sencillez, los vestidos Mondrian atestiguan el arte de la confección: el punto con incrustaciones oculta todas las costuras. Yves Saint Laurent demuestra así que la subversión no debe ignorar la técnica.

AMISTOSAMENTE TUYA

En 1965, Catherine Deneuve encarga a Yves Saint Laurent un vestido para acudir a una recepción con la reina de Inglaterra. Nacen una amistad y una colaboración que culminan en el diseño de una decena de modelos para *Belle de jour*. Repetirán la experiencia en *La Chamade* (*El amor es un extraño juego*) y en *La sirène du Mississipi* (*La sirena del Mississipi*). En honor a esta complicidad, en 2021, el director artístico de la casa Saint Laurent, Anthony Vaccarello, erige a Catherine Deneuve en musa de su colección de primavera / verano.

CALZADO FETICHE

La colección tiene un gran éxito y acaba inscrita en la historia de la década de 1960 y en su cine. En 1967, Yves Saint Laurent viste a Catherine Deneuve en la película *Belle de jour*, de Luis Buñuel, y elige para ella los zapatos de tacón (*véase pág. 96*) con hebilla cuadrada diseñados por Roger Vivier para el desfile de 1965. El calzado tiene un estatus particular en esta controvertida película: Buñuel convierte en fetiche los pies y los zapatos de la actriz, y estos últimos pasan a ser objetos de culto.

AMISTADES PELIGROSAS

1911
MOTIVO FLORAL
Abrigo La Perse
de Paul Poiret, con
estampado diseñado
por Raoul Dufy.

1913
ARTISTA Y ESTILISTA
La artista Sonia Delaunay inicia
su carrera en la moda con el
vestido simultáneo; su estilo
se basa en los contrastes
y la geometría.

1921
AZUL LANVIN
Jeanne Lanvin impone su
azul fetiche en la decoración
del teatro Daunou de París,
en la que también colabora
Armand-Albert Rateau.

1984
VESTIDOS PICTÓRICOS
Ben firma el vestido-cuadro
«Je suis toute nue en dessous»
(«No llevo nada debajo»),
que cierra el desfile de
Jean-Charles de Castelbajac.

1965
LÍNEAS ABSTRACTAS
Yves Saint Laurent presenta
sus vestidos Mondrian.

1936
MODA SURREALISTA
Elsa Schiaparelli
y Salvador Dalí diseñan
el traje de cajones.

1985
MODA Y *PERFORMANCE*
Willi Smith diseña los uniformes de
los mediadores y participantes
del proyecto de embalaje de Christo
y Jeanne-Claude para el
Pont-Neuf de París.

1990
ROCK ROCOCÓ
Vivienne Westwood
convierte el *Dafnis y Cloe*
de François Boucher en el
estampado de un corpiño
audaz.

1991
HOMENAJE AL *POP ART*
Gianni Versace propone
una colección dedicada
al *pop art*.

2014
FRATERNIDAD EN EL ARTE
Sterling Ruby y Raf
Simons colaboran
en una colección.

2008
ASOCIACIÓN ARTÍSTICA
En Louis Vuitton,
Marc Jacobs invita al
artista Richard Prince
a reinterpretar su
marroquinería.

1998
ARTE Y ORIGAMI
Cai Guo-Qiang diseña
un estampado especial
para las túnicas «Pleats
Please» de Issey Miyake.

1994
CAMPAÑA
La fotógrafa Cindy
Sherman colabora con
Comme des Garçons.

2017
IKB
Phoebe Philo, de la casa
Celine, presenta una línea
de vestidos inspirados en
los «cuerpos pintados»
de Yves Klein.

2018
FLAMENCOS PRIMITIVOS
Ignasi Monreal reinterpreta
El jardín de las delicias de
El Bosco para la campaña
de Gucci.

2020
REGRESO AL CUBISMO
El desfile de Jeremy
Scott para Moschino
rinde homenaje
al cubismo.

→ Bella Hadid, en el desfile de Moschino de primavera / verano de 2019.

CLAIR DE FESSES
ESCOTE SORPRESA

DISEÑADOR ···················· **GUY LAROCHE** (*véase pág. 357*)

FECHA ································· 1972

Algunas creaciones míticas nunca han desfilado en la pasarela ni han cruzado las puertas de una tienda. Sin embargo, las reconocemos al instante, porque trascienden su condición de vestimenta y simbolizan algún momento clave de la cultura popular. Es el caso de un vestido de escote vertiginoso...

↑ **Mireille Darc**, en *Le Grand Blond avec une chaussure noire* (*El gran rubio con un zapato negro*, 1972).

LA HISTORIA DE UNA PELÍCULA

En 1972, Mireille Darc es elegida para protagonizar *Le Grand Blond avec une chaussure noire* (*El gran rubio con un zapato negro*); sabe que su vestuario puede ser tan expresivo como su actuación y pide ayuda al modisto Guy Laroche, con el que desarrolla un vestido negro (*véase* pág. 106) que juega al engaño tanto como su personaje. Observado de frente, el vestido, de cuello cisne y manga larga, es minimalista y austero, pero la espalda... esa es otra historia.

EXCLUSIVIDAD

En 1974, en la secuela *Le Retour du grand blond* (*La vuelta del gran rubio*), Mireille Darc exhibe una versión del vestido en blanco marfil. En 2005, dona el original negro al Museo de las Artes Decorativas de París, afirmando que no soportaría verlo «sobre otras nalgas».

ESCOTAR LA ESPALDA

Desnudar la espalda no es una novedad. La década de 1920 ya deja al descubierto esta parte de la anatomía femenina, una zona erógena inédita y sexualizada, que contrasta con el aire andrógino del resto de la figura. La década siguiente se mueve entre el clasicismo y la sensualidad, y enfatiza la espalda desnuda para subrayar la ambivalencia del estilo. Aun así, la apuesta de Guy Laroche sorprende: prolonga el escote hasta el nacimiento de las nalgas y acentúa el arqueo del final de la espalda con una cadenita de oro.

TAPAR O ENSEÑAR

Enseñar las nalgas incluso estando vestida es un nuevo postulado de la moda. Es precisamente al tapar o enseñar el cuerpo, según la tendencia o la apetencia del momento, cuando la vestimenta genera deseo. Un cuerpo desnudo es algo trivial, pura biología; sin embargo, si un tejido desvela

parte de la anatomía, el efecto es perturbador. Mireille Darc es muy consciente de ello: como recordará más adelante, le preocupa la reacción del director cuando le presente el vestido. Pero la idea gusta y la escena se reescribe.

EFECTO SORPRESA

El vestido funciona y no solo sorprende al espectador. Pierre Richard, que interpreta al protagonista de la película, no ve a Mireille Darc antes de rodarse la escena. Cuando ella le vuelve la espalda y el actor descubre el vertiginoso escote, el trance no es fingido. El vestido Clair de Fesses («claro de nalgas») se convierte en el tercer personaje de la secuencia y en un icono instantáneo del cine y de la moda.

PRIMER PLANO

1939: los zapatos de color rubí de *The Wizard of Oz* (*El mago de Oz*).

1954: el vestido blanco de Marilyn Monroe en *The Seven Year Itch* (*La tentación vive arriba*).

1960: la camiseta del *New York Herald Tribune* de Jean Seberg en *À bout de Souffle* (*Al final de la escapada*).

1961: el vestido negro de Audrey Hepburn en *Breakfast at Tiffany's* (*Desayuno con diamantes*).

1984: el jersey de *mohair* rosa de *París, Texas*.

1994: el traje de chaqueta negro de *Pulp Fiction*.

2001: el abrigo de piel de Gwyneth Paltrow en *The Royal Tenenbaums* (*Los Tenenbaums*).

2003: las bragas rosas de S. Johansson en *Lost in Translation*.

EL TIRO BAJO
LA VIOLENCIA A ESCENA

DISEÑADOR	ALEXANDER MCQUEEN (*véase pág. 358*)
FECHA	1995

La década de 1990 comienza con una crisis económica que frena las excentricidades de la moda del decenio anterior. El minimalismo y cierto brutalismo toman las riendas, y la costura parisina se inclina ante las nuevas tendencias. Al menos por un tiempo, pues del otro lado del canal de la Mancha llegan diseñadores dispuestos a sacarla de su dulce sopor.

↑ **Pantalón de traje**, de Alexander McQueen.

UN IMAGINARIO TABÚ

Por un lado, John Galliano, exuberante y teatral; por otro, Alexander McQueen, torturado y magistral. Ambos comparten el gusto por el espectáculo, aunque, en el caso de McQueen, la *performance* sabe a electrochoque. Quiere emocionar, conmocionar, provocar, embrujar. No teme expresar lo que otros prefieren callarse: su pasarela escenifica la violencia, el sexo, la locura y la morbidez. Y nunca es gratuito, cada una de sus colecciones y desfiles se alimentan de sus pasiones y neurosis. Detrás de estos temas tabú, logra destilar poesía y una suerte de misticismo.

REPRESENTAR LA VIOLENCIA

En marzo de 1995, Alexander McQueen se concentra en una temática de gran interés para él: la purga étnica perpetrada por Inglaterra contra los escoceses en los siglos XVII y XVIII. El diseñador, de origen escocés, quiere representar la violencia sufrida por sus ancestros y bautiza su colección «Highland Rape», pues así es como él considera aquellos hechos: la violación de las Tierras Altas y de sus habitantes. Pero esta referencia al estupro molesta y McQueen es acusado de convertir la violencia sexual en estética. Es bien cierto que algunas de las prendas están laceradas, rasgadas, con la apariencia de haber sido arrancadas del cuerpo.

Y EL SEXO...

Piezas que dejan el pecho al descubierto, transparencias que llegan a revelar el pubis, escotes...: el sexo está muy presente en la colección. Algunas formas desconciertan: el talle de pantalones y faldas es bajo, muy bajo. El pantalón *bumster* descubre el nacimiento de las nalgas, a las que Alexander McQueen aplica los mismos escotes con los que descubre los bustos.

> «YO NO ESTOY AQUÍ PARA ORGANIZAR CÓCTELES. PREFIERO QUE LA GENTE SALGA DE MIS DESFILES A VOMITAR».
>
> ALEXANDER MCQUEEN

GUERRA DE LOS MUNDOS

En otoño de 1999, Shalom Harlow desfila para McQueen. Sale a escena con un vestido blanco parecido a un enorme tutú y se detiene sobre una plataforma giratoria. Mientras resuena «El cisne», de Camille Saint-Saëns, dos robots rocían el vestido con pintura. McQueen se inspira en la instalación *High Moon* de Rebecca Horn. Con su propuesta, el diseñador interroga a la moda sobre la violencia y el fetichismo encarnados en el proceso creativo.

UN NUEVO CUERPO

¿Enseñar lo innombrable con aplomo? Esa no es la intención del diseñador, tal y como él mismo explica: le interesa experimentar con el efecto visual de alargar el cuerpo. Quiere mostrar el final de la columna vertebral y la curvatura que esta dibuja al fundirse con las nalgas, que encuentra tan bella como erótica. El pantalón de tiro bajo, enésimo elogio sexual, es en realidad una mutación.

Página siguiente:
Desfile de Alexander McQueen de otoño / invierno de 1996, en Londres.

VESTIDO CRUZADO
MUJER LIBERADA

DISEÑADORA	DIANE VON FÜRSTENBERG *(véase pág. 353)*
FECHA	1974

Envolver el cuerpo con un tejido es un gesto ancestral, sencillo, práctico y sensual. En una década que libera a la mujer de sus yugos, Diane von Fürstenberg, autodidacta y ambiciosa, convierte este gesto en divisa de la mujer activa. En unos pocos años, la diseñadora levanta un imperio.

↑ Vestido cruzado Twigs, de Diane von Fürstenberg.

EN CIFRAS

1 vestido de culto

2 retratos de Andy Warhol

25 000 vestidos vendidos a la semana en la década de 1960

29 años y 1 portada de *Newsweek*

Studio 54: la discoteca de moda donde se codea con las celebridades

15 000 estampados

1983: vende su empresa

1997: se relanza su marca

y algodón y corte cruzado, que se cierra sobre el busto y se anuda en el talle. El precio es asequible, no se arruga, es fácil de lavar y de llevar: en todo, responde a las exigencias de la nueva mujer. El éxito es inmenso.

MUJER TRABAJADORA
En la década de 1970, cada vez más empresas abren sus puertas a la mujer. Esta se emancipa y vive a caballo entre la familia y la profesión. Quiere ser respetada en las salas de reuniones, pero también sentirse seductora. El vestido cruzado, con su largo hasta la rodilla y su pronunciado escote, concilia modestia y sensualidad.

«SI INTENTAS ESCABULLIRTE DE UN HOMBRE DORMIDO, LAS CREMALLERAS SON UNA PESADILLA. ¿NUNCA HAS INTENTADO DESAPARECER DE UNA HABITACIÓN A LA MAÑANA SIGUIENTE? YO LO HE HECHO MUCHAS VECES».

DIANE VON FÜRSTENBERG

SIMPLE Y EFICAZ
Nueva York ya está entusiasmada con Diane von Fürstenberg —que ha desembarcado en 1974 con diseños concebidos en Italia— cuando la joven diseñadora da la campanada: propone un vestido estampado de punto

UN ASUNTO DE MUJERES
Esta prenda se adapta a todas las morfologías, los cuerpos y las edades. Es el aliado perfecto de la mujer que ya no tiene tiempo que perder, adecuado tanto para el día como para la noche. Diane von Fürstenberg es su propia musa:

joven divorciada con dos hijos pequeños, que gestiona un imperio y se divierte en Studio 54. Ella misma personifica la femineidad ensalzada por sus creaciones.

VESTIDO MEJOR QUE PANTALÓN
El vestido cruzado se alía con la mujer emancipada, como la atareada Cybill Shepherd de *Taxi Driver*. En una época en la que la mujer por fin puede llevar pantalón sin ser

juzgada, el vestido se convierte en un arquetipo feminista. La diseñadora quiere demostrar que no es necesario tomar prestada la ropa del hombre para hacerse respetar.

Página anterior:
Diane von Fürstenberg, en Nueva York (1972).

SPEEDY
A TODA VELOCIDAD

DISEÑADOR	LOUIS VUITTON
FECHA	1930

El viaje es el alma de Louis Vuitton desde su nacimiento en 1854. La casa desarrolla todo tipo de baúles y maletas, así como neceseres extravagantes y prácticos concebidos para los caballeros aventureros y aristócratas a quienes les gusta el placer de evadirse sin renunciar al lujo y la comodidad.

↑ Bolso Speedy, de Louis Vuitton.

«AH, EL MONOGRAMA... ¡FUE MI OBSESIÓN Y MI PREOCUPACIÓN MÁS QUERIDA DURANTE MUCHO TIEMPO!».

MARC JACOBS

COMO UN LIENZO

En 2001, Stephen Sprouse cubre el Speedy con grafitis; en 2003, Takashi Murakami le presta su colorido universo pop; y en 2012, es Yayoi Kusama quien lo adorna con sus legendarios lunares. En 2017, Jeff Koons adapta para él las pinturas más importantes de la historia del arte, una colección controvertida y *kitsch* para un bolso que se hace tan excéntrico como la época hasta la que ha llegado.

LA MARCA DEL LUJO

La falsificación no es un fenómeno nuevo y la marca la sufre desde sus inicios. Ya en la década de 1880, Louis Vuitton decide limitarse a unos pocos motivos exclusivos, como el damero en dos tonos de marrón. Aun así, aparecen imitaciones. Su hijo, Georges Vuitton, diseña el monograma de la casa en 1896: una L y una V entrelazadas y acompañadas de estilizados motivos de flores. Una insignia que se ha convertido en icono.

«VOYAGE, VOYAGE»

En 1930, el mundo se mueve. Todos quieren viajar, no solo las clases adineradas, que descubren los delirios de la aviación, sino también los trabajadores, que ahora disfrutan de vacaciones pagadas. Y este es el primer destino de las creaciones de Louis Vuitton. Desde mediados del siglo XIX, la marca se adapta a la evolución de los usos y costumbres, así como a los avances tecnológicos. Con el automóvil llega también el deseo de irse bien lejos sin tener que hacer demasiados preparativos. Este es el origen del primer bolso de viaje de Vuitton, el Keepall.

MÁS RÁPIDO

En esta búsqueda de la funcionalidad, la casa desarrolla el Express, hermano pequeño del Keepall. Es un bolso de viaje de 30 centímetros de largo, concebido para transportar los efectos personales de menor tamaño. Atendiendo a su creciente fama internacional, Vuitton lo rebautiza Speedy. El bolso cosecha un éxito inmenso. Al cabo de unos años, recibe un espaldarazo inesperado.

BOLSO DE MANO

En la década de 1960, el Speedy cambia de identidad. Audrey Hepburn, entusiasta de Louis Vuitton, encarga a la casa una versión reducida. Así nace un modelo de 25 centímetros y un uso diferente: ahora un bolso de mano. La actriz lo utiliza asiduamente y las ventas se disparan.

ARTE Y MODA

El Speedy se acomoda en el paisaje de la moda, a la vez como objeto de lujo y como accesorio para las vacaciones. Cuando asume la dirección artística de Louis Vuitton en 1997, Marc Jacobs promueve la revisión de los grandes clásicos de la casa con la colaboración de artistas contemporáneos. Estas piezas originales establecen un diálogo entre la moda y el arte, y alistan al Speedy en la batalla de las tendencias.

COSAS DE BOLSOS

BOLSOS QUE SE LLEVAN EN LA MANO

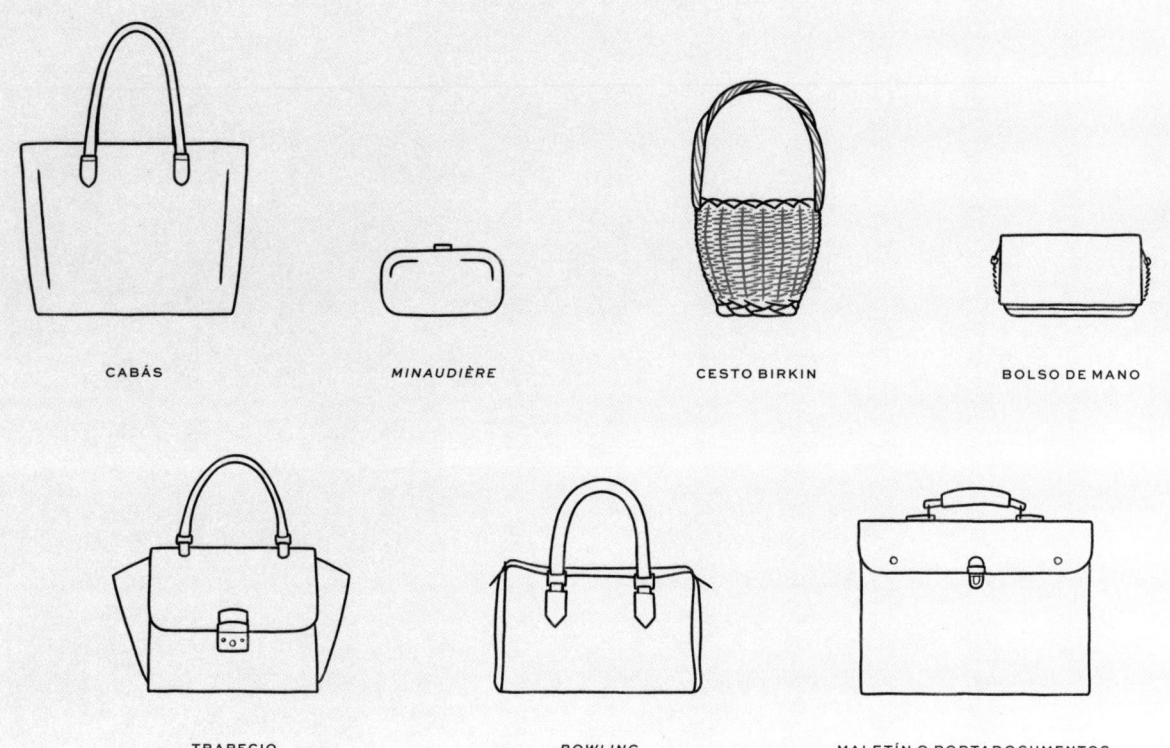

CABÁS

MINAUDIÈRE

CESTO BIRKIN

BOLSO DE MANO

TRAPECIO

BOWLING

MALETÍN O PORTADOCUMENTOS

BOLSOS QUE SE LLEVAN A LA ESPALDA

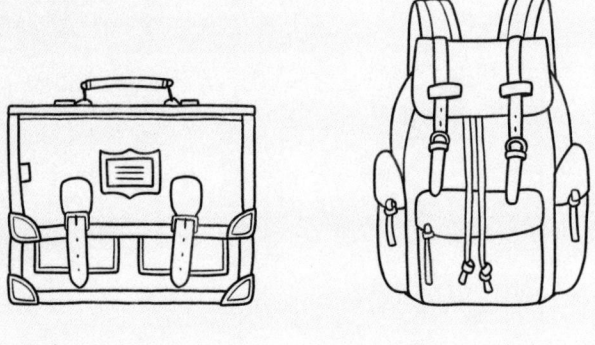

CARTERA

MOCHILA

BOLSOS QUE SE CUELGAN DEL HOMBRO

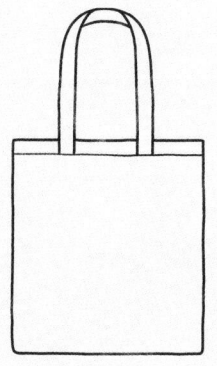

BOLSA DE TELA

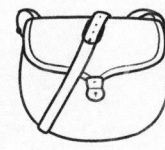

BESACE

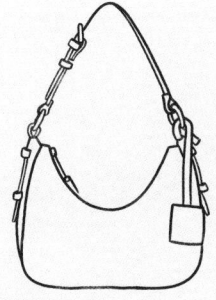

BOLSO DE HOMBRO

BAGUETTE

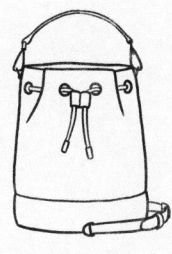

BOMBONERA

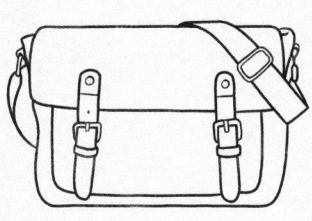

BOLSA DE SATCHEL

BOLSOS QUE SE LLEVAN EN LA CINTURA

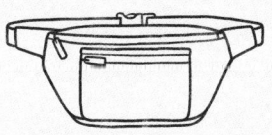

RIÑONERA

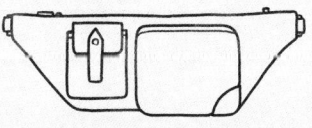

RIÑONERA

ANTIBACTERIANO
PRENDAS INMUNITARIAS

| DISEÑADOR | .... | COPERNI (véase pág. 352) |
| FECHA | .... | 2020 |

En 2020, los desfiles tienen un sabor particular. Apenas unos meses antes, el mundo ha descubierto una amenaza hasta entonces relegada a las películas de catástrofes: una pandemia. El confinamiento y la distancia social dibujan un nuevo modo de vida. Coperni procede a demostrar lo que podría ser el vestuario del mañana, o más bien el de hoy.

↑ **Bodi C+ Zip**, de Coperni.

EL FUTURO AHORA

La marca parisina fundada por Arnaud Vaillant y Sébastien Meyer propugna una estética minimalista y futurista: predominan las prendas lisas en negro y blanco, a veces realzadas con algún color vivo. La colección recuerda al estilo de la era espacial (*véase* pág. 267) de la década de 1960; es un guiño a una época en la que todo era nuevo y cualquier cosa era posible —no en vano, el dúo ha pasado por la casa Courrèges—. El siguiente decenio son años de promesas, mientras que la década de 2020 trae angustia. ¿Cómo responder a lo desconocido? Quizá creando y concibiendo un futuro que responda a otras necesidades.

PASO A LOS DEPORTISTAS

Coperni sabe ver el impacto de la pandemia: nunca antes el ser humano le ha dado tanta importancia a la actividad física, exigua vía de escape en el confinamiento. El desfile evoca la moda deportiva y su carácter técnico, tan esencial para el bienestar y el éxito del ejercicio físico. El atuendo se convierte en una segunda piel y acompaña cada gesto del cuerpo, pues este, sometido ya a tan dura prueba, no necesita limitaciones suplementarias.

ESPÍRITU INNOVADOR

La innovación lleva al dúo a pensar en un material que no solo se funda con el cuerpo —tenso y flexible como este—, sino que también lo modele. Sus siluetas recuerdan a figuras de papiroflexia. La pieza estrella del desfile es el bodi C+, en tejido sintético anti-UV, humectante, antideslizante y antibacteriano. Las prendas técnicas no son nuevas en la industria textil, pero la moda las ha utilizado con timidez, posiblemente por considerarlas poco estéticas.

> «ADORAMOS EL PROGRESO, LA INNOVACIÓN Y LA CIENCIA. COPERNI ES UNA MEZCLA DE FUTURO Y PASADO».
>
> ARNAUD VAILLANT

MODA SANITARIA

¿Es necesario integrar salud y moda? La pandemia ha demostrado que quizás ha llegado la hora de hacerlo. Si la apariencia está vinculada al cuerpo, entonces este debe situarse en el centro de la moda, no solo como forma decorativa, sino en toda su esencia orgánica. El futuro es ahora.

TECNOCHIC

La tecnología está en el ADN de Coperni. En septiembre de 2023, dos hombres vestidos de negro pulverizan una solución sobre una modelo desnuda, Bella Hadid. Al entrar en contacto con la piel, el producto se transforma en un vestido de tela. El tejido de Manel Torres se llama Fabrican Spray-on Fabric.

LUJO URBANO
LA CALLE ES ELEGANTE

DISEÑADOR ··· **VIRGIL ABLOH PARA LOUIS VUITTON** (*véase pág. 350*)

FECHA **2021**

Desde la década de 1990, la cultura urbana es una norma en la estética de la moda, casi un tópico del estilo contemporáneo. La sacralización de la calle ha engendrado un nuevo vocabulario comercial. El lujo, con su ansia de renovación constante, lo comprende a la perfección. Louis Vuitton también, y entroniza a Virgil Abloh.

↑ Portadocumentos Neo Voyage, de Virgil Abloh para Louis Vuitton (2021).

POLIFACÉTICO

En su faceta como DJ, Virgil Abloh mezcla *samples* para componer nuevos sonidos. Esa es la esencia de su reflexión: crear a partir de algo que ya existe. Abloh, arquitecto de formación, se dedica a ámbitos tan diversos como el diseño de mobiliario, la moda o el arte contemporáneo, en los que redefine fragmentos de nuestra cultura sin jerarquizar sus referencias. Son tan válidos la calle como el arte conceptual.

MODA PARA LA CALLE

Director artístico de las colecciones de hombre de Louis Vuitton desde 2018 hasta su muerte prematura en noviembre de 2021, el diseñador estadounidense destila para la casa su gusto por el *streetwear*. Desde 1990, la calle y el lujo dialogan constantemente. Abloh redefine los códigos para llegar a una clientela más joven y diversa. El público al que se dirige es él mismo, erigido en símbolo: un hombre negro que lidera una prestigiosa casa de lujo. El gesto, político (estratégico) y estilístico, no es baladí.

CÁPSULAS CREATIVAS

2011: con los raperos Jay-Z y Kanye West en el álbum *Watch the Throne*

2016: Moncler

2017: IKEA

2018: Takashi Murakami

2020: Mercedes

2021: Nike

EL INDIVIDUO…

En su colección de otoño / invierno de 2021, Virgil Abloh somete a examen su identidad de hombre y de hijo de inmigrantes y el papel del vestuario masculino en el espacio público. Combina tejidos tradicionales de Ghana y trajes de chaqueta (arquetipo de la moda occidental), cuadros escoceses, botas de vaquero y sudaderas. Concibe todo un escaparate de estereotipos basados en la apariencia —el artista, el galerista, el comercial…— para luego deconstruirlos.

… Y EL RESTO DEL MUNDO

Destacan los aviones, omnipresentes en la colección, así como dos abrigos de plumas con relieves de París y Chicago. Abloh plantea una constatación o quizás una pregunta lacerante: ¿es posible sentirse en casa aun estando en cualquier lugar? ¿Sigue siendo el hombre negro un eterno turista en los espacios concebidos y dominados por el hombre blanco?

«COMPONER A PARTIR DE *SAMPLES* ES COMPRENDER QUE LA CREACIÓN NO CONOCE LÍMITES».

VIRGIL ABLOH

HETERÓCLITO

El primer modelo del desfile es el poeta Saul Williams. Pronuncia unos nombres, como si llamara a fantasmas: «Akenatón, [Frida] Kahlo, [Allen] Ginsberg, Gandhi, [Billie] Holiday, [Miles] Davis, [Jim] Morrison, [Janis] Joplin, [Jimi] Hendrix, [Federico] Fellini, Nefertiti…». Abloh también se inspira en *Stranger in the Village*, un ensayo de Baldwin que escenifica un pueblo cuyos habitantes nunca han visto a un negro.

Página siguiente:
Desfile de Louis Vuitton de otoño / invierno de 2021, en París.

ROJO VALENTINO
COLOR TALISMÁN

| DISEÑADOR | ···················· | VALENTINO *(véase pág. 354)* |
| FECHA | ···················· | DÉCADA DE 1960 |

Cuenta la historia que, una noche de ópera en el Liceo de Barcelona, el joven estudiante Valentino Garavani, que aún no ha fundado su célebre marca, queda embelesado por una mujer vestida con un traje de terciopelo rojo. Esta visión deslumbrante se le graba en la memoria y el rojo se convierte no solo en su firma personal, sino en un tótem de la moda.

↑ Vestido rojo de popelina, de Valentino.

«LA ELEGANCIA ES EL EQUILIBRIO ENTRE PROPORCIONES, EMOCIÓN Y SORPRESA».

VALENTINO

TALISMÁN

Tras pasar por las *maisons* de Jean Dessès y Guy Laroche en París, el joven aprendiz italiano abre su propia casa en Roma, en 1959, y la bautiza con su nombre: Valentino. En su primer desfile, el rojo ya está presente, asumiendo la forma de un vestido de cóctel con corpiño, al que llama Fiesta, y que evoca a su Italia natal: lúdica, impertinente y elegante. De ahí en adelante, el vestido rojo es una pieza esencial en todas sus colecciones. Como un talismán.

UN COLOR PARA CADA UNO

Valentino no es el único *couturier* con un color fetiche. Jeanne Lanvin tiene el azul; Elsa Schiaparelli, un rosa fucsia; Cristóbal Balenciaga, el negro; Christian Dior, el gris, y Martin Margiela, el blanco.

EL REY DEL COLOR

Apropiarse del color rojo no es algo trivial. Es el color del poder, en este caso, el de un diseñador italiano que asume la herencia de los emperadores romanos. Hay algo de grandilocuencia en el gesto de Valentino, pero también una declaración de intenciones: Valentino es distinción tradicional, es clasicismo reconfortante. Y sus clientas saben que, tras el romanticismo de sus creaciones, palpita con aplomo el rojo. Son mujeres soñadoras pero no ingenuas.

ROJO CON APELLIDO

Gracias al rojo, Valentino se dota de una identidad propia muy reconocible. Sin embargo, el color que le da fama mundial es el blanco, protagonista exclusivo de su colección de 1968 y del vestido de novia elegido por Jackie Kennedy para convertirse en Jackie Onassis. Se diría que fue necesario un tejido inmaculado para que el rojo pudiera consolidar su dominio.

HILO CONDUCTOR

En 2008, tras la marcha de su fundador, la dirección artística de la casa pasa a manos de Pierpaolo Piccioli y Maria Grazia Chiuri (esta última hasta 2017, cuando se marcha a Dior). Bajo su mando, el vocabulario de Valentino perdura, con el rojo como hilo conductor, incandescente e intemporal.

MODA A LA ITALIANA

Tras la Segunda Guerra Mundial, Italia impulsa su industria, en especial la textil; ya no quiere ser proveedora de materiales, sino marcar tendencias. En 1951, Giovanni Battista Giorgini organiza los primeros desfiles que promocionan la moda italiana y sus diseñadores; el escenario es Florencia. Además, el contexto es favorable: Hollywood rueda películas como *Roman Holiday* (*Vacaciones en Roma*) y el cine italiano exporta sus propias producciones, como *La dolce vita*.

Página anterior:
Desfile de Valentino de otoño / invierno de 2021, en Venecia.

TÚNICA DE ESTILO
A LA ANTIGUA

DISEÑADOR ·········· **JEANNE LANVIN** (*véase pág. 357*)

FECHA ········· **DÉCADA DE 1920**

No todas las mujeres de la década de 1920 son *garçonnes* rebeldes y andróginas. Jeanne Lanvin es consciente de ello y propone una visión diferente de la femineidad, no tan temeraria y más tradicional y accesible. ¿Aburrida quizá? En absoluto. Jeanne Lanvin permite a las más tímidas una transición suave.

↑ Túnica de estilo, de Jeanne Lanvin (1924).

EL CORSÉ DESTERRADO

Desde la década de 1910, el cuerpo de la mujer se ha quitado un peso de encima: el de varios siglos de moldeado de la figura para satisfacer la mirada del hombre y el canon de belleza que él ha dictado. Una vez abandonado el corsé, hay que habituarse a distinguir bajo el tejido la forma del cuerpo. No es fácil después de tantos años de preferencia por lo artificial. La siguiente década toma la dirección inversa y a esta femineidad exacerbada del pasado responde con androginia. Pero estos aires de liberación perpetúan el mismo discurso: el que rechaza el cuerpo de la mujer tal y como es.

CRINOLINA REINTERPRETADA

Durante la Primera Guerra Mundial, se impone la silueta llamada «crinolina de guerra»: talle alto y falda ancha promocionan la industria de la moda a pesar del conflicto. Jeanne Lanvin adopta este estilo y lo perpetúa en sus vestidos de la década de 1920, que toman prestados algunos códigos del siglo XVIII, como los tontillos que redondean las caderas. Tampoco se olvida de los imperativos de la nueva década: talle bajo, ornamentación abundante, reducción del largo y corte ceñido y fluido.

TÚNICA DE ESTILO

La llamada «túnica de estilo» se convierte en la prenda insignia de Lanvin. Encaja a la perfección en las propuestas de una casa que siempre ha destacado por su romanticismo y por el toque de ingenuidad heredado de los primeros tiempos, cuando la diseñadora confecciona para su propia hija y las de sus clientas. Este vestido de falda voluminosa sienta bien a mujeres de cualquier edad y constitución, y encaja en cualquier entorno. Se populariza y se copia, sobre todo en provincias, donde es mucho más fácil llevarla que jugar a ser una *garçonne*.

> «PARA MÍ, EL NOMBRE DE LANVIN ESTÁ VINCULADO AL RECUERDO DE LAS CHICAS VESTIDAS CON TÚNICAS DE ESTILO, CON LAS QUE BAILÉ MIS PRIMEROS FOX-TROTS, CHARLESTONES Y SHIMMYS. EN LOS BAILES, SIEMPRE ERAN LAS MEJOR VESTIDAS».
>
> CHRISTIAN DIOR

COLOR SINGULAR

A partir de la década de 1920, Jeanne Lanvin desarrolla colores propios en su fábrica de tintes. Uno de ellos es el llamado «azul Lanvin», que se inspira en el utilizado por Fra Angelico, pintor italiano del Renacimiento.

LEJOS DEL CLICHÉ

Pieza maestra de la casa Lanvin, la túnica de estilo contradice muchos estereotipos de los locos años veinte, una época en la que son muchas las mujeres intimidadas por la obligación de emanciparse y comportarse con extravagancia.

Página siguiente:
Jeanne Lanvin drapea un tejido sobre una maniquí (década de 1930).

TRAJE ARMANI
EL IMPERIO DE LOS SENTIDOS

DISEÑADOR ···················· **GIORGIO ARMANI** *(véase pág. 350)*

FECHA ··························· **1975-1980**

El poder del dinero: la década de 1980 es materialista y vanidosa, y engendra una nueva aristocracia financiera, joven y urbana. Esta nueva clase se enriquece mediante la especulación. Son los *yuppies*. Y el poder masculino va de uniforme: el traje con hombreras prominentes.

↑ **Traje Heritage**, de Emporio Armani.

«CAMBIÉ EL ASPECTO DE LA GENTE, ESO ES INNEGABLE».

GIORGIO ARMANI

DE LA AGUJA A LA PANTALLA

Armani diseña para el cine.

1984: *Miami Vice (Corrupción en Miami)*

1987: *The Untouchables (Los intocables de Eliot Ness)*

1992: *The Bodyguard (El guardaespaldas)*

1994: *Pulp Fiction*

2000: *Shaft*

2008: *The dark Knight (El caballero oscuro)*

2009: *Inglorious Basterds (Malditos bastardos)*

2013: *The Wolf of Wall Street (El lobo de Wall Street)*

2014: *A Most Violent Year (El año más violento)*

VESTIMENTA DE PODER

En la misma época emerge un diseñador italiano, Giorgio Armani, que funda su casa en Milán en 1975 y hace del traje de hombre su especialidad. Si bien no ignora el *power dressing* que es tendencia —con sus chaquetas cruzadas de hombros geométricos herederas del estilo de la década d 1930—, Armani distingue sus propuestas con un soplo de modernidad.

SEGUNDA PIEL

Más ligereza, tal es su apuesta. En lugar de un traje *(véase pág. 186)* estructurado, de la armadura que oculta el cuerpo, Giorgio Armani ofrece una nueva sensualidad, con una caída más natural, que sienta como una segunda piel. La imagen sigue siendo poderosa, pero no agresiva. Muy rápidamente, se granjea el apodo de «rey del *blazer*». Pero la verdadera gloria está por llegar.

ACTOR, MUSA

En 1980, Armani acepta diseñar el vestuario de John Travolta para la película que está a punto de rodar, *American Gigolo*. Finalmente, Travolta renuncia al papel, pero Armani se queda para vestir a su sustituto, un actor entonces poco conocido: Richard Gere. Esta colaboración es historia de la moda, ya que, ayudado por la carnal interpretación de Gere, el diseñador promulga una visión inédita: el poder erótico del traje de hombre.

EL ATUENDO DE UNA ÉPOCA

La película es publicidad viva para Armani y el estilo de Richard Gere se copia en todas partes. El diseñador lanza al mismo tiempo su primera colección internacional de *prêt-à-porter*. Armani redefine la forma de vestir el traje y domina el mercado de la moda masculina hasta la década de 1990, cuando la sociedad empieza a relegar esta prenda y los profesionales se inclinan por estilos más casuales.

NEOLOGISMO

Yuppie, de 1980, es un acrónimo de *Young Urban Professional*, «joven profesional urbano».

Página anterior:
Richard Gere y Giorgio Armani, otoño / invierno de 1988.

MONOKINI
POCA BROMA

DISEÑADOR ···················· **RUDI GERNREICH** (*véase pág. 354*)

FECHA ································· **1964**

La trayectoria de Rudi Gernreich, diseñador estadounidense de origen austriaco, sorprende no por ejercer una provocación gratuita, sino por cuestionar las normas sociales, sobre todo las que incumben al cuerpo, la sexualidad y el género. Cree en la libertad y acaba con las convenciones.

↑ **Monokini**, de Rudi Gernreich (1964).

UN ORIGEN: EL CUERPO

Rudi Gernreich se expresa, en primer lugar, a través de la danza. Por eso conoce la postura del cuerpo y su gestualidad. Pero no solo eso: su primer trabajo consiste en asear cadáveres en una morgue. En la década de 1950, se lanza al mundo de la moda como estilista independiente, aunque no salta a primera fila hasta 1964, cuando Susanne Kirkland, editora de una revista de moda, lo invita a ilustrar la tendencia del *topless*. Gernreich presenta el monokini, un traje de baño que consta solamente de una braga con tirantes.

EMBAJADOR DE SU TIEMPO

El monokini aparece en las páginas del *Women's Wear Daily*, lucido por la musa del diseñador, Peggy Moffitt. Se vende poco, pero está en boca de todos. Los periodistas subrayan su estética provocativa, que encaja con el gusto de la época. El monokini se convierte en un embajador de la década de 1960, tan despreocupado, innovador y escandaloso como su tiempo. Se dice que Gernreich ha logrado desnudar el cuerpo femenino, una descripción reduccionista de sus verdaderas intenciones.

EL FUTURO ESTÁ AQUÍ

En 1970, Rudi Gernreich expone en la revista *Life* su visión de la moda del futuro. Sus modelos son un hombre y una mujer que parecen gemelos: están completamente rasurados, a veces desnudos, otras vestidos casi igual. Gernreich opina que el futuro abolirá la noción del género y lleva al paroxismo el gusto andrógino por la moda tan ponible por el hombre como por la mujer. Su Proyecto Unisex redefine las estructuras binarias de género para reinventar completamente la moda. Gernreich es un diseñador clarividente.

> ### «SI YA NO SE PUEDE REALZAR EL CUERPO, DEBERÍA SER ABSTRACTO».
>
> RUDI GERNREICH

IGUALDAD HOMBRE-MUJER

Su intención no es desnudar para lucir. El de Gernreich es un gesto militante: quiere demostrar que el cuerpo de la mujer no tiene por qué ser sexualizado, que su piel es tan trivial como la del hombre. El monokini no tiene parte de arriba porque al hombre nadie le obliga a llevarla. El diseñador sabe que enseñar el pecho es despojarlo de misterio. Así fustiga la hipocresía de quienes se apropian del cuerpo femenino y quieren decidir cuándo debe desnudarse o cubrirse.

ACTIVISTA DE LA MODA

La moda es su medio de expresión, pero es muy exigente. Cansado de los malentendidos, Gernreich deja de diseñar a finales de la década de 1960. Sin embargo, sigue ofreciendo sus ideas y «profecías», como es el caso de su Proyecto Unisex de 1970. Lo único que le interesa es el cuerpo en su esencia más pura, un cuerpo anodino sometido a las construcciones sociales.

Página siguiente:
Rose Williams, con monokini de Rudi Gernreich, en Hollywood (1964).

MINI-CRINI
ELLAS SABEN LO QUE QUIEREN

DISEÑADOR ···················· **VIVIENNE WESTWOOD** (*véase pág. 362*)

FECHA ·· **1985**

A algunos diseñadores contemporáneos
les gusta recuperar rasgos históricos para plantear
debates sobre el cuerpo, sus representaciones
y la sexualidad. En la década de 1980 se desarrolla
toda una tendencia que defiende el historicismo
como medio para traducir la creatividad
y el espectáculo de la moda.

↑ **Mini-Crini de encaje**, de Vivienne Westwood.

REVISAR LA HISTORIA
Irreverencia punk y tradición:
con estos mimbres, y con la
intención de luchar contra
las convenciones de clase y
género, Vivienne Westwood
reinterpreta la moda histórica
hasta sus últimas consecuencias.
Demuestra que el atuendo
puede crear un estatus social e
identitario diferente al asignado
por nacimiento. En sus manos,
el pastiche histórico es un
instrumento para construir
un relato diferente: el de la mujer
que deja de ser una criatura
sumisa atrapada en ropa
asfixiante para asumir su poder.

CRINOLINA RECORTADA
¡La crinolina ha muerto,
viva la crinolina! En 1985,
hace décadas que la mujer ya no
lleva miriñaque (*véase* pág. 223).
Vivienne Westwood, fiel a sus
reinterpretaciones históricas,
decide recuperarlo y actualizarlo
para su colección de primavera /
verano. No contenta con
resucitarlo, lo convierte en

el tema central de su desfile:
es la Mini-Crini, una crinolina
más corta que sus antecesoras,
impertinente y sensual.

DE ABAJO HACIA ARRIBA
En el siglo XIX, la crinolina
se oculta; la de 1985 se luce.
En su origen, la palabra designa
tanto la estructura que se coloca
bajo la vestimenta como la silueta
creada. Vivienne Westwood
juega con la primera de estas
identidades: la Mini-Crini
expone los aros que le dan

GRANDES CAUSAS

Vivienne Westwood es una
diseñadora comprometida
y militante, implicada en
cuestiones medioambientales.
No es la única; Stella McCartney
no utiliza cuero, plumas ni
pieles en sus creaciones. Gucci
también descarta las pieles
desde 2018. Y en 2021, la
revista *Elle* prohíbe en sus
páginas cualquier contenido
editorial o publicitario
de prendas confeccionadas con
pieles de procedencia animal.

«MIS PRENDAS TIENEN UNA HISTORIA. TIENEN UNA IDENTIDAD. TIENEN UNA NATURALEZA Y UN PROPÓSITO».

VIVIENNE WESTWOOD

forma y evoca la enagua,
a veces con un terciopelo
grueso, otras con un bordado
traslúcido. La intención no
es otra que sacar a la luz una
prenda interior sin despojarla
de sus connotaciones íntimas.
Es un guiño sexual.

UN CUERPO PROPIO
Volver a apropiarse del cuerpo
mediante el juego es el desafío
que propone la diseñadora.
Sin tomarse demasiado en serio
a sí misma, Westwood defiende
un discurso poderoso, un
compromiso que reposa sobre
una falda corta que cimbrea
con alegría y determinación.

ARTE UBICUO

La historia del arte y la moda
abandona muy raramente
las creaciones de Vivienne
Westwood. Su desfile «Portrait
Collection» («Colección de
retratos») de 1990 también es
parte ya de la historia; de todas
sus propuestas, destaca el
corpiño de licra que reproduce
la pintura de François Boucher
Dafnis y Cloe, de 1743. El
repertorio clásico, de dominio
público y democratizado, es un
motivo más con el que vestirse.

Página anterior:
Vivienne Westwood, en Londres
(2012).

ZAPATO GHILLIE
MUJER CON PEDESTAL

DISEÑADOR ················ **VIVIENNE WESTWOOD** (*véase pág. 362*)

FECHA ·· 1993

La colección de otoño/invierno
de 1993-1994 de Vivienne Westwood,
«Anglomania», se inspira en la tradición escocesa.
La diseñadora británica «sube» a sus modelos
a unos exagerados zapatos de plataforma,
reinterpretación de un calzado de danza
ancestral: los *ghillies*.

↑ **Zapato Elevated Ghillie**, de Vivienne Westwood.

> «LA MODA ME SIRVE DE EXCUSA
> PARA HABLAR DE POLÍTICA.
> SER DISEÑADORA ME DA UNA VOZ,
> Y ESO ESTÁ MUY BIEN».
>
> VIVIENNE WESTWOOD

HERENCIA PUNK

No debería sorprender:
subversión y tradición se dan
la mano en las propuestas
de Vivienne Westwood desde
que comenzara a construir el
vestuario punk (*véase* pág. 328)
de Inglaterra en la década de 1970.
El desfile es un tributo al estilo
inglés desde el Renacimiento
hasta la década de 1950 y,
en particular, a la herencia
escocesa tantas veces asimilada
por las élites. El tartán (*véase*
pág. 178) confeccionado para
su marca rinde otro homenaje:
a la distorsión de símbolos
característica del punk. A su
manera, la diseñadora subraya
la legitimidad de su presencia
en la corte de la alta costura,
al tiempo que recuerda sus
orígenes.

DESDE ARRIBA

Un pedestal: es el aspecto
de este zapato de insensata
plataforma. La diseñadora
considera que el calzado eleva
a la mujer, la hace poderosa

e imponente. Es la razón por la
que reintroduce la plataforma
en la moda de 1990. Este tipo
de zapato se usa desde la
Antigüedad, como atestiguan
el *kabkab* del Imperio otomano,
la *geta* tradicional japonesa
(*véase* pág. 32) y el chapín
veneciano. En las décadas
de 1930 y 1940, Salvatore
Ferragamo recupera la
plataforma para la modernidad,
tanto que, en la década de 1970,
es el emblema de toda una
época.

DEL FOLCLORE A LA MODA

Los *ghillies* son zapatos
de baile confeccionados
con cuero negro flexible; no
llevan lengüeta y se atan con
cordones largos. De este diseño
original, Vivienne Westwood
conserva la forma de la
abertura del empeine y los
cordones, y le añade tacón
y una plataforma muy alta,
que modifican completamente
el estilo y convierten este
calzado folclórico en una pieza

canalla y fetichista. Otro guiño
punk.

CAMBIAR LA HISTORIA

Toda la reflexión de la
diseñadora gira en torno al
cuerpo, el poder y el erotismo,
y su caprichoso Ghillie es
el mejor reflejo. Rebeldes
y descarados, cuentan una
historia diferente del Reino
Unido, en la que la mujer
es una heroína soberana
y traviesa.

VÍCTIMA DE LA MODA

En el desfile, el *ghillie*
se cobra una víctima:
la *top model* Naomi
Campbell se desestabiliza
y protagoniza una caída
memorable, de la que
se levanta riendo. El episodio
es historia viva del diseño,
y el Victoria and Albert
Museum de Londres
adquiere los zapatos de
color violeta calzados por
la modelo, como testimonio
de los tormentos de la
moda.

SEXO IMPÚDICO
HOMBRE SENSIBLE

DISEÑADOR ···················· RICK OWENS (véase *pág. 359*)

FECHA ···················· **2015**

Rick Owens es uno de esos diseñadores que no responden a ninguna tendencia: lo abarca todo y sus colecciones, que interrogan al cuerpo y al mundo, son un soplo de aire fresco, incluso anarquista. El creador estadounidense firma una estética que se atreve a transgredir sin caer en la provocación vacua.

↑ **Colección de Rick Owens** de otoño / invierno de 2015.

«PERMITIRSE MOSTRAR VULNERABILIDAD ES UNA DE LAS COSAS MÁS SEDUCTORAS QUE SE PUEDEN HACER».

RICK OWENS

EN CÓLERA

En septiembre de 2013, Rick Owens presenta su colección de verano: unas bailarinas negras salen a escena con una coreografía de *step* con toques de danza zulú, concebida por Lauretta Malloy Noble y su hija Lee Anét. Es casi una marcha militar, y las modelos, procedentes de las principales fraternidades universitarias de Estados Unidos, desfilan con expresión amenazadora, poderosas y combativas. Son mujeres fuertes, cuyos cuerpos quebrantan los estándares de la delgadez y narran la violencia inscrita en la historia de su comunidad.

RÚBRICA SUBVERSIVA

Rick Owens acostumbra a ofrecer desfiles subversivos, que examinan el vestuario como una capa más de piel que modifica al ser humano. Aun así, su colección de hombre de otoño de 2015 desorienta a algunos.

VEINTE MIL LEGUAS SUBMARINAS

La colección, inspirada en una película en un submarino, propone piezas evocadoras de ese entorno: chaquetones (*véase* pág. 127) y jerséis marineros, materiales similares al neopreno de los trajes de buceo, incluso restos de óxido que evocan el deterioro causado por el mar. El declive de los cuerpos y la naturaleza es un motivo recurrente de su obra, distópica y a la vez reflejo de la civilización actual.

LA INTIMIDAD DEL HOMBRE

Un submarino es un espacio confinado, en el que la intimidad debe compartirse. Los modelos desfilan envueltos en túnicas entreabiertas, algunas de las cuales revelan el torso, otras los tobillos, a veces un pene. Es una colección sorprendente, quizás chocante, pero hay algo de primigenio en la propuesta, como si Owens quisiera recordar cómo

es el cuerpo verdadero cuando se despoja de todo condicionamiento.

MISTICISMO Y CORPOREIDAD

Los desfiles de Owens tienen tintes de ceremonia; puede sentirse en el tejido ascético de las túnicas, similares al hábito del monje. Y recupera el fieltro, que Joseph Beuys convirtió en medio de expresión artística después de que este paño le salvara la vida durante la guerra. Owens concilia la espiritualidad y la humanidad, lo invisible y lo visible, el espíritu y la carne: todo lo que

representa al hombre al que se obliga a ser fuerte y se le prohíbe la vulnerabilidad.

AL DESNUDO

En 1971, Saint Laurent lanza Pour Homme, su primer perfume masculino, y protagoniza él mismo la campaña publicitaria, fotografiada por Jeanloup Sieff. El diseñador aparece desnudo. Aparte del escándalo que suscita —llega a ser rechazado por muchas publicaciones—, el anuncio reinventa la imagen de la profesión: el creador escapa de la severidad de la camisa blanca y se erige en estrella, icónica y cautivadora.

TECNOLOGÍA ETÉREA
NATURALEZA FUTURISTA

| DISEÑADOR | ·········· | IRIS VAN HERPEN (véase *pág. 355*) |
| FECHA | ·········· | DÉCADAS DE 2010 Y 2020 |

A medio camino entre el arte y la moda, Iris van Herpen esculpe formas inéditas, a menudo generadas por procedimientos tecnológicos, como la impresión en 3D o el corte con láser, o utilizando materiales ajenos al mundo de la moda. La creadora holandesa concibe una moda de texturas y expresiones futuristas y orgánicas.

↑ Conjunto de Iris van Herpen de la colección de primavera/verano de 2010.

COSTURA Y TECNOLOGÍA

Poner en contacto la costura artesanal con la innovación tecnológica es el credo de la diseñadora, que lleva la creatividad a nuevas fronteras, para cuestionar la naturaleza misma de las prendas de vestir. ¿Deben ser prácticas o conceptuales? En 2016 confecciona un vestido con cientos de burbujas de cristal soplado a mano, que, aplicadas sobre silicona, logran el efecto de gotas sobre la piel. Pero entre sus propuestas también hay vestidos de aspecto aéreo y meticulosos plisados. Ambos postulados pueden cohabitar.

NATURALEZA OMNIPRESENTE

Las creaciones de Iris van Herpen sellan la alianza entre naturaleza y tecnología. La diseñadora aspira a dar cuerpo a lo que es invisible en el mundo orgánico. En 2008, materializa el humo industrial con la ayuda de filamentos metálicos; en 2013, la electricidad cobra vida en forma de un vestido flexible, que expresa las energías que nos atraviesan. Y en 2010, sus vestidos simulan salpicaduras de agua.

MODA VULNERABLE

Tras estas imponentes siluetas se esconde la poesía de nuestra existencia. Con la misma ambivalencia que observó durante su período de aprendizaje con Alexander McQueen, Iris van Herpen construye figuras a caballo entre la armadura y el atavío: poderosas, a veces inquietantes, pero siempre tan ligeras y frágiles como lo son el ser humano y su mundo.

LA NUEVA REALIDAD

Van Herpen es pionera al introducir la tecnología en la moda, no para contradecirla, sino para ennoblecerla. Al difuminar las fronteras entre lo tangible y lo digital, anticipa una moda futura que sondea la estética virtual.

«A MENUDO ME INSPIRO EN LO QUE NO VEO Y NO COMPRENDO, PORQUE ES LO QUE DA RIENDA SUELTA A MI IMAGINACIÓN».

IRIS VAN HERPEN

UN MUNDO EN OTRO LUGAR

Las creaciones híbridas de Iris van Herpen anuncian el advenimiento de una nueva era. Con el desarrollo de los entornos virtuales, en los que podemos prolongar nuestra existencia real, muchas marcas aceptan la apuesta del metaverso y desarrollan prendas y accesorios llamados *wearables*, destinados a vestir a nuestros avatares. Otros creadores comercializan NFT (*non-fungible tokens* o bienes no fungibles), que borran toda frontera entre lo real y lo virtual.

CAÍDA LIBRE

La moda expresa su rivalidad creativa también en los desfiles. En 2021, Iris van Herpen rompe las fronteras al invitar a la campeona del mundo de paracaidismo Domitille Kiger a cerrar la presentación de su colección de 18 modelos. Kiger salta del avión con un vestido en tonos de azul, que se expresa libre en la inmensidad del cielo cual planeta Tierra flotando en el espacio.

Página siguiente:
Desfile de Iris van Herpen de primavera/verano de 2010.

ESTILOS

22 SILUETAS

1850   1920   1930   1940   1950   1960

DANDI
(*véase* pág. 324)

IVY LEAGUE
(*véase* pág. 334)

ZOOTER
(*véase* pág. 322)

GARÇONNES
(*véase* pág. 320)

TEDDY BOYS AND GIRLS
(*véase* pág. 346)

MOD
(*véase* pág. 304)

PEACOCK
(*véase* pág. 344)

PANTERA NEGRA
(*véase* pág. 340)

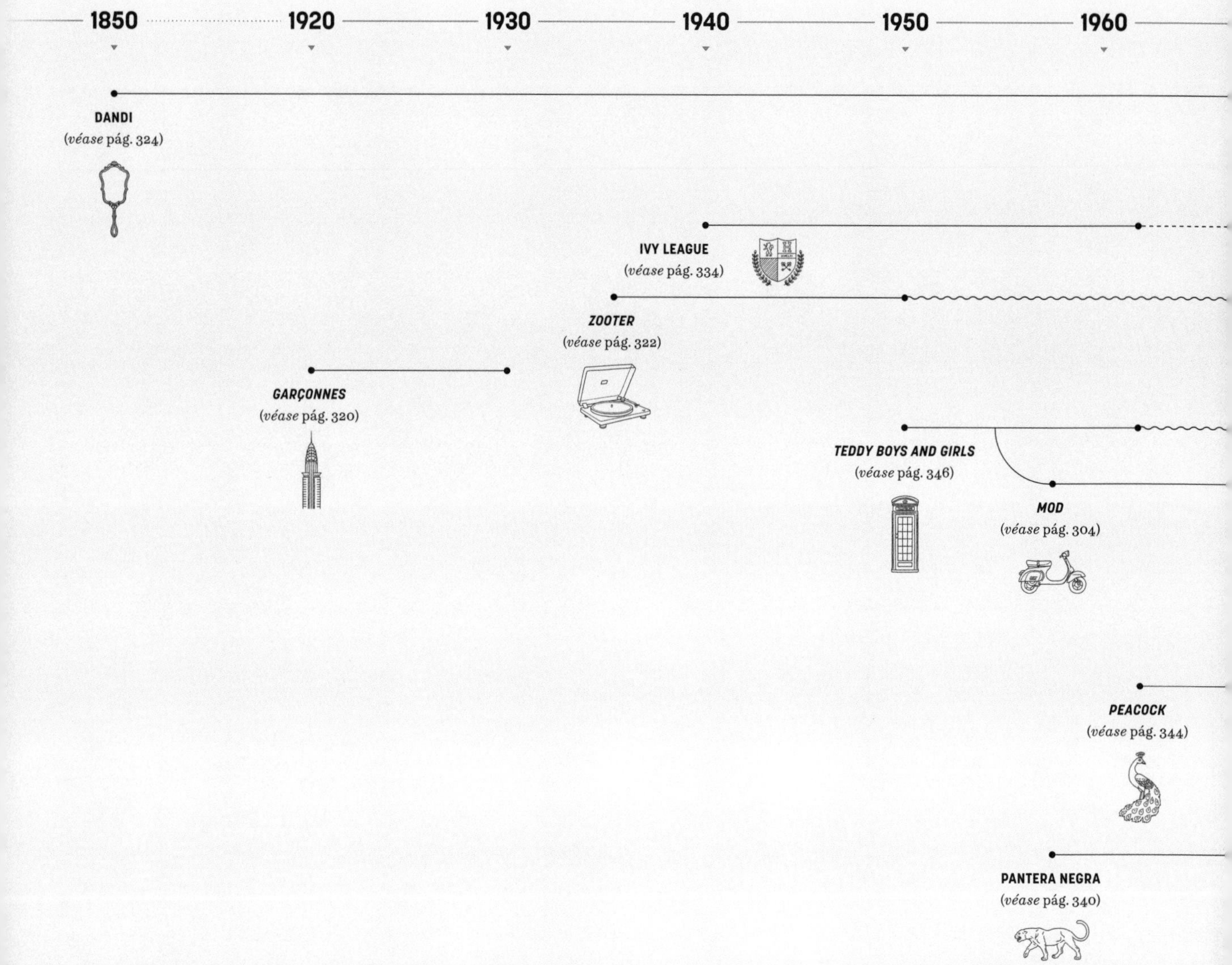

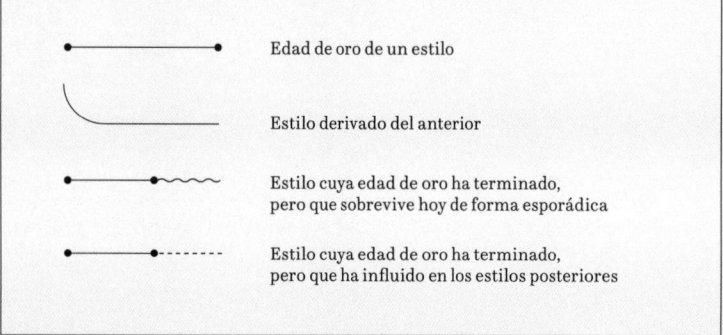

     Edad de oro de un estilo

     Estilo derivado del anterior

     Estilo cuya edad de oro ha terminado,
pero que sobrevive hoy de forma esporádica

     Estilo cuya edad de oro ha terminado,
pero que ha influido en los estilos posteriores

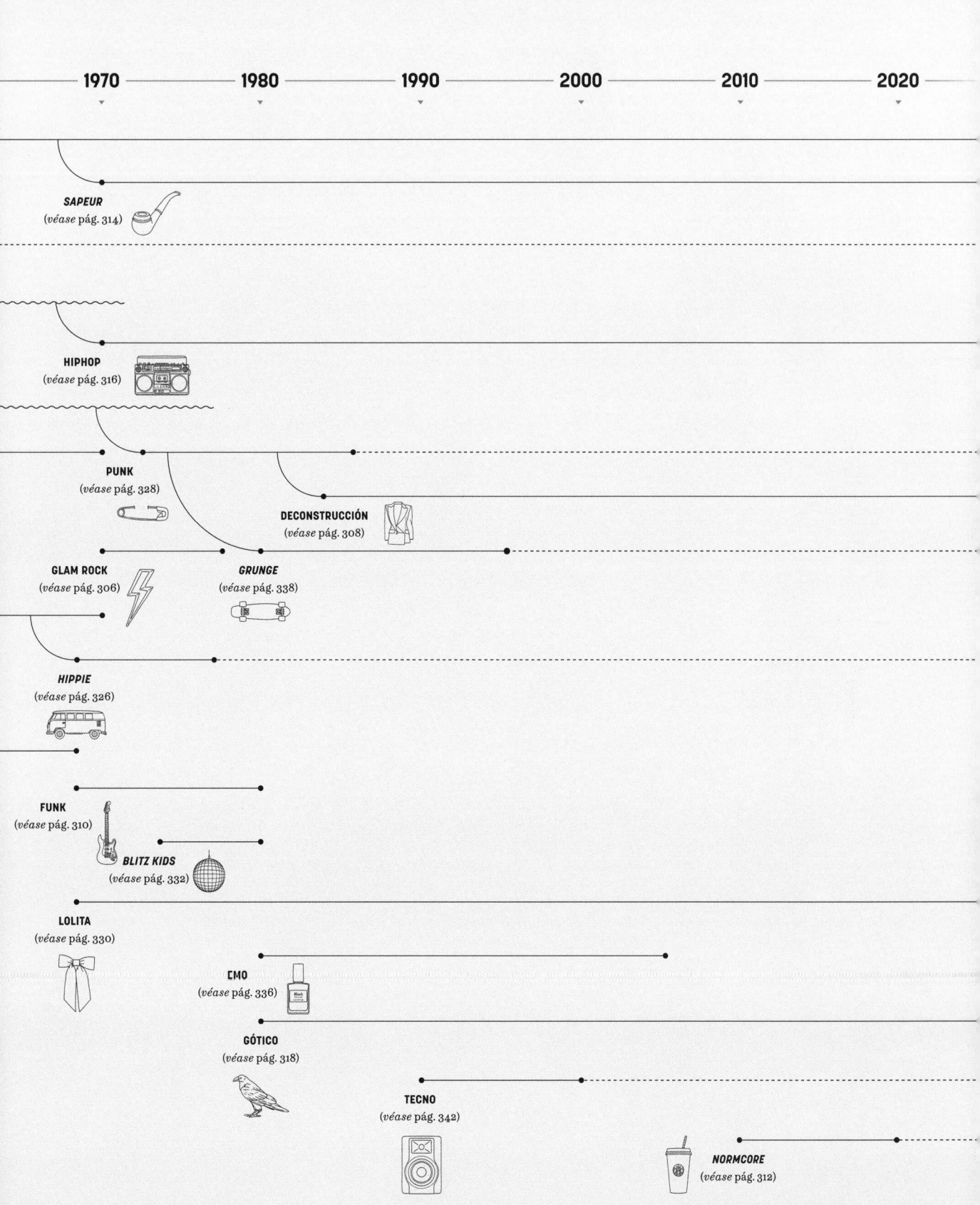

1970   1980   1990   2000   2010   2020

SAPEUR
(*véase* pág. 314)

HIPHOP
(*véase* pág. 316)

PUNK
(*véase* pág. 328)

DECONSTRUCCIÓN
(*véase* pág. 308)

GLAM ROCK
(*véase* pág. 306)

GRUNGE
(*véase* pág. 338)

HIPPIE
(*véase* pág. 326)

FUNK
(*véase* pág. 310)

BLITZ KIDS
(*véase* pág. 332)

LOLITA
(*véase* pág. 330)

EMO
(*véase* pág. 336)

GÓTICO
(*véase* pág. 318)

TECNO
(*véase* pág. 342)

NORMCORE
(*véase* pág. 312)

MODS
JUVENTUD AL VIENTO

CUNA	INGLATERRA
APOGEO	DÉCADA DE 1960

En la década de 1950, en el Soho londinense,
hay quien escucha jazz tradicional: son los *trads*.
Y hay quien se interesa por el jazz moderno,
los artistas afroamericanos del soul y el rhythm
and blues y la música jamaicana: los *mods*,
que llaman rápidamente la atención
de la cultura popular.

↑ Dos *mods* en Londres (1964).

«LOS ARTISTAS Y MÚSICOS DE LA DÉCADA DE 1960 TENÍAN UN GUSTO PRONUNCIADO POR LA MODA».

YOKO ONO

UN CLAN

La novela *Absolute Beginners* (*Principiantes*), de Colin McInnes, describe a estos adolescentes de clase media fascinados por el jazz, las motocicletas, la moda italiana, la *nouvelle vague* y las anfetaminas. Son herederos de los existencialistas franceses y de los *beatniks* estadounidenses, y se contraponen a los *teddy boys* (*véase* pág. 346), aunque de estos últimos toman prestado el gusto por la sofisticación. Los *mods* recurren a la parca para proteger su cuidado estilo cuando circulan sobre dos ruedas a toda velocidad.

UNA ÉPOCA

Cuando el *Swinging London* se cruza con el frenesí de la década de 1960, el movimiento *mod* se consolida y deja de ser contracultura para devenir en estilo de referencia. Sus señales de identidad son el traje estrecho (*véase* pág. 186), la corbata (*véase* pág. 182), la camisa (*véase* pág. 166) y los botines (*véase* pág. 61). Los Beatles difunden esta silueta por todo el mundo y el estilo *mod* se convierte en la imagen de una década. Aunque se le asocia también un atuendo femenino, de minifalda (*véase* pág. 160) y aire andrógino, el *mod* es un estilo masculino. Los *mods* se funden con una era donde todo es nuevo, joven y moderno.

ES LA GUERRA

En Londres, no hay entente posible entre los *mods*, que se pavonean en sus escúteres con refinados trajes italianos, y los *rockers*, vestidos con chupas de cuero a lomos de sus grandes motos. Es una guerra ideológica y estilística, que llega a desatar una batalla campal en las playas de Brighton en 1964. No deja de ser irónico este enfrentamiento sabiendo que ambos movimientos tienen un ancestro común: los *teddy boys*.

LONDRES EN IMÁGENES

El trabajo de David Bailey encarna el *Swinging London* de la década de 1960 y la energía de la juventud inglesa. Lleva la instantánea a la fotografía de la moda y concibe imágenes de gran dinamismo gracias a picados y contrapicados. Bailey se hace tan célebre como sus modelos (se casa con Catherine Deneuve), y el director de cine Michelangelo Antonioni se inspira en él para crear al protagonista de su película *Blow Up* (*Deseo de una mañana de verano*).

SEGUNDA VIDA

En 1973, la banda The Who publica *Quadrophenia*, ópera rock compuesta por Pete Townshend que narra la historia de Jimmy, un joven *mod* en busca de identidad. Tanto el álbum como su adaptación cinematográfica (en la que participa un joven Sting) contribuyen al renacimiento nostálgico del movimiento *mod* en la Inglaterra de la década de 1970.

ATRIBUTOS Y REFERENCIAS DE LOS *MODS*

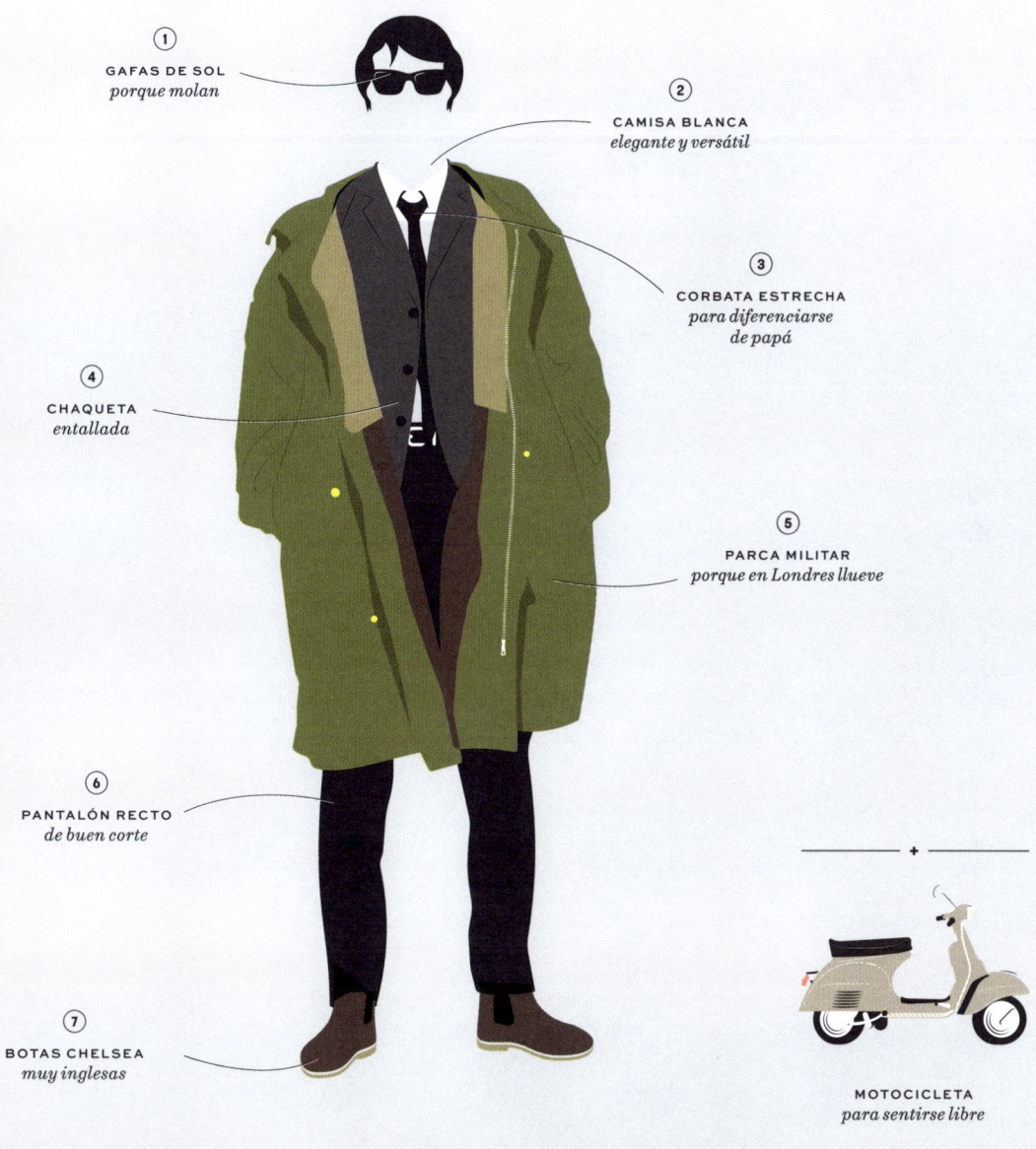

① **GAFAS DE SOL**
porque molan

② **CAMISA BLANCA**
elegante y versátil

③ **CORBATA ESTRECHA**
*para diferenciarse
de papá*

④ **CHAQUETA**
entallada

⑤ **PARCA MILITAR**
porque en Londres llueve

⑥ **PANTALÓN RECTO**
de buen corte

⑦ **BOTAS CHELSEA**
muy inglesas

MOTOCICLETA
para sentirse libre

MODA
Twiggy
John Smedley
Hedi Slimane
Mary Quant

DEPORTE
Bradley Wiggins

CINE
Quadrophenia
Martin Freeman
Jamie Bell

MÚSICA
The Kinks
The Beatles
Small Faces

LEGADO
Oasis
Miles Kane
The Libertines

TELEVISIÓN
Videoclip «Parklife», de Blur
Cathy McGowan

GLAM ROCK
KITSCH ASUMIDO

CUNA	INGLATERRA
APOGEO	1971-1975

Aunque de corta vida, el glam rock tiene un impacto considerable antes de ser engullido por el punk a partir de 1977. El movimiento sitúa bajo los focos aspectos y códigos hasta ese momento condenados a la clandestinidad. El travestismo se hace popular y la música es conquistada por la extravagancia.

QUE SON HOMBRES

El glam rock es, por encima de todo, un estilo musical que no se toma en serio a sí mismo, un rock que se ha desembarazado de las reivindicaciones sociales y políticas de la década de 1960 y que, a mediados de la de 1970, prefiere magnificar el culto de la celebridad recurriendo a las lentejuelas, las boas y las plataformas (*véase* pág. 131). Este estilo es patrimonio de bandas masculinas, sobre todo del Reino Unido y de Estados Unidos (aunque existe una versión zambiana, el zamrock, que conjuga funk, rock y sombreros extragrandes). El glam reinventa, con teatralidad, las normas del género y del espectáculo musical.

LENTEJUELAS

La banda T. Rex, liderada por Marc Bolan, impone este nuevo estilo, que dialoga con toques de dandismo (*véase* pág. 324) y de cabaré. El espectáculo es total y ninguna idea se considera de mal gusto: el hombre se maquilla, viste ropa ceñida y refulgente y se deja el pelo largo. Solo hay humor y extravagancia. El glam es una patada en la espinilla al conservadurismo en que se ha sumergido la Inglaterra de la década de 1970, así como a los estereotipos de la masculinidad, a los que se enfrenta con provocaciones de lo más insolentes, como cuando David Bowie se pone un vestido para reivindicar su bisexualidad. Y si los puritanos se molestan, ¡allá ellos!

DAVID BOWIE REENCARNADO

1972: Ziggy Stardust
1973: Aladdin Sane
1974: Halloween Jack
1975: Thin White Duke

↑ *New York Dolls* (hacia 1970).

> «YO LO QUE QUIERO ES DIVERTIRME.
> LA VIDA HAY QUE SABOREARLA,
> NO COMPLICARLA O AMARGARLA».
>
> MARC BOLAN

HOMBRES CON VESTIDO

En diciembre de 2020, por primera vez en su historia, la edición estadounidense de *Vogue* concede su portada a un hombre solo: Harry Styles. Desairando los dictados de la moda, el británico lleva vestido y chaqueta. David Bowie, que posó con vestido para su álbum *The Man Who Sold the World*, habría dado su aprobación.

MAQUÍLLATE

El glam tiene fecha de nacimiento: 24 de marzo de 1971, el día en que la banda T. Rex actúa en el programa musical *Top of the Pops* de la televisión británica. El cantante, un Marc Bolan de largo pelo rizado, busca el complemento final para su chaqueta plateada, y lo encuentra en la bolsa de maquillaje de su novia: purpurina dorada, que se aplica en las mejillas, justo bajo los ojos. Esta aparición de culto es el acta fundacional del glam rock.

ATRIBUTOS Y REFERENCIAS DEL GLAM ROCK

① **PELO LARGO**
en cascada

② **CHICOS MAQUILLADOS**
*para reinterpretar
la masculinidad*

③ **BOA**
*como las estrellas
excéntricas*

④ **TORSO DESNUDO**
para enloquecer a las fans

⑤ **LENTEJUELAS**
para destacar

⑥ **PANTALÓN
CAMPANA CHILLÓN**
*porque hay que ir
a por todas*

⑦ **ZAPATO CON PLATAFORMA**
para celebrar la androginia

MODA
Alessandro Michele para Gucci
Hedi Slimane
Jeremy Scott, otoño/invierno
de 2017

LEGADO
Kate Moss

MÚSICA
David Bowie
Elton John
Freddie Mercury
en los comienzos de Queen
T. Rex
Roxie Music
Runaways

FOTOGRAFÍA
Mick Rock

CINE
The Rocky Horror Picture Show
Ziggy Stardust
Velvet Goldmine

DECONSTRUCCIÓN
ANTIMODA

CUNA	JAPÓN
APOGEO	DÉCADAS DE 1980 Y 1990

Jacques Derrida es el primero en hablar de deconstrucción, término con el que define la ruptura de las normas y tradiciones en escena en el momento. Sin embargo, hay que esperar a 1989 y a un artículo de Bill Cunningham para que la palabra entre en el mundo de la moda: para definir un estilo y, en particular, las creaciones de Martin Margiela.

↑ Colección de Yohji Yamamoto *prêt-à-porter* de otoño / invierno de 1981.

«LA PERFECCIÓN ME PARECE FEA. EN ALGÚN SITIO DE LOS PRODUCTOS FABRICADOS POR EL HOMBRE QUIERO VER CICATRICES, ERRORES, DESORDEN, DISTORSIONES».

YOHJI YAMAMOTO

UNA FILOSOFÍA

En realidad, el estilo deconstructivo nace a finales de la década de 1960 en Japón, de la mano de los diseñadores Issey Miyake, Yohji Yamamoto y Rei Kawakubo. Estos creadores desafían los cánones de la belleza que Occidente impone desde el Renacimiento, y lo hacen aplicando principios de la cultura tradicional: el *wabi-sabi*, que honra el paso del tiempo y sus huellas, y el *kintsugi*, que sublima la imperfección

VIVAN LOS NOVIOS

En octubre de 1998, Yohji Yamamoto ambienta su colección con la *Marcha nupcial* de Mendelssohn. El creador japonés, fascinado por los ritos de las bodas occidentales, propone figuras en blanco y negro que cuestionan la moda. La deconstrucción es literal: a medida que avanzan por la pasarela, las modelos se desprenden de elementos del traje. La silueta se transforma y, al caer las capas con las que se edifica la tradición, la modernidad se abre camino.

IMÁGENES ARTÍSTICAS

La moda de la década de 1990, fiel reflejo de las contraculturas, mantiene viva la estética deconstructiva de los diseñadores japoneses. Ahí están, en particular, el trabajo de los Seis de Amberes y las propuestas del austriaco Helmut Lang, que propone una visión sensual y brutalista.

UNA APARIENCIA

Los defensores de la deconstrucción privilegian los cortes asimétricos y los colores oscuros, e incluso se atreven a exhibir rasgaduras, agujeros y ojales y dobladillos mal cosidos. En fin, todo lo que la moda occidental desprecia. El estilo triunfa entre quienes intelectualizan su apariencia y rechazan el espíritu ostentoso de la década de 1980; muy a menudo se visten de negro. De la deconstrucción emana todo el lenguaje de la moda contemporánea, o más bien de la antimoda.

LA UNIÓN HACE LA FUERZA

Los Seis de Amberes son seis diseñadores belgas diplomados por la Academia de Bellas Artes de esta ciudad: Dirk van Saene, Ann Demeulemeester, Walter van Beirendonck, Dries van Noten, Dirk Bikkembergs y Marina Yee. Este colectivo, consagrado en la Semana de la Moda de Londres de 1986, aspira a deconstruir las normas elitistas y jactanciosas de la moda siguiendo el ejemplo de sus homólogos japoneses.

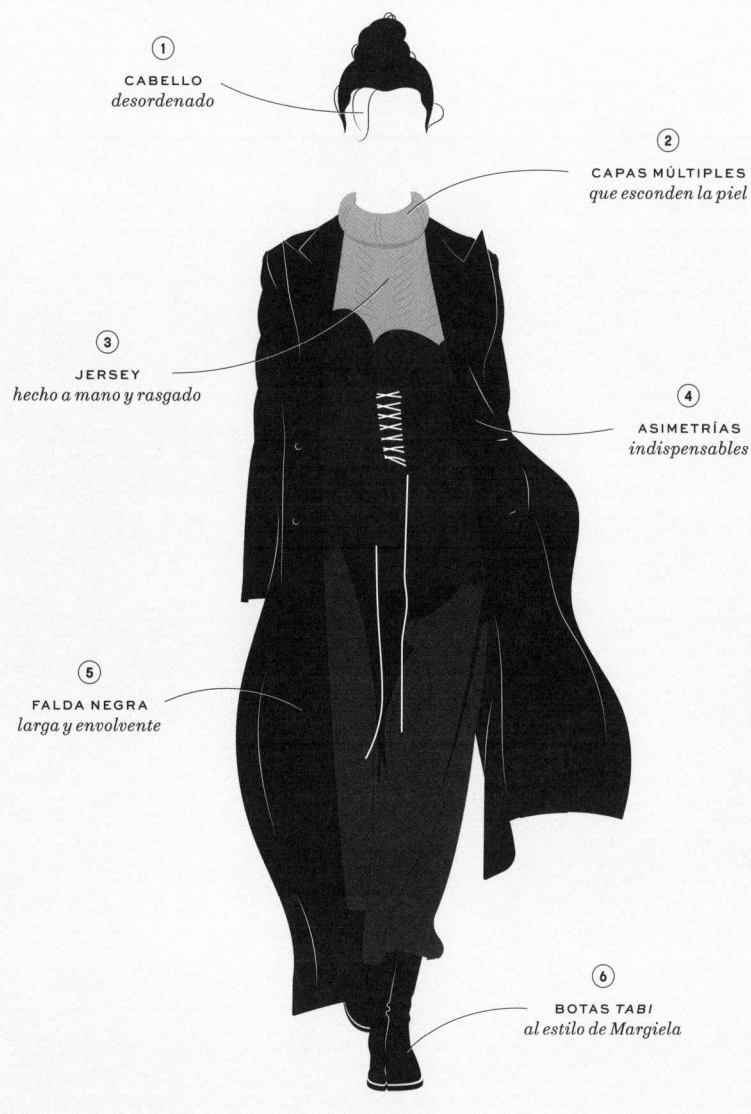

① CABELLO
desordenado

② CAPAS MÚLTIPLES
que esconden la piel

③ JERSEY
hecho a mano y rasgado

④ ASIMETRÍAS
indispensables

⑤ FALDA NEGRA
larga y envolvente

⑥ BOTAS *TABI*
al estilo de Margiela

CINE
Tilda Swinton
Mad Max
Dune

ICONOS
Vivienne Westwood
Jean-Michel Basquiat

MODA
Yohji Yamamoto
Rick Owens
Comme des Garçons
Issey Miyake
Martin Margiela
Ann Demeulemeester
Helmut Lang
Demna para Balenciaga

ARQUITECTURA
Zaha Hadid

MÚSICA
David Bowie en la década de 1990
Lady Gaga

FUNK
CON BANDA SONORA

CUNA	NUEVA ORLEANS
APOGEO	DÉCADA DE 1970

La década de 1970 es una era de emancipación individual y colectiva, en la que se reafirman las ideas, las orientaciones sexuales, las culturas y las luchas más personales. El cuerpo se acompasa a esta liberación adoptando una vestimenta que expresa deseos y reivindicaciones. La cultura popular desempeña un papel decisivo en esta nueva y poderosa estética.

↑ **Garry Shider**, guitarrista de Parliament, en Los Ángeles (1977).

UN FENÓMENO

Heredero del soul y del jazz, el funk aparece en la música afroamericana ya en la década de 1950. Se construye sobre una expresión dislocada, nerviosa y violenta del jazz de improvisación, para acabar siendo todo un fenómeno cultural en la década de 1970. El funk inunda las bandas sonoras de las películas de *blaxploitation*, un género dirigido principalmente al público afroamericano urbano.

EL CLICHÉ

Al igual que el cine de este género está poblado de proxenetas, matones, camellos y demás arquetipos masculinos —con la excepción de la impetuosa Pam Grier—, el funk reivindica una masculinidad a ultranza, viril y erotizada. Es la misma imagen que se ofrece en estas películas, donde se exacerban la violencia, el lenguaje soez y la sexualidad, y en las que se abusa de los clichés para denunciar con más eficacia aquellos creados por la comunidad blanca.

UNA EMANCIPACIÓN

Los cantantes y bandas de funk toman prestados de estas películas el calzado con plataforma (*véase* pág. 131), los pantalones campana, el cuero y las cadenas, pero también prendas africanas tradicionales como el *dashiki* (*véase* pág. 114) y el *kufi* (*véase* pág. 111). Así, el funk enaltece unos orígenes que hasta entonces han sido motivo de estigma y silencio. El cuerpo se sexualiza para emanciparlo y demostrar que la comunidad negra no se reduce a la servitud y el sufrimiento, sino que vive exultante y disfruta con pasión.

> «GET ON UP,
> STAY ON THE SCENE,
> GET ON UP,
> LIKE A SEX MACHINE».
>
> JAMES BROWN

MASCULINIDADES

Desde 2019, la creadora británica Grace Wales Bonner estudia la moda de las diásporas africanas. Aunque también diseña moda femenina, son las cuestiones relacionadas con la masculinidad negra las que más la intrigan y alientan a analizar y reinterpretar estas representaciones culturales y personales.

EN TELEVISIÓN

En 1971, la televisión pública estadounidense estrena *Soul Train*, un programa concebido por y para la comunidad negra. El formato sobrevive hasta la década de 2000, con un éxito considerable; por allí pasan desde Michael Jackson hasta Stevie Wonder, y el país descubre el soul y el funk. El plató es una pista de baile y el estilo cuenta: los más extravagantes tienen prioridad.

ATRIBUTOS Y REFERENCIAS DEL FUNK

① **PELO AFRO**
reivindicativo

② **CUERO**
sexi

③ **CADENAS**
lujosas

④ **PIEL DESNUDA**
y sensual

⑤ **PIELES**
ostentosas y espectaculares

⑥ **PANTALÓN**
llamativo

⑦ **TACONES**
setenteros

LEGADO
Prince
Lenny Kravitz

CINE
Superfly

VIDEOCLIP
«Uptown Funk», de Mark Ronson
y Bruno Mars

MODA
Gucci

MÚSICA
James Brown
Sly and the Family Stone
Nile Rodgers
George Clinton
Rick James

NORMCORE
LA NUEVA NORMALIDAD

CUNA	NUEVA YORK
APOGEO	DÉCADA DE 2010

¿Y si la moda no tuviera ningún significado social y solo fuera una rutina más? Es lo que reivindica el *normcore*, que aspira a la normalidad, a no diferenciarse, a fundirse con la masa e ignorar toda noción de estilo.

↑ Sofia Coppola, en la feria de arte Armory Show, en Nueva York (2009).

COTIDIANEIDAD

El *normcore* tiene trampa, porque no hay nada más difícil que parecer natural. Esta palabra surge en 2013, con intención irónica, durante una feria de arte contemporáneo en Nueva York. Nace de la contracción de dos opuestos —lo *normal* y lo *hardcore*—, y de ahí emana la ambivalencia del concepto: los *normcore* son los acérrimos de la normalidad. He ahí el quid de la cuestión: definir la normalidad.

EN VIVO

En la fotografía de moda de la década de 1990, la estética se hace más natural y cotidiana. La fotógrafa británica Corinne Day se especializa en retratar la realidad, sin posados ni escenificaciones. Sus modelos muestran posturas relajadas y se dejan retratar con peinados naturales y poco maquillaje. Corinne Day descubre a una jovencísima Kate Moss y contribuye a lanzar su carrera.

ELEGANTE...

La diseñadora Phoebe Philo anticipa el *normcore* tras ser nombrada directora artística de Celine en 2008. Revisa a fondo la imagen y estilo de la marca proponiendo siluetas elegantes, estrictas e incluso ascéticas. Sus referencias son la deconstrucción y el minimalismo; de esta alianza nace una moda clásica, esencial, que genera un verdadero culto.

... Y NO TANTO

Al buscar la normalidad, a veces se acaba trivializando. En 2014, Celine reinterpreta el motivo en pata de gallo del bolso Tati (también llamado «bolso Barbès»), creado en 1962 y símbolo desde entonces de la migración y las diásporas. De forma aún más sorprendente, la marca Vetements comercializa en 2015 una camiseta amarilla con el logo de DHL. En 2017, Balenciaga reinterpreta las Crocs.

«NI SIQUIERA VOY A INTENTAR DESCRIBIR A NUESTRA CLIENTA TIPO, YA QUE SUPONGO QUE APRECIA EL ANONIMATO. OFREZCO PRENDAS QUE SE LO PERMITAN. A MÍ NO ME GUSTA QUE ME DEFINAN E IMAGINO QUE A ELLA TAMPOCO».

PHOEBE PHILO

EL PERFECCIONISMO

¿A qué se parece la moda «normal»? ¿Es el atuendo de ese primo adolescente que solo viste sudadera (*véase* pág. 55) y vaqueros (pág. 136)? ¿Es el pantalón de pana del abuelo? ¿La discreción de una primera dama? ¿El traje del empresario de toda la vida? El *normcore* se inspira en todas estas personas para construir una forma que no se parece a ninguna de ellas, pues no deja nada al azar: el pantalón siempre tiene buen corte, las deportivas (*véase* pág. 92) siempre son tendencia. En cuanto cae en manos del *normcore*, la normalidad muta en un estilo estudiado hasta el último detalle.

ATRIBUTOS Y REFERENCIAS DEL *NORMCORE*

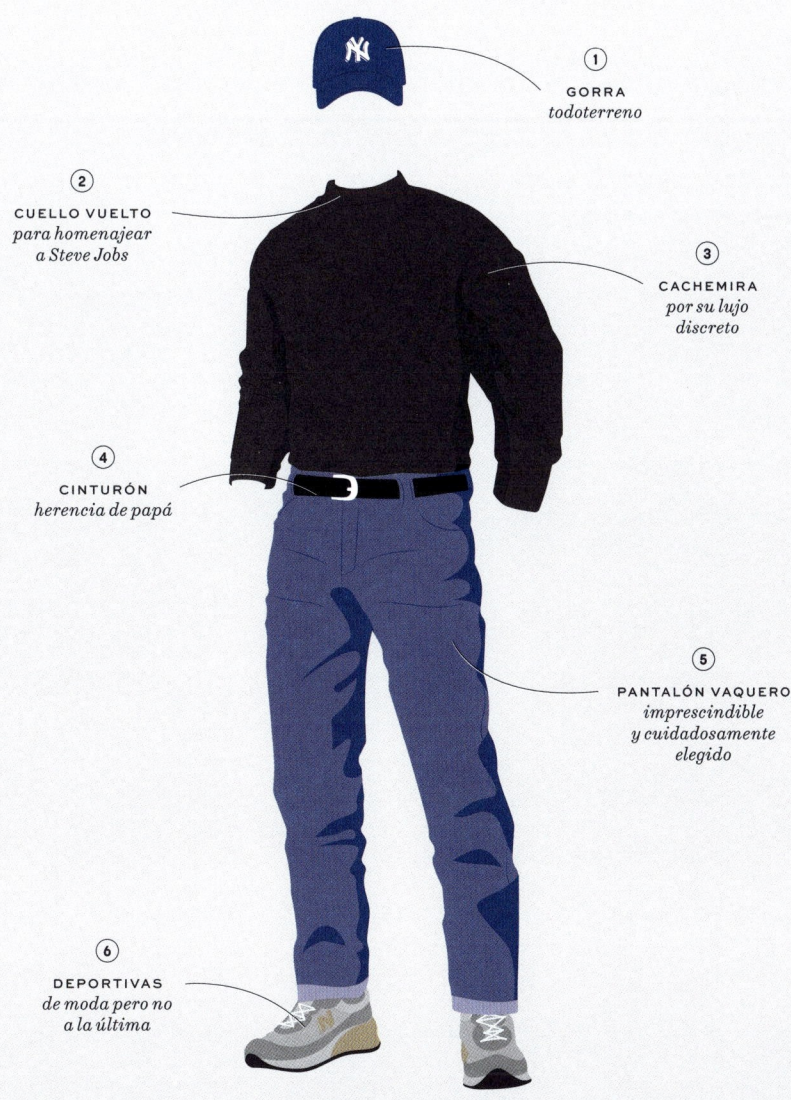

① GORRA
todoterreno

② CUELLO VUELTO
*para homenajear
a Steve Jobs*

③ CACHEMIRA
*por su lujo
discreto*

④ CINTURÓN
herencia de papá

⑤ PANTALÓN VAQUERO
*imprescindible
y cuidadosamente
elegido*

⑥ DEPORTIVAS
*de moda pero no
a la última*

MODA
Gap
APC
Phoebe Philo
Gosha Rubchinskiy
(otoño/invierno de 2015)

CINE
The Equalizer (*El protector*)
Ben Affleck
Matt Damon

SERIES
Seinfeld
Friends

EMBAJADORES
Steve Jobs
Leonardo DiCaprio
Sofia Coppola
Larry David

SAPEUR
NUNCA INVISIBLES

CUNA	CONGO
APOGEO	DESDE LA DÉCADA DE 1960

En 1965, Mobutu Sese Seko llega a la presidencia de Zaire (actual República Democrática del Congo) con un golpe de Estado, e impone un estilo de vestir donde la ropa occidental no tiene lugar: es el *abacost* (del francés *à bas le costume*, «abajo el traje»). Se prohíben trajes y corbatas, y se sustituyen por chaquetas muy ligeras, de manga corta, y que se llevan sin camisa.

↑ *Sapeurs* congoleños en Brazzaville (2008).

LA POLÍTICA

La Société des Ambianceurs et des Personnes Élégantes, la SAPE (que podría traducirse como Sociedad de Fiesteros y Personas Elegantes), es un colectivo que entronca con los dandis del siglo XIX (*véase* pág. 324) en su deseo de romper las normas de la moda. En las capitales de los dos Congos, Brazzaville y Kinsasa, los *sapeurs* defienden los códigos europeos al tiempo que rechazan la autoridad del Estado. En la década de 1970, las diásporas congoleñas que se han establecido en Bélgica y en Francia se apropian del traje de tres piezas (*véase* pág. 186) y lo adornan con complementos de todo tipo, además de elegir a veces los colores más llamativos.

LA OTREDAD

Utilizar la vestimenta colonial para emanciparse: el *sapeur*

DICCIONARIO DE *SAPE*

Diatance: caminar teatral

Déka: caminar con elegancia

Démarrage, «arrancar»: improvisar un desfile de moda

L'œil de l'aigle en suspension, «ojo de águila cautivado»: observar a otro *sapeur*, y reinterpretar su elegancia

Ngaya: profano en la *sape*

Maintenir la pression, «mantener la presión»: conservar la elegancia en cualquier circunstancia

MÚSICA SAPE

En 2012, Solange (hermana menor de Beyoncé) graba el videoclip de su tema «Losing You». Fascinada por el libro *Gentlemen of Bacongo*, quiere rodar en Brazzaville con *sapeurs* congoleños. Por cuestiones logísticas, la grabación acaba por realizarse en Sudáfrica, con la participación del colectivo local de *sapeurs*.

«EL HOMBRE BLANCO INVENTÓ EL TRAJE. NOSOTROS LO HEMOS HECHO ARTE».

PAPA WEMBA

quiere llamar la atención y concede mucha importancia a la visibilidad de una marca o un logotipo. La *sape* es vestirse de otra manera para olvidar las dificultades del día a día. Es la resiliencia a través de la moda. El *sapeur* ocupa el espacio público de forma ostentosa y se luce precisamente allí donde más se le excluye. El que es considerado «migrante» en un país, en el suyo propio es el «parisino»: el *sapeur* siempre es «el otro». Así que, si uno ha de distinguirse, al menos que sea con disposición.

ESCENARIOS DE LA MODA

Que la industria de la moda se reduzca al cuarteto formado por París, Milán, Londres y Nueva York es obsoleto. Es en Francia, bajo el reinado de Luis XIV, donde nace la idea de poner la moda al servicio del poder y la influencia cultural. En el siglo XX aparecen otros centros de referencia, como Milán, Florencia, Londres y Nueva York. Pero ahora también cuentan Japón, China, India y Brasil; jóvenes creadores reinventan la moda en Nigeria, Ghana y Sudáfrica, así como en México y Corea del Sur.

ATRIBUTOS Y REFERENCIAS DE LOS *SAPEURS*

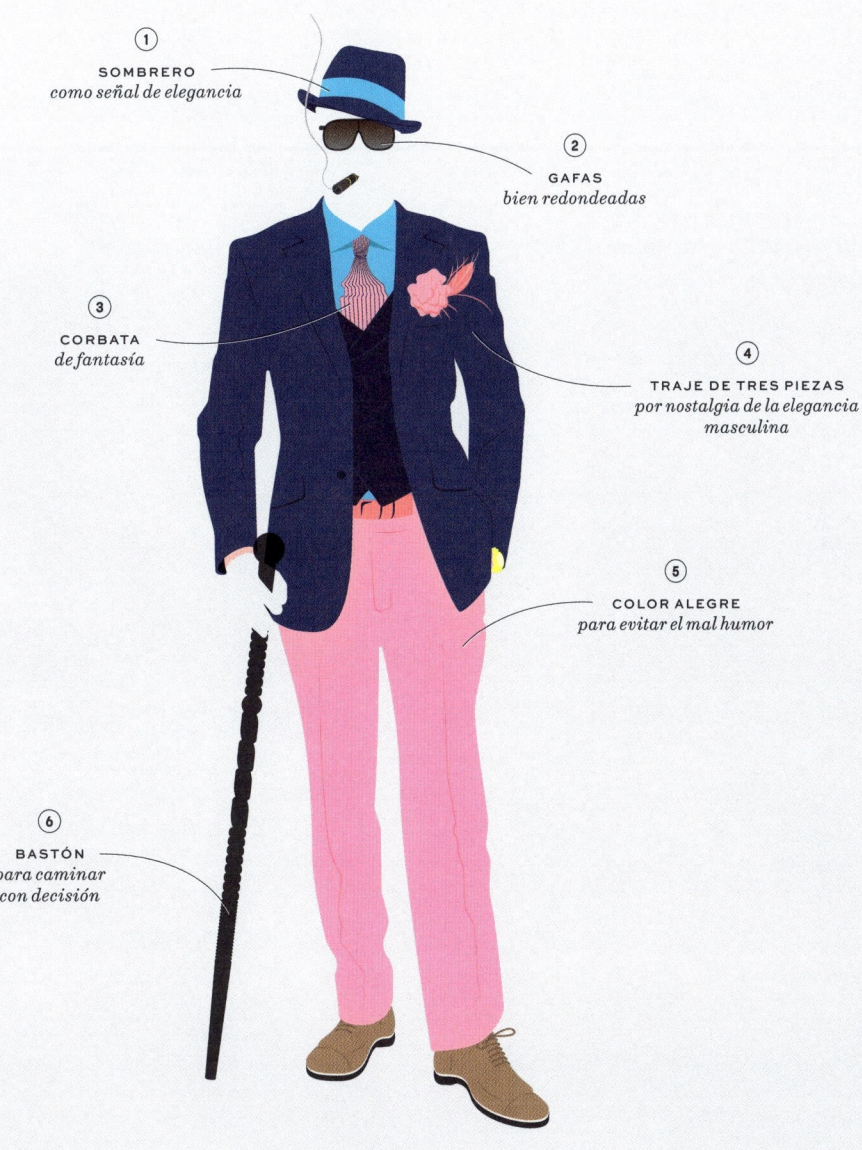

① SOMBRERO
como señal de elegancia

② GAFAS
bien redondeadas

③ CORBATA
de fantasía

④ TRAJE DE TRES PIEZAS
*por nostalgia de la elegancia
masculina*

⑤ COLOR ALEGRE
para evitar el mal humor

⑥ BASTÓN
*para caminar
con decisión*

CINE
Black Mic Mac

MÚSICA
«Sapés comme jamais»,
de Maître Gims

EMBAJADORES
Stervos Niarcos
Christian Loubaki
Papa Wemba
General Firenze

MISCELÁNEA
Videoclip «Losing You», de Solange
Anuncio de Guinness (2014)

MODA
Paul Smith

LUGAR
Rex Club

HIPHOP
«I SAID A HIP-HOP»

CUNA	BRONX
APOGEO	DESDE LA DÉCADA DE 1970

En 1979, el hiphop entra en la cultura popular gracias al primer gran éxito de la música rap, «Rapper's Delight», de la banda estadounidense The Sugarhill Gang. Esta corriente es una vía de escape para muchos jóvenes desilusionados de los guetos y los barrios de viviendas sociales. Se desarrolla entonces una auténtica cultura urbana, que tendrá una influencia esencial en la identidad de la moda.

↑ **Bailarines de breakdance** del grupo Broken Glass, en Liverpool (1983).

UNA FIESTA

El 11 de agosto de 1973, un chaval organiza, con la ayuda de su hermana, una fiesta en su edificio del Bronx. Se hace llamar DJ Kool Herc y mezcla discos ejecutando repeticiones sincopadas. Las llama *breaks*, quiebros. Ese día, elige música de James Brown y rapea interpelando a su público: así nace el hiphop. Surgen un género musical y una cultura artística basada en el grafiti.

VAIVÉN

Los bailarines de breakdance de la década de 1970 necesitan un calzado cómodo para sus acrobacias. A las Adidas Superstar y las Puma Suede de los comienzos se suman, veinte años después, las Nike Jordan y las Air Max. Más tarde es la moda la que se nutre de la influencia de la calle: la deportiva sale del guardarropa juvenil y de la contracultura para ser un objeto de lujo. Un calzado tan normalizado como deseado.

Son los nuevos medios de expresión de una juventud ignorada por la sociedad estadounidense. Los *breakdancers* o *b-boys* crean la moda hiphop de la década de 1980: chándal de Adidas (*véase* pág. 144), sombrero de pescador Kangol (*véase* pág. 35),

LUJO PARA TODOS

En 1982, Daniel Day, más conocido como Dapper Dan, abre una tienda en Harlem. Su especialidad es reinterpretar los logotipos y monogramas de las principales marcas de lujo para colocarlos en prendas procedentes del vestuario hiphop, en las que también aplica pieles y cuero. Dapper Dan es el creador de un estilo enormemente popular a finales de la década de 1990 y principios de 2000: la logomanía. En 1992 es denunciado y su marca cierra. Al lujo no le gusta esta intrusión, pero no va a dudar en copiarle el proceso creativo.

> **«ES LA RAZÓN DE QUE ESTA SEA LA GENERACIÓN MENOS RACISTA. SE VE EN TODAS PARTES. VAS A CUALQUIER CLUB Y LA GENTE SE MEZCLA, SALE, SE DIVIERTE Y APRECIA LA MISMA MÚSICA. EL HIPHOP YA NO ESTÁ CONFINADO EN EL BRONX, ES MUNDIAL. VAYAS DONDE VAYAS, LA GENTE ESCUCHA HIPHOP Y SE DIVIERTE JUNTA. EL HIPHOP LO HA HECHO POSIBLE».**
>
> JAY-Z

cadenas y zapatillas deportivas (*véase* pág. 92).

UN MOVIMIENTO

La corriente se impone en la escena musical, al tiempo que su indumentaria se diversifica: en la década de 1990 proliferan los pantalones de corte amplio que recuerdan a los *zooters* (*véase* pág. 322) y, en la de 2000, el estilo

gana ostentación conforme se estrecha el diálogo con las marcas de lujo. Y al aumentar la representación femenina, la estética se hace más sexi. En 1981, la MTV crea un nuevo culto a la apariencia: los músicos rivalizan con sus videoclips, y artistas como Run-DMC imponen estilismos que enlazan la calle con la cultura popular.

1 GORRA
bien calada

2 TOP
para lucir el ombligo
sin complejos

3 CADENAS
brillantes como
el hiphop

4 ROPA INTERIOR
A LA VISTA
porque la marca
importa

5 CHÁNDAL MÍTICO
de los breakdancers *de*
la década de 1970

6 PANTALÓN *BAGGY*
noventero

7 DEPORTIVAS
para bailar
sin límites

8 DEPORTIVAS
SUPERSTARS
de la cultura juvenil

MÚSICA
Run-DMC
Salt-N-Pepa
Jay-Z
Tupac
IAM
Cardi B
Nas

CINE
8 Mile (8 millas)
Beat Street

MISCELÁNEA
The Fresh Prince of Bel-Air
(*El príncipe de Bel Air*)
Campaña Dior Homme con Travis
Scott (primavera/verano de 2022)
«The Get Down»

MODA
Dapper Dan
Moschino (otoño/invierno de 2015)
Marc Jacobs (otoño/invierno
de 2017)
Supreme para Louis Vuitton
(otoño/invierno de 2017)
Adidas para Gucci (otoño/invierno
de 2022)

GÓTICO
LA MUERTE OS SIENTA TAN BIEN

CUNA ·· INGLATERRA

APOGEO ··· DÉCADAS DE 1980 Y 1990

A finales de la década de 1970 se desarrolla en el
Reino Unido, en la estela del movimiento punk,
una nueva corriente musical, el rock gótico.
Bandas como Siouxsie and the Banshees,
Joy Division y The Cure toman la escena
con letras que evocan el romanticismo
y el simbolismo del siglo XIX.

↑ **La banda Blood and Roses**, en Londres (1982).

LA MELANCOLÍA

Con el ocaso del punk (*véase*
pág. 328), llegan sonidos más
melancólicos, y los seguidores
de estas nuevas bandas imitan
el estilo de sus ídolos y sus
aires trágicos. En el caso
de las mujeres, los tintes son
historicistas y se recuperan
los corpiños (*véase* pág. 263) y
las crinolinas (*véase* pág. 223).
Esta moda toma prestados
elementos del punk y los
adereza con fetichismo, amor
por las tinieblas —el maquillaje
es cargado— y lo sobrenatural.
Los góticos no temen
a la muerte.

FANTÁSTICO EXALTADO

Domina el negro, pero también
el violeta, guiño a la época
victoriana y a su gusto
por la estética neomedieval
y el ocultismo. Los discípulos
del estilo gótico muestran
un aura de misterio que no
pasa desapercibido. El cine
de las décadas de 1980 y 1990

—con Tim Burton y la película
The Addams Family (*La
familia Addams*) a la cabeza—
lo exacerba y populariza.
En la pasarela, sus embajadores
son diseñadores como
Yohji Yamamoto, Alexander
McQueen y Rick Owens, que
lo reinterpretan a su gusto.

SIN COMPLEJOS

El movimiento gótico se
distingue por su forma de unir
a hombres y mujeres en la
predilección por lo andrógino.
Masculinidad y femineidad
dialogan sin estridencias
y lo tabú se acepta sin
complejos.

> **«EN LA ÉPOCA EN LA QUE CRECÍ,
> SE SUPONÍA QUE LAS MUJERES
> DEBÍAN SER RUBIAS, ESTAR BRONCEADAS
> Y TENER LOS LABIOS ROSAS».**
>
> SIOUXSIE SIOUX

ESOTERISMO

Durante el reinado de la
reina Victoria de Inglaterra,
lo sobrenatural empapa la
literatura. Nace una auténtica
fascinación por el esoterismo
y el espiritismo, y los vivos se
fotografían junto a sus difuntos.
La monarca, viuda desde
1861, viste siempre de oscuro,
y estos colores se popularizan
en la sociedad.

NEOGÓTICO

A partir de la década de 1820,
los movimientos románticos,
alimentados por novelas como
Frankenstein, de Mary Shelley,
y por los poemas de Edgar
Allan Poe, reviven las estéticas
medieval y renacentista.
La mujer recupera del pasado
tonalidades y formas como
la manga de pata de carnero.

ATRIBUTOS Y REFERENCIAS DE LOS GÓTICOS

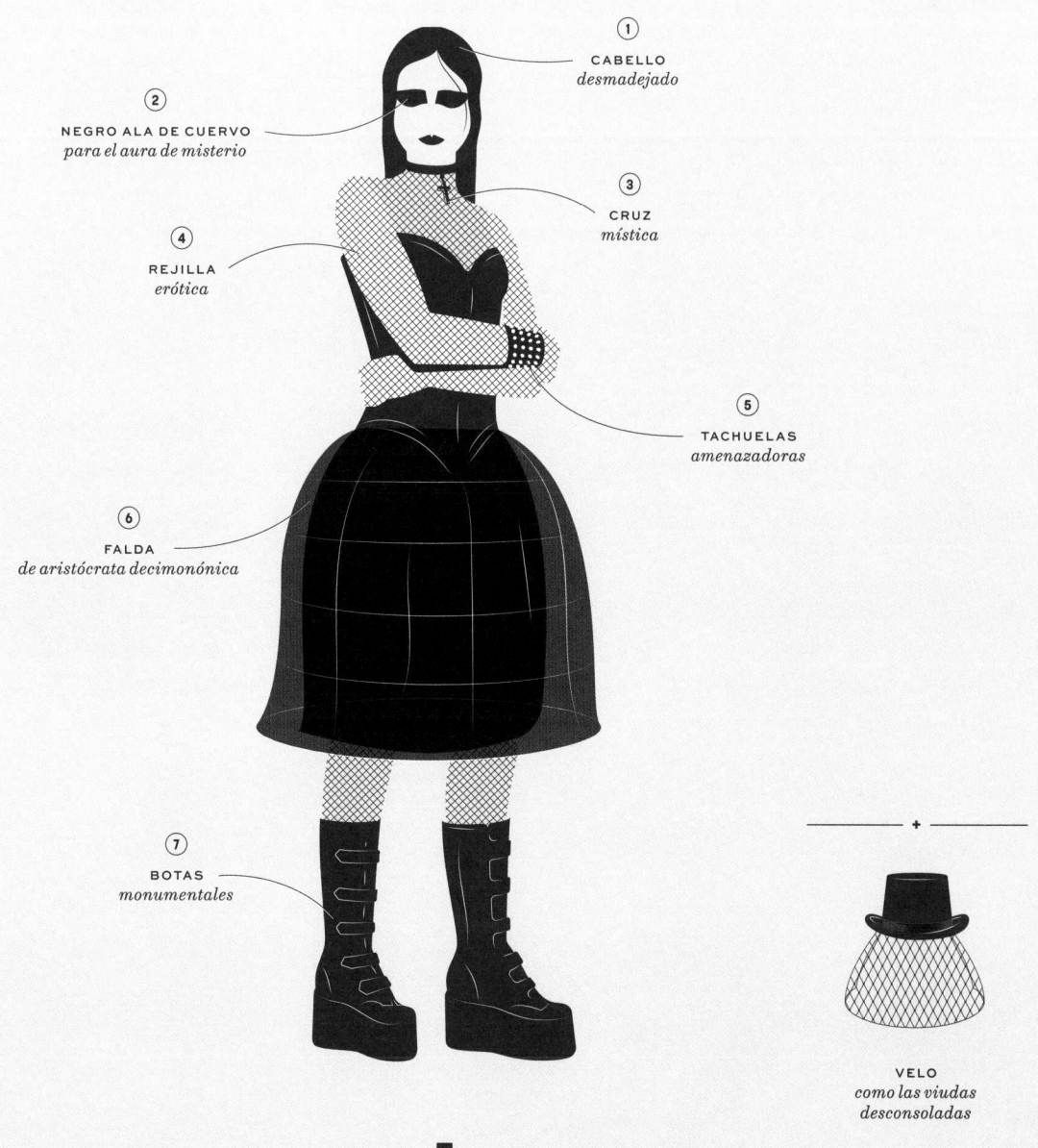

① CABELLO
desmadejado

② NEGRO ALA DE CUERVO
para el aura de misterio

③ CRUZ
mística

④ REJILLA
erótica

⑤ TACHUELAS
amenazadoras

⑥ FALDA
de aristócrata decimonónica

⑦ BOTAS
monumentales

VELO
*como las viudas
desconsoladas*

MÚSICA
Siouxsie Sioux
The Cure
Marilyn Manson
Nina Hagen

BLOGOSFERA
Diane Pernet

CINE
The Addams Family (*La familia Addams*)
Edward Scissorhands (*Eduardo Manostijeras*)
Tim Burton
Helena Bonham Carter
Beetlejuice (*Bitelchús*)
Eva Green
Ed Wood

MODA
Alexander McQueen
Gareth Pugh
Riccardo Tisci

ICONOS
Drácula
Musidora

GARÇONNES
AL RITMO DE UN CHARLESTÓN

CUNA ·············· PARÍS, LONDRES, NUEVA YORK, HOLLYWOOD

APOGEO ·· DÉCADA DE 1920

Acaba la Primera Guerra Mundial y comienza una nueva década, ansiosa por festejar y despreocuparse. Los locos años veinte permiten olvidar el horror del conflicto: en plena efervescencia, evolucionan las artes, la música y la sociedad. Se dibujan nuevos estilos de vida, a veces pequeñas revoluciones, en ocasiones meros clichés.

↑ **Mujeres** en la playa (hacia 1920).

DEL VESTIDO CORTO AL PANTALÓN

Durante mucho tiempo, la mujer que se atreve a llevar pantalón se arriesga a ser detenida o multada. El pantalón de mujer consigue emerger en la década de 1920, en forma de pijama de playa, y no puede utilizarse fuera de ese entorno. Pero la Segunda Guerra Mundial lleva a la mujer a las fábricas y el pantalón se hace habitual, sobre todo en Estados Unidos. En las décadas de 1950 y 1960, se vuelve más tímido, aunque asoma en verano acortándose con gracia. En 1970, por fin, se populariza.

UN LIBRO

En 1922, Victor Margueritte publica *La Garçonne*, novela protagonizada por una mujer joven y libre que disfruta de múltiples aventuras bisexuales. Es un éxito y un escándalo. La obra mitifica a toda una categoría de mujeres que aprovechan los aires emancipadores de la década para escapar de las jaulas donde llevan siglos encerradas. La moda de la década de 1920 crea una silueta tubular, con prendas cortas y ligeras; la melena también se corta y adopta una escueta forma cuadrada. A esta base, la *garçonne* le añade un toque de androginia.

COMO UN SUEÑO

La sociedad desea olvidar los desastres de la guerra y en el imaginario colectivo se instala el sueño de una era de fiesta, jazz y emancipación. Pero solo unos pocos disfrutan de esta fantasía: los privilegiados y los rebeldes. La figura de la *garçonne*, que también llega a Hollywood —su mejor embajadora es Louise Brooks— no es tan habitual en la sociedad como queremos creer. Solo encarna un fragmento de la vida urbana, reservado a las mujeres más audaces, las feministas, las lesbianas... El mundo no está preparado para liberar a las mujeres y estas últimas ni siquiera se sienten autorizadas para hacerlo.

«TODOS DEBERÍAMOS SER FEMINISTAS»

En 2017, estas palabras de la escritora y activista Chimamanda Ngozi Adichie se estampan en una camiseta de Dior, cuyo precio supera los 600 euros. ¿Oportunismo? Posiblemente, ya que el feminismo está de moda y es una herramienta publicitaria más. Ahora bien, la camiseta desfila en el seno de la primera colección concebida por Maria Grazia Chiuri para Dior. Es la primera mujer a la que la *maison* confía su dirección artística.

¿FEMINISTAS?

No todas las *garçonnes* son feministas, pero, con su libertad e insumisión, es innegable que estas mujeres abren la puerta a la emancipación social. Desde finales del siglo XIX, las mujeres que quieren expresar públicamente su feminismo adoptan el uniforme de las sufragistas o toman prestadas prendas del guardarropa masculino. En las décadas de 1960 y 1970, el feminismo se reivindica con camisetas con lemas como «The future is female» («El futuro es mujer»), de la librería feminista Labyris Books, inaugurada en Nueva York en 1972.

① DIADEMA CON PLUMA
con aire de corista

② CABELLO
corto y atrevido

③ BOQUILLA
*para que el olor a tabaco
no impregne los dedos*

④ BOA
*para gesticular
con afectación*

⑤ PERLAS
*que bailan al ritmo
del charlestón*

⑥ GUANTES LARGOS
*porque nunca
se sale sin ellos*

⑦ VESTIDO CON FLECOS
que realza el movimiento

⑧ ZAPATO SALOMÉ
*que abraza los tobillos
con sensualidad*

SOMBRERO
tipo casquete

EMBAJADORAS
Louise Brooks
Clara Bow
Kiki de Montparnasse

MODA
Gabrielle Chanel
Jean Patou
Emporio Armani
(otoño/invierno de 2013)

CINE
The Great Gatsby (*El gran Gatsby*)
Cabaret
Betty Boop

MÚSICA
Mistinguett
Joséphine Baker

PINTURA
Tamara de Lempicka
Romaine Brooks
Retrato de Sylvia von Harden,
de Otto Dix

ZOOTERS
BAILARINES INSUMISOS

CUNA ··· HARLEM

APOGEO ·· DÉCADA DE 1940

El crac de 1929 devasta la economía
de Estados Unidos. Es la Gran Depresión:
la situación social es dramática para muchas
personas, el paro alcanza cotas sin precedentes,
se multiplican los bancos de alimentos y el
territorio urbano se puebla de arrabales chabolistas.
Algunos responden a la pesadilla bailando.

↑ **Dos jóvenes** con traje *zoot* (1943).

> «TO ME, IT DON'T MEAN A THING
> BUT IT'S GOT A VERY PECULIAR SWING!
> ZAA-ZUH-ZAZ-ZUH-ZAZ».
>
> CAB CALLOWAY

ESCAPATORIA

En Harlem, el hombre adopta
un vestuario que le ofrece mayor
comodidad y que se compone de
pantalón largo estrechado en los
tobillos y adornado con alguna
cadena, chaqueta larga con
hombros cuadrados y sombrero
(*véase* pág. 153), que a veces
se ornamenta con una pluma.
Es el traje *zoot*. El movimiento
estético, al que se suman
chicos y chicas, se populariza
durante la década de 1940 en
la comunidad afroamericana
de Nueva York y en los barrios
latinos de Los Ángeles.

HERMANDAD

En 1989, Janet Jackson convoca
a Cab Calloway y Cyd Charisse
para el videoclip de su tema
«Alright», en el que rinde
homenaje a las décadas de
1930, 1940 y 1950, y al estilo
zoot. Por su parte, en su
videoclip de «Smooth Criminal»
(1987), Michael Jackson propone
una relectura del traje *zoot*, y lo
hibrida con la estética gánster
de los treinta y el estilo *zazou*.

MODA INVISIBILIZADA

Con la excusa de la moda,
los *zooters* sufren numerosas
vejaciones públicas por puro
racismo. Mientras crecen los
movimientos por los derechos
civiles, la moda sigue mirando
hacia otro lado. La diseñadora
afroamericana Ann Lowe, que
trabaja para la alta sociedad,
confecciona el vestido con el
que Olivia de Havilland recoge
un Óscar en 1946. Anne Lowe
no es mencionada; su firma ni
siquiera aparece en la etiqueta
del vestido. En 1953, Jackie
Bouvier se casa con John F.
Kennedy y de nuevo es Ann
Lowe quien crea un vestido
llamado a entrar en la historia.
Aunque el traje es diseccionado
por la prensa, nadie menciona
el nombre de su diseñadora.

AL MARGEN

El nuevo estilo se asocia
rápidamente a la delincuencia,
la rebeldía y las peleas entre
bandas. No ayudan las
dimensiones extravagantes de
las prendas, que van en contra
del racionamiento textil

impuesto por la economía de
guerra. Pero lo más importante
es que el *zooter* procede de las
minorías: la clave de la polémica
es más racial que estilística.
Incluso el cantante de jazz Cab
Calloway, muy apreciado por el
gran público, es criticado por
llevar un traje *zoot* en la película
Stormy Weather (*Tiempo
de tormenta*), de 1943. El
movimiento *zoot* no es más
que una escapatoria y un medio
de expresión de la juventud
reprimida, y a esta le es
indiferente si su estilo no gusta:
quiere individualizarse, ya que la
sociedad la ha dejado al margen.

ZAZOUS FRANCESES

Al otro lado del Atlántico,
los *zazous* bailan el swing
y escuchan jazz. Toman
su nombre del tema de Cab
Calloway «Zah Zuh Zah». Su
corte es más ceñido que el
de los estadounidenses y los
pantalones son más cortos para
enseñar los calcetines blancos.
El estilo se completa con bigote
fino y corbata chillona. Las
chicas se dejan el pelo largo y
a veces se lo tiñen de platino,
y visten jersey de hombros
cuadrados y falda plisada. Los
zazous sufrieron persecución
y muchos acabaron en campos
de trabajo.

ATRIBUTOS Y REFERENCIAS DE LOS *ZOOTERS*

① SOMBRERO FEDORA
indispensable para salir

② PEINADO ALTO
típico de la década de 1940

③ PAJARITA
extravagante

④ CHAQUETA LARGA
y envolvente

⑤ CHAQUETA CANALLA
como si fuera de hombre

⑥ FALDA ACORTADA
para bailar el swing sin impedimentos

⑦ CADENA ESTILOSA
para el reloj de bolsillo

⑧ PANTALÓN AMPLIO
de proporciones rebeldes

⑨ ZAPATO DERBY
que hace clac al bailar

MODA
Dries van Noten
(otoño/invierno de 2016)
Comme des Garçons
(primavera/verano de 1995)

CINE
Jim Carrey en *The Mask* (*La máscara*)

MÚSICA
Cab Calloway
Dizzie Gillespie

LEGADO
Kid Creole
Malcolm X

VIDEOCLIPS
«Alright», de Janet Jackson
Michael Jackson en «Smooth Criminal»

DANDIS
EXPRESIÓN DEL YO

CUNA .... INGLATERRA

APOGEO .... SIGLO XIX-HOY

En reacción a los excesos de la moda aristocrática europea, a principios del siglo XIX surge en el Reino Unido una nueva corriente estilística, liderada por George Bryan «Beau» Brummel, que alienta una estética más sobria. Esta moderación no está reñida con los detalles singulares, el refinamiento y la individualidad. El dandismo gana adeptos en Europa.

↑ El músico **Thomas Baignières**, en París (2011).

«EN FIN, AMABA A MI MADRE POR SU ELEGANCIA. YO ERA UN DANDI PRECOZ».

CHARLES BAUDELAIRE

ESNOBISMO

El dandi, cuya moderación (irónicamente) se califica de excéntrica, propone desarrollar un estilo personal, en lugar de sucumbir pasivamente a la moda. En el siglo XIX, los hombres de la bohemia europea, escritores y artistas sobre todo, abrazan el dandismo y celebran lo bello con impertinencia. Además de su apariencia, el dandi también cuida su postura intelectual y su modo de vida, que tiñe de esnobismo, con independencia de la clase social de la que proceda. El dandismo permite así la eclosión de una «nueva aristocracia».

UN MODO DE VIDA

Ironías de la historia: en el mismo momento en el que el dandismo irradia sus principios, la moda imperante sugiere al hombre que modere su estilo. El dandi, precursor de esa simplificación pero alérgico al sometimiento, se erige entonces en disidente de la moda. Con el paso de los años, el dandi moderno y el contemporáneo reivindican una forma de existencia alternativa, elitista, literaria y un punto diletante. El dandismo no se resume en un atuendo: es un estado del espíritu y hay tantos dandis como hombres preocupados por expresar su esencia.

ALFILER Y PLUMA

Muchos escritores predican el arte de las apariencias, desde Barbey d'Aurevilly, que dedica un ensayo a George Brummel, hasta Charles Baudelaire, que evoca el dandismo en *Peintre de la vie moderne* (*El pintor de la vida moderna*). Incluso Honoré de Balzac muestra su interés por la moda en *Traité de la vie moderne* (*Tratado de la vida elegante*). A finales del siglo XIX, Joris-Karl Huysmans, Robert de Montesquiou y Oscar Wilde perpetúan esa fascinación por la estética masculina.

ESCRIBIR SOBRE LA MODA

Oscar Wilde no solo cuida su aspecto; también escribe profusamente sobre la moda de su tiempo. Además de los numerosos artículos que publica en el diario londinense *Pall Mall Gazette* y de su ensayo *The Philosophy of Dress* (*Filosofía del vestido*, 1885), es redactor jefe de la revista de moda *Lady's World: A Magazine of Fashion and Society*, desde la que defiende una moda racional y fustiga las tendencias que someten el cuerpo de la mujer.

ATRIBUTOS Y REFERENCIAS DE LOS DANDIS

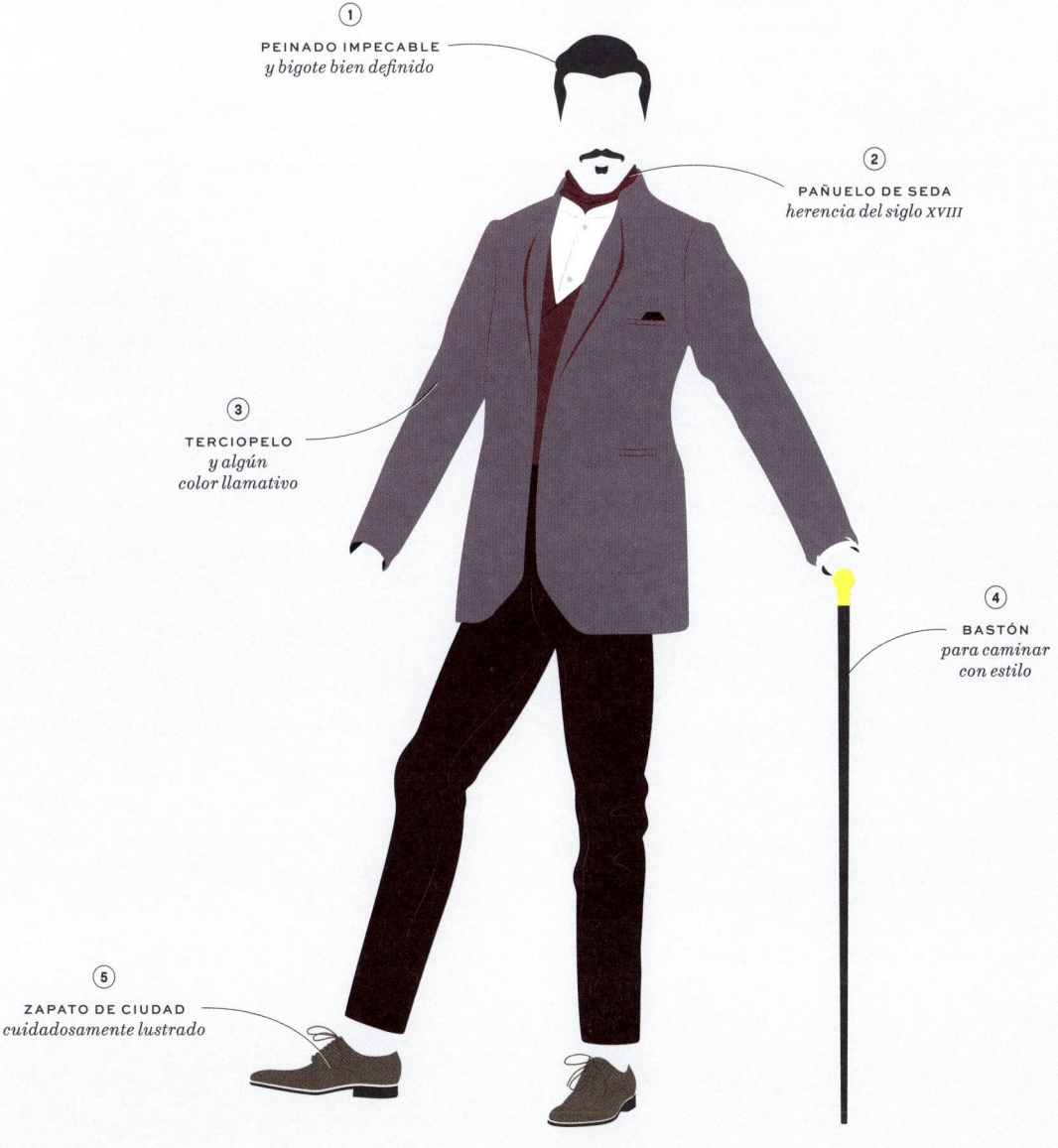

①
PEINADO IMPECABLE
y bigote bien definido

②
PAÑUELO DE SEDA
herencia del siglo XVIII

③
TERCIOPELO
*y algún
color llamativo*

④
BASTÓN
*para caminar
con estilo*

⑤
ZAPATO DE CIUDAD
cuidadosamente lustrado

EMBAJADORES
Beau Brummel
Lord Byron

LITERATURA
Oscar Wilde
Robert de Montesquiou
Charles Baudelaire
Francis Scott Fitzgerald

ARTE
Salvador Dalí

MÚSICA
Serge Gainsbourg
Bryan Ferry
Pete Doherty

TEATRO
Noël Coward

TELEVISIÓN
Jason King

CINE
La Collectionneuse (*La coleccionista*)
Edouard Baer
David Niven

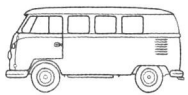

HIPPIES
FLOWER POWER

CUNA ·· SAN FRANCISCO

APOGEO ·· DÉCADA DE 1960

En Estados Unidos, muchos jóvenes nacidos después de la Segunda Guerra Mundial aspiran a una forma de vida alternativa, ajena al materialismo y al consumismo. Numerosas comunidades se asientan en California, en el área de San Francisco, en un contexto sometido a las tensiones de otro conflicto, el de Vietnam, y de los movimientos por los derechos civiles.

↑ Festival Summer Jam, en Watkins Glen (Nueva York, 1973).

UNA UTOPÍA

Herederos del movimiento *beatnik* de la década de 1970, muchos *hippies* son jóvenes blancos de clase media o alta que rechazan las convenciones de su entorno. Defienden el ideal ecologista y una utopía libertaria articulada en torno a la filosofía oriental, la libertad sexual, la droga y la música psicodélica. Tras una década fascinada por el plástico (*véase* pág. 267), la naturaleza toma ahora las riendas de la contracultura.

ATA Y TIÑE

Atar o hacer nudos en una prenda para teñirla es una técnica documentada ya en la prehistoria. Sin embargo, se asocia al movimiento *hippie*. Este procedimiento genera motivos que evocan la estética psicodélica y pone en valor el trabajo hecho a mano.

UN ESTILO

El atuendo de los *hippies* es una expresión de sus creencias. Las prendas de origen multicultural, como el caftán (*véase* pág. 46) o el poncho, representan el mito de una moda universal; el pantalón vaquero (*véase* pág. 136) es un tributo a la clase trabajadora; el pelo largo rompe las barreras de género; y la mujer sustituye la minifalda (*véase* pág. 160) por la falda larga. Todo ello con un mantra: hecho a mano y de segunda mano. En 1969, el festival de Woodstock y el asesinato de la actriz Sharon Tate (esposa de Roman Polanski) a manos de seguidores del fanático Charles Manson parecen sellar el destino del movimiento *hippie*. A pesar de todo, en la década de 1970, los diseñadores recuperan el estilo bohemio y convierten la antimoda en una moda más.

«COMPRE MENOS. ELIJA BIEN. CONSÉRVELO».

VIVIENNE WESTWOOD

ELEGANCIA *HIPPIE*

En las décadas de 1960 y 1970, el fotógrafo Henry Clarke sienta cátedra en sus colaboraciones con la edición estadounidense de *Vogue*, liderada por Diana Vreeland. Las imágenes, tomadas por todo el mundo, ilustran las fantasías de las lectoras justo en el momento en el que se generaliza el turismo. Recurriendo a menudo al cliché folclórico, la revista escenifica a modelos blancas desconectadas de la población local, ataviadas con caftanes resplandecientes, velos misteriosos y colores cálidos. Henry Clarke retrata un nuevo estilo: la elegancia *hippie*.

VINTAGE ECOLOGISTA

Con un grave impacto ecológico y humano, la industria textil es una de las menos sostenibles del mundo. Uno de sus efectos adversos es el desperdicio de las prendas que no se venden y de aquellas generadas por la «moda rápida». El mercado de segunda mano nunca había tenido tanto sentido como ahora; otra forma de lucha es establecer procesos alternativos de fabricación más respetuosos. No obstante, la ecología también se ha convertido en una herramienta publicitaria, de la que abusan algunas marcas.

① PAÑUELO
*para ordenar un
poco la melena*

② GAFAS
REDONDAS
como las de John Lennon

③ CHALECO
*andrógino
y psicodélico*

④ FLECOS
*para honrar a los
nativos norteamericanos*

⑤ PANTALÓN CAMPANA
más cómodo que ninguno

⑥ SANDALIAS DE CUERO
para recuperar la artesanía

MÚSICA
Janis Joplin
Jim Morrison
The Grateful Dead
Joan Baez

ICONO
Generación *beat*

MODA
Bill Gibb
Zandra Rhodes
Roberto Cavalli (primavera/verano de 2017)
Etro (primavera/verano de 2020)
Chloé (primavera/verano de 2019)

LITERATURA
On The Road (*En el camino*),
de Jack Kerouac

CINE
Hair
Easy Rider
Once Upon a Time in Hollywood
(*Érase una vez en Hollywood*)

ESCENARIOS
Woodstock
Isla de Wight
San Francisco

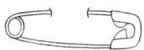

PUNK
«ANARCHY IN THE UK»

CUNA	LONDRES Y NUEVA YORK
APOGEO	FINALES DE LA DÉCADA DE 1970

En 1971, se utiliza por primera vez la palabra «punk» para describir un género musical. Su sonido es desafiante, violento y crudo, radicalmente opuesto a su antecesor más directo, el festivo glam rock. A la cabeza se encuentran los Ramones en Nueva York y los Sex Pistols en el Reino Unido. Se oponen al capitalismo, al conservadurismo y al sistema. Los punk son antitodo.

↑ **Punks británicos**, en Londres (década de 1970).

«EL PUNK ES MÁS UNA ACTITUD QUE UN GÉNERO MUSICAL».

DAVID BYRNE

LA RABIA

El debate sobre el lugar de nacimiento del punk es enconado. ¿Nueva York o Londres? Hacia 1975, la escena musical estadounidense se remueva y el epicentro es el local *underground* CBGB. Al mismo tiempo, en la vieja Inglaterra, una parte de la juventud tiene ganas de derribarlo todo, de chocar contra lo que sea, de molestar a quien sea. Dos formas de importunar al sistema son la música y la vestimenta, y ambas son más enfáticas en el Reino Unido que al otro lado del Atlántico. El punk odia muchas cosas: la aristocracia, el consumismo, la política, la clase media... Todo el mundo recibe.

CHOQUE DE IMÁGENES

En la década de 1970, el movimiento punk no es el único en mostrar sexo y violencia: la fotografía de moda también rompe muchos tabúes. Chris von Wangenheim lleva la tendencia al extremo, con imágenes eróticas, macabras y agresivas; a pesar de su estilo desestabilizador, marcas de lujo como Christian Dior deciden contar con él. Helmut Newton también se inscribe en esta tendencia. El fotógrafo alemán se sirve de la sexualidad de la mujer para consagrar su fuerza y autoridad frente al hombre: es ella, con la grandeza de su cuerpo y el fuego de su deseo, la que marca el paso.

PROVOCAR

El punk abraza todo lo que incomoda —la violencia, el sexo, la incorrección política— y luego lo vomita desde su propia pasarela: ropa rasgada o agujereada, gruesos imperdibles que atraviesan las prendas o a veces la piel, cueros fetichistas y tartán escocés (*véase* pág. 178), que roba a la élite para arrojárselo a la cara. En particular, las mujeres no hacen ascos a los códigos del sadomasoquismo y el erotismo provocador, materializados en las medias de rejilla y el látex. Vivienne Westwood (*véase* pág. 294) da una identidad comercial al movimiento —¡valiente contradicción!— al mismo tiempo que su pareja, Malcolm McLaren, funda los Sex Pistols. El punk se escucha y se ve.

MUSA

La diseñadora belga Ann Demeulemeester, integrante de los Seis de Amberes, crea su marca en 1985. Adepta al negro y a las figuras femeninas andróginas, reivindica la influencia de la música en su proceso creativo, sobre todo del rock, profundo y poderoso. Quien más la cautiva es Patti Smith, y le propone que ponga música a sus desfiles, coloca lemas sobre su vestuario, la sube a la pasarela y la retrata en algunas de sus campañas.

ATRIBUTOS Y REFERENCIAS DE LOS PUNKS

① CRESTA
*para impresionar
por la calle*

② RUBIO OXIGENADO
y maquillaje específico

③ CUERO
rebelde

⑤ MEDIAS DE REJILLA
que han visto mucha noche

**④ CUADROS
ESCOCESES**
*bajados de su
pedestal*

⑥ ZAPATOS
de pin-up

MODA
Vivienne Westwood
Comme des Garçons Homme
(otoño/invierno de 2019)
Junya Watanabe
(otoño/invierno de 2017)
Jean-Paul Gaultier
(otoño/invierno de 2014)

MÚSICA
Sex Pistols
Ramones
The Clash
The Runaways
The Stooges

EMBAJADORAS
Patti Smith
PJ Harvey

CINE
*My beautiful Launhrette
(Mi hermosa lavandería)*
Clockwork Orange (La naranja mecánica)

ESCENARIOS
CBGB, en Nueva York
King's Road, en Londres

LOLITA
MUJER NIÑA

| CUNA | TOKIO |
| APOGEO | DÉCADA DE 1970-HOY |

La juventud japonesa no duda en transgredir las normas y, en especial, los códigos de vestimenta, con extravagantes conjuntos que llegan a parecer disfraces. En las calles del barrio Harajuku de Tokio se libra una batalla de estilos, en la que destacan las mujeres niñas, a medio camino entre la muñeca y la criatura histórica.

↑ **Jóvenes japonesas** en la Semana de la Moda Rakuten, en Tokio (2022).

DISFRAZARSE

La estética lolita, que nace en las calles de Japón en la década de 1970, encarna la afición a todo lo encantador e infantil. La lolita muestra cierta inclinación por la teatralidad aderezada con toques de historicismo, que bebe de muchas fuentes: los personajes de la literatura infantil británica (como *Alicia en el País de las Maravillas*), el

MODELOS...

La moda occidental no brilla por su diversidad, aunque algunas modelos van abriendo camino. Hiroko Matsumoto, descubierta por Pierre Cardin, es la primera japonesa en desfilar para la alta costura parisina. Sayoko Yamaguchi, musa de la década de 1970, colabora tanto con sus compatriotas Kenzo Takada e Issey Miyake como con Yves Saint Laurent y Chanel.

«LO-LI-TA: LA PUNTA DE LA LENGUA EMPRENDE UN VIAJE DE TRES PASOS DESDE EL PALADAR HASTA APOYARSE, EN EL TERCERO, EN EL BORDE DE LOS DIENTES. LO. LI. TA».

VLADIMIR NABOKOV

ES UN SUEÑO

El fotógrafo británico Tim Walker es célebre por su universo onírico inspirado en los cuentos de hadas, la literatura victoriana y los sueños infantiles. Sus decorados son superproducciones realizadas a mano; en 2008, recrea el País de las Maravillas de Alicia para el calendario Pirelli, que es en sí mismo otra puerta a la fantasía. Con un elenco de modelos negros, Walker demuestra que los artificios de la moda también pueden transmitir mensajes importantes.

manga japonés, Hello Kitty y el vestuario occidental rococó y victoriano. Colores pastel (en su versión más dulce y popular), frufrú, falda abullonada, encaje, tirabuzones, lazos traviesos... Este estilo ingenuo y coqueto escenifica un yo diferente siguiendo los mandatos del movimiento *visual kei*, que promulga la exhibición, la transformación y el disfraz.

REJUVENECER

Las referencias históricas dan a la lolita un innegable aire gótico (*véase* pág. 318), aunque

sea en su versión azucarada; no es casualidad que una corriente de este estilo sea la lolita gótica. En todo caso, contrariamente a lo que la cultura occidental pueda imaginar tras décadas malinterpretando la *Lolita* de Vladimir Nabokov, la lolita japonesa no pretende expresar ambivalencia sexual, ni utiliza su aire infantil para perturbar. Simplemente revela a la niña interior que no quiere crecer.

... DE DIVERSIDAD

Al firmar con la marca de cosméticos Shiseido en 1973, Sayoko Yamaguchi ratifica que en la diversidad está el futuro. Sin embargo, sus rasgos naturales se dramatizan con el maquillaje, con el fin de responder a ese gusto orientalista tan occidental.

ATRIBUTOS Y REFERENCIAS DE LAS LOLITAS

①
SOMBRILLA
para proteger la piel
de porcelana

②
PEINADO
cándido

③
FRUFRÚ
y encaje

④
BOLSO
de mano
divertido

⑤
FALDA
abullonada
de aire antiguo

⑥
CALCETINES
escolares

⑦
MERCEDITAS
juguetonas

CINE
Kamikaze Girls

MITO
Alicia en el País de las Maravillas,
de Lewis Carroll

EMBAJADORA
Misako Aoki

ICONOS
María Antonieta
Shirley Temple

PERSONAJE
Hello Kitty

MODA
Betsey Johnson
Jeremy Scott

MÚSICA
Gwen Stefani y las Harajuku Girls,
en su álbum *Love.Angel.Music.Baby*

BLITZ KIDS
LA VANGUARDIA NOCTÁMBULA

CUNA	LONDRES
APOGEO	DÉCADA DE 1980

En vísperas de 1980, parte de la vanguardia y de los círculos creativos consideran que el punk ya es algo banal y popular. Estos excéntricos, que quieren expresar identidades radicales y únicas, se dan cita en el Blitz, una tendencia que llega a la moda, la música, los medios de comunicación y las artes.

↑ **Noche en el Blitz de Covent Garden**, en Londres (1980).

BAR DE COPAS

En otoño de 1978, Rusty Egan y Steve Strange, dos jóvenes fanáticos de David Bowie y su tema «Heroes», organizan una fiesta en Londres. Sus veladas pronto se hacen famosas y se instalan en un bar minúsculo, el Blitz, que atrae a la fauna más extravagante. Hay derecho de admisión: solo pasan los excéntricos e indolentes. Hay que dar espectáculo sin miramientos y el estilo que se define toma prestado de la historia el multiculturalismo, el teatro y la androginia. Vivienne Westwood logra captar esta estética, que conjuga exuberancia e individualidad, en su colección «Pirate» de 1981.

UNA REVISTA

En este contexto, en mayo de 1980, aparece el primer número de la revista británica *The Face*, dedicada a la música y demás fuentes de la contracultura. Esta publicación pionera se asienta rápidamente; es una de las más influyentes de su época (en ella nace el mito de Kate Moss) y referencia para los creativos del Londres de las décadas de 1980 y 1990. *The Face* y la generación del Blitz contribuyen a crear la moda inglesa del momento.

INFLUENCIA

Hastiados de las desfasadas reivindicaciones del punk (*véase* pág. 328), los *Blitz Kids*, o «nuevos románticos», abrazan el nuevo sonido electrónico, el pop, el funk (*véase* pág. 310), el reggae y el rock. Para cuando empieza a perder fuelle a finales de 1980, el movimiento ya ha dado lugar a bandas como Culture Club and Boy George, que triunfa en la MTV, y ha marcado a diseñadores como John Galliano (*véase* pág. 206), llamado a tener un éxito prodigioso en la pasarela. En la década de 1990, los *Club Kids* de Nueva York toman el testigo del Blitz, para establecer un universo en el que prima la identidad y donde las *drag queens* se reconcilian con el punk y los bailarines de vogue se mezclan con los universitarios.

> **«EN EL BLITZ, ME ENCONTRABA CON PERSONAS QUE SOLO PODÍAN EXISTIR EN MI IMAGINACIÓN. PERO ERAN REALES».**
>
> STEPHEN JONES

DE CULTO

El primer número de la revista británica *The Face* se publica en mayo de 1980. Con su estilo único, un diseño gráfico singular y llamativo inspirado en la Bauhaus, textos mordientes y fotografías crudas, pronto inspira a otras revistas de referencia, como *i-D* o *Dazed*.

① SOMBRERO
dramático y misterioso

② MAQUILLAJE
*extravagante
para él y para ella*

③ FONDO BLANCO
*como las estrellas
de cine mudo*

④ CUELLO CON CHORRERAS
para mayor vistosidad

⑤ MUCHAS JOYAS
*porque nunca
son demasiadas*

⑥ NUEVAS PROPORCIONES
*anchas, abullonadas
o a veces estrechas*

⑦ COLOR NEGRO
*de los estudiantes
de arte*

MÚSICA
Boy George
Lady Gaga
Bananarama

CULTURA
Leigh Bowery
Central Saint Martins

MODA
Stephen Jones
Zandra Rhodes
Vivienne Westwood
Judy Blame
John Galliano

ICONOS
David Bowie
Marilyn Monroe

FORMATOS
Videoclip «Ashes to Ashes»,
de David Bowie
Blitz Magazine

IVY LEAGUE
A LA AMERICANA

CUNA .... IVY LEAGUE

APOGEO .... DÉCADA DE 1950

A mediados de la década de 1940, Harvard, Yale, Princeton y otros campus estadounidenses de prestigio de la Ivy League —una agrupación deportiva universitaria— desarrollan un estilo propio, a la vez distinguido y engañosamente desenfadado, elegante pero discreto, que se inspira en la moda deportiva de la década de 1920.

↑ **Estudiante** de la Universidad de Yale, en New Haven (1952).

> «SIEMPRE ME HA INSPIRADO LA AMÉRICA SOÑADA: LAS FAMILIAS RURALES, LAS CAMIONETAS Y GRANJAS DECADENTES; NAVEGAR FRENTE A LA COSTA DE MAINE; RECORRER UNA CARRETERA POLVORIENTA EN UN VIEJO COCHE FAMILIAR; UN DESCAPOTABLE ATESTADO DE UNIVERSITARIOS CON CORTE DE PELO A CEPILLO, SUDADERA Y DEPORTIVAS RAÍDAS».
>
> RALPH LAUREN

VERSIÓN JAPONESA

En 1964, surge una nueva tribu urbana en Tokio: los *miyuki-zoku*, seguidores del moderno Ivy. Cuando terminan las clases, se cambian en las cafeterías del barrio de Ginza. La revista *Heibon Punch* es portavoz de esta moda, que llega a Japón en la década de 1950 de la mano de Kensuke Ishizu y su marca Vans Jacket. Los mayores no ven con buenos ojos un estilo tan occidental, que asocian a la delincuencia y les trae recuerdos de la guerra.

GAP Y SUS BÁSICOS

En la década de 1980, GAP se concentra en las prendas básicas, como el pantalón vaquero, el jersey y el chino (que llama «caqui»). La marca reivindica la idea de que cualquiera puede vestir como un universitario estadounidense. Hacia 1995, relanza su propuesta, claramente inspirada en el Ivy, con campañas protagonizadas por míticas celebridades.

ALUMNO MODELO

En el período de entreguerras, los estudiantes de estas elitistas universidades popularizan el traje con americana —concebido por Brooks Brothers en 1901—, de corte más natural e informal. También promueven el uso de la ropa deportiva fuera del terreno de juego y popularizan los *blazers*, el *tweed* (*véase* pág. 42), las camisas Oxford y los mocasines (*véase* pág. 174). Tras la Segunda Guerra Mundial, los soldados desmovilizados vuelven a los banquillos de la Ivy League con la ayuda de la Ley para la Reinserción de Veteranos, que les financia los estudios. Es entonces cuando completan su estilismo con el pantalón caqui (*véase* pág. 54).

ESPÍRITU REBELDE

Sería erróneo considerar que este atuendo es patrimonio exclusivo de la élite blanca. Estos jóvenes buscan sobre todo diferenciarse de sus padres, y lo hacen a ritmo de jazz. Algunos músicos afroamericanos que encarnan la quintaesencia de lo *cool*, como John Coltrane o Miles Davis, también adoptan este aire, y a su vez inspiran a muchos jóvenes negros y a los activistas de los derechos civiles de la década de 1960. Hasta 1975, el Ivy se gana el favor de la clase media y se convierte en el arquetipo del estilo americano.

DEL OESTE AL ESTE

Entre los herederos de la Ivy League se encuentran, entre otros, la moda juvenil japonesa de la década de 1960, el estilo *preppie* y las propuestas de Ralph Lauren desde la década de 1970.

ATRIBUTOS Y REFERENCIAS DE LA IVY LEAGUE

① GAFAS DE PASTA
tan elegantes como intelectuales

② CAMISA ABOTONADA HASTA ARRIBA
porque no hay descuido que valga

③ CORBATA
formal pero no sosa

④ CHAQUETA DE CUADROS
de yerno ideal

⑤ CHINO
como los compañeros desmovilizados

⑥ MOCASINES
bien a la vista

CINE
Paul Newman
Sidney Poitier
Dustin Hoffman en *The Graduate*
(*El graduado*)
Los universitarios «bien» de *Grease*
The Talented Mr. Ripley
(*El talento de Mr. Ripley*)
Love Story

POLÍTICA
John F. Kennedy

DEPORTES
Muhammad Ali
Tommie Smith

FOTOGRAFÍA
Gordon Parks

MÚSICA
Miles Davis
Bill Evans

MODA
Brooks Brothers
Ralph Lauren
Tommy Hilfiger

EMO
BUENOS DÍAS, TRISTEZA

| CUNA | ·· | WASHINGTON |
| APOGEO | ·· | DÉCADA DE 2000 |

El género musical emo (del inglés *emotive hardcore*, que podría traducirse como «emotivo extremo») es el último gran movimiento de la contracultura adolescente. Heredero del pospunk devenido en tendencia en su apogeo en 2000, el emo representa, en una suerte de catarsis emocional, a una juventud atormentada que se siente descolgada.

↑ **Adolescente** en Ucrania (década de 2000).

LA MÚSICA

En el Washington de 1985, algunas bandas de punk sienten la necesidad de expresar sus sentimientos, reflexiones y emociones, y de ampliar su espectro musical. Rites of Spring son los pioneros de un nuevo género que, a pesar de haber nacido en el hardcore punk, es tildado despectivamente de «emo» por público y crítica. En la década 2000, sale de su entorno *underground* para incorporarse a la escena internacional.

UN ESTILO

Con esta popularidad, llega también una comunidad de jóvenes seguidores, que imitan a sus ídolos en internet, sobre todo en MySpace. Los emos adoptan un característico corte de pelo con flequillo, vaquero ceñido (*véase* pág. 136), camiseta estrecha (*véase* pág. 10), cinturón de tachuelas y deportivas Converse (*véase* pág. 92), que se completan con sombra de ojos oscura, esmalte de uñas negro y a veces *piercings* y tatuajes. Esta estética —iniciada por la banda sueca Refused en 1998— rechaza las tendencias y subraya su divergencia recurriendo a prendas normales, carentes de connotaciones estilísticas.

RELACIONES VIRTUALES

El género emo, popularizado por la red social MySpace, es el primer movimiento contracultural en desarrollarse gracias a las nuevas tecnologías. También contribuye al auge de las tiendas de diseño y venta *online* (como Etsy), en las que los adolescentes revenden artículos vinculados a sus bandas preferidas.

«LA MELANCOLÍA CARACTERIZA A QUIENES TIENEN UNA EXTREMADA SENSIBILIDAD A LO SUBLIME».

IMMANUEL KANT

LA SENSIBILIDAD

Andróginos, románticos y tímidos, los jóvenes emos a menudo son señalados con el dedo por una sociedad alérgica a la introspección. Por ejemplo, se acusa a esta corriente de glamurizar el suicidio. Sin embargo, estas controversias y estereotipos son reduccionistas: la adolescencia es la edad de la melancolía, e ignorarlo es una insensatez. Los emos solo expresan, con su aspecto, un mundo interior que la mayoría de los jóvenes callan.

DULCE MELANCOLÍA

La fotógrafa Sarah Moon se distingue, en especial en sus colaboraciones con Cacharel, por sus imágenes melancólicas, teñidas de romanticismo, fantasía y misticismo. Aprovechando la capacidad fabuladora de la fotografía, utiliza difuminados e imperfecciones que acentúan la estética ilusoria y, aun siendo una incondicional del blanco y negro, recurre al color para añadir evanescencia y misterio.

ATRIBUTOS Y REFERENCIAS DE LOS EMOS

② FLEQUILLO LARGO
por el halo de misterio

① CAPUCHA
*para aislarse
del mundo*

③ CAMISETA
*que transmite
el mensaje*

④ CHAQUETA AMPLIA
para estar cómodo

⑤ VAQUERO CEÑIDO
*que difumina las
fronteras de género*

⑥ CONVERSE
rockeras y relajadas

MISCELÁNEA
Kid Cudi en la Met Gala de 2021
La serie de televisión *Daria*

MODA
Vetements (otoño/invierno de 2017)
R13 (primavera/verano de 2017)

MÚSICA
My Chemical Romance
Avril Lavigne
Weezer
Panic! At the Disco

CINE
Donnie Darko
Eternal Sunshine of the Spotless Mind
(*¡Olvídate de mí!*)

ICONOS
The Smiths, Winona Ryder

GRUNGE
«SMELLS LIKE TEEN SPIRIT»

CUNA ·· SEATTLE

APOGEO ·· DÉCADA DE 1990

En la década de 1980, Seattle es una ciudad dormida de segunda, pero los alquileres son baratos y atraen a numerosos músicos. La escena rock se despierta con un nuevo género, llamado *grunge*. A comienzos de la década siguiente, el sonido de Seattle se transforma en un fenómeno mundial y en una moda que imita a estos artistas sin blanca.

↑ **Nirvana**, entre bastidores en un concierto en Tokio (1992).

MAL INTERPRETADO...

En 1993, Marc Jacobs inspira en el *grunge* su colección de primavera/verano para Perry Ellis. Es la primera vez que este movimiento se representa de forma tan explícita en la pasarela. No funciona: es una transcripción aleatoria de un estilo que, para empezar, encaja mal con la marca. Pero el principal problema es que pretender que el *grunge* sea tendencia y convertirlo en algo comercial es despojarlo de su propia esencia. Perry Ellis despide a Marc Jacobs.

SEGUNDA MANO

El *grunge*, influido por el punk (*véase* pág. 328), el heavy metal y el rock, nace en Seattle a finales de la década de 1980. El nuevo género musical se complementa con un atuendo característico, basado en la ropa de segunda mano y, de forma sorprendente, en básicos del guardarropa masculino de la clase obrera. Eso significa, en esta región, camisas de franela —utilizadas por los leñadores (*véase* pág. 29)— y chaquetas de lana Pendleton. Los jóvenes compran estas prendas básicas en las tiendas de segunda mano, de las que también rescatan chaquetas militares, viejas camisetas (*véase* pág. 10) y vaqueros desgastados (*véase* pág. 136). Las chicas, por su parte, eligen vestidos de flores *vintage* y rebecas de tallas grandes. El pelo se prefiere grasiento, y la tez, pálida.

... Y PEOR PROMOCIONADO

Marc Jacobs envía prendas de esta colección a Courtney Love y Kurt Cobain, que las queman. ¡Demasiado sofisticadas para su gusto!

POCO ELEGANTE

Davide Sorrenti, uno de los fotógrafos más reconocidos de su generación, fallece a los veintiún años de edad. Corre el rumor de que lo ha matado una sobredosis de heroína. La redactora de la revista *Interview* escribe: «La heroína no tiene nada de elegante. Hay que acabar con este *heroin chic*». La droga hace estragos y se lleva a Kurt Cobain y a River Phoenix. La periodista señala a un cómplice: la corriente fotográfica de la década de 1990, que convierte en motivo estético el consumo de drogas y sus secuelas, con retratos de cuerpos muy delgados y rostros ojerosos. La lucha llega a la política. Bill Clinton condena esa imaginería. Con la muerte de Sorrenti, la heroína deja de ser *chic*.

LA CRISIS

La recesión económica sacude el mundo y el *grunge* se hace eco de la crisis. Se acabaron la ostentación de la década de 1980, la fiesta y el materialismo: la juventud afronta una realidad hostil y lo demuestra con su estilo. Una banda en particular contribuye a la difusión de esta antimoda contraria a las normas: Nirvana. Cuando Kurt Cobain y sus acólitos son impulsados a la fama planetaria por la MTV, la pasarela intenta asimilar el *grunge*. Pero no va a conseguirlo: es demasiado desordenado, demasiado mugriento, demasiado personal.

① **PELO LARGO**
*sin peinar y tirando
a sucio*

② **CAMISA DE LEÑADOR**
de segunda mano

③ **VAQUERO DESGASTADO**
*o roto, porque lo nuevo
está pasado de moda*

④ **ZAPATILLAS AGUJEREADAS**
de usarlas con el monopatín

MÚSICA
Kurt Cobain
Courtney Love
Kim Gordon
Riot Grrrls
Pearl Jam

CINE
Wayne's World (*El mundo de Wayne*)
Kids
Singles (*Solteros*)

MODA
Perry Ellis
(primavera/verano de 1993)
Ann Demeulemeester
(primavera/verano de 1997)
Saint Laurent
(otoño/invierno de 2003)

FOTOGRAFÍA
Corinne Day
Wolfgang Tillmans

TELEVISIÓN
La serie *My So-Called Life*
(*Es mi vida*)

PANTERAS NEGRAS
EL COLOR DE UNA LUCHA

CUNA	CALIFORNIA
APOGEO	DÉCADA DE 1960

En Estados Unidos, la Ley de Derechos Civiles de 1964 acaba oficialmente con la segregación, pero no con las injusticias y discriminaciones sufridas por la población afroamericana. Dos años después, en plena década contestataria, Huey Newton y Bobby Seale fundan el Partido Pantera Negra en la ciudad californiana de Oakland.

↑ **Panteras Negras** en Nueva York (1969).

REIVINDICACIONES

Los Panteras Negras luchan por los derechos de los que se priva a la comunidad negra y reivindican su identidad con orgullo. En esta afirmación, el cuerpo es algo tangible: ocupa en el espacio público el lugar que durante tanto tiempo le ha sido negado. Los Panteras y sus seguidores salen de la invisibilidad y se metamorfosean en individuos poderosos, incluso intimidatorios. Visten un uniforme que los une y los distingue, pues el grupo conoce el poder de los medios y de la imagen.

UN EJÉRCITO

Los hombres y mujeres del movimiento se consideran soldados y adoptan un imponente estilo cuasimilitar, cuya encarnación más evidente es la boina (*véase* pág. 119). El otro símbolo es el negro,

«LO NEGRO ES BELLO»

La revista *Vogue* es la reina absoluta de las publicaciones sobre moda, y su portada, un privilegio reservado a muy pocas. Y la diversidad brilla por su escasez. En 1966, Donyale Luna es la primera mujer negra en aparecer en la portada de la edición británica; su hermana estadounidense no da el paso hasta 1974, con Beverly Johnson, mientras que *Vogue Paris* espera hasta 1988 para darle el protagonismo a Naomi Campbell.

UNA MODA POLÍTICA

Desde su nacimiento en el siglo XIV, las prendas de vestir han servido al discurso social y político.

Revolución francesa: lazos tricolores y *sans-culottes*.

Hacia 1900: las sufragistas británicas y estadounidenses visten de blanco.

2018: los «chalecos amarillos» toman Francia.

«ALGO HAY QUE HACER PARA QUE LAS MUJERES SE SIENTAN ORGULLOSAS DE SU CABELLO, ORGULLOSAS DE SU IDENTIDAD NEGRA».

KWAME BRATHWAITE

el color por el que han sufrido estigma y que ahora es su mayor fuerza. A principios de la década de 1960, el fotógrafo Kwame Brathwaite funda la agencia de modelos negras Grandassa Models y populariza el lema «Black is beautiful» («Lo negro es bello»); al reivindicar el orgullo africano en la escena cultural, artística y de la moda, también confronta los mandatos de los estándares occidentales. Por su parte, los Panteras Negras convierten este orgullo en un arma política.

HOMENAJE

En 2016, durante su actuación en la Super Bowl, la cantante Beyoncé y sus bailarinas honran a los Panteras Negras —cuero negro, boinas negras y el puño en alto— para denunciar la violencia que sigue sufriendo la comunidad afroamericana en Estados Unidos.

ATRIBUTOS Y REFERENCIAS DE LOS PANTERAS NEGRAS

① PUÑO
en alto

② BOINA
identitaria

③ PELO AFRO
emancipador

④ GAFAS DE SOL
que camuflan

⑤ CHAPAS
y lemas

⑥ CUERO
insubordinado

⑦ POSTURA
firme

⑧ COLOR NEGRO
*como símbolo
todopoderoso*

MÚSICA
Public Enemy
NWA

CINE
Shaft
Judas and the Black Messiah
(Judas y el Mesías negro)

ACTIVISTAS
Elaine Brown
Huey Newton
Angela Davis
Bobby Seale

ARTE
Emory Douglas

ESCENIFICACIONES
Kendrick Lamar
en los Premios Grammy
Beyoncé
en la Super Bowl de 2016

TECNO
SÍNDROME DE PETER PAN

| CUNA | .... | MÁNCHESTER |
| APOGEO | .... | DÉCADA DE 1990 |

En la década de 1990, se desarrolla un género musical que combina elementos del dance británico —nacido a principios de la década de 1980 en Mánchester y Londres— y del tecno —que aparece en Detroit (Estados Unidos) a finales de 1960 y culmina en Berlín—. La nueva música electrónica es popular, desenfadada y festiva, y contribuye a una estética igualmente lúdica.

LA UTOPÍA

El fenómeno, que se extiende por todo el mundo, es conocido en el Reino Unido como «el segundo verano del amor», un guiño al verano de 1967 que marcó el apogeo *hippie*; no en vano, ambas corrientes comparten el mensaje de paz, amor y libertad. En paralelo, se suceden los avances tecnológicos, cada vez más accesibles y fascinantes. *Matrix* y otras películas ofrecen una visión futurista de la naciente era digital. La juventud se reúne en grandes fiestas al aire libre (*raves*) o en desfiles urbanos como el Techno Parade parisino o el legendario Love Parade berlinés.

«SOY MÁS BIEN TECNO»

En 1995, Raf Simons funda su marca, dedicada a la moda masculina y que reivindica, desde sus inicios, la influencia de la música electrónica y la cultura juvenil. El diseñador belga renueva el lenguaje de la masculinidad, insuflándole un espíritu a la vez futurista y nostálgico de las contraculturas del pasado. Asimismo, explora la moda femenina para Jil Sander y Dior. En 2020, Raf Simons y Miuccia Prada dan la campanada al anunciar que compartirán la dirección artística de la casa Prada. El futuro también se escribe así, transformando el sistema desde dentro.

LA FIESTA

La comodidad es esencial para bailar estos ritmos sincopados y al mismo tiempo destacar en la oscuridad de las discotecas. Se imponen la camiseta con *smiley* (el icono sonriente que evoca descaradamente el consumo de éxtasis), el pantalón *baggy* característico del hiphop (*véase* pág. 317) y los colores fluorescentes. En plena crisis económica y política, chicos y chicas andróginos expresan su rechazo del mundo adulto con atuendos falsamente infantiles. Cuando el estilo tecno sale a la luz del día, el pop lo suaviza y lo pone en manos de grupos como las Spice Girls. El mensaje es el mismo: nadie quiere hacerse mayor.

↑ Love Parade en Berlín (1991).

«EL MUNDO CAMBIA. LA MÚSICA CAMBIA. LA DROGA CAMBIA».

TRAINSPOTTING

SONRISA AMARILLA

En 1963, una compañía de seguros estadounidense contrata al diseñador gráfico Harvey Ball para crear una imagen que transmita ilusión. Ball propone un icono amarillo y negro con una cara sonriente. Al no estar patentado, se difunde con rapidez: es el optimismo que necesita un país corroído por la guerra de Vietnam. A finales de la década de 1980, el *smiley* ya se asocia al acid house y al éxtasis, y en 1990 personifica el tecno y las *raves*; tras diversas muertes por sobredosis, la «cara sonriente» pierde el favor de algunas empresas británicas.

ATRIBUTOS Y REFERENCIAS DEL TECNO

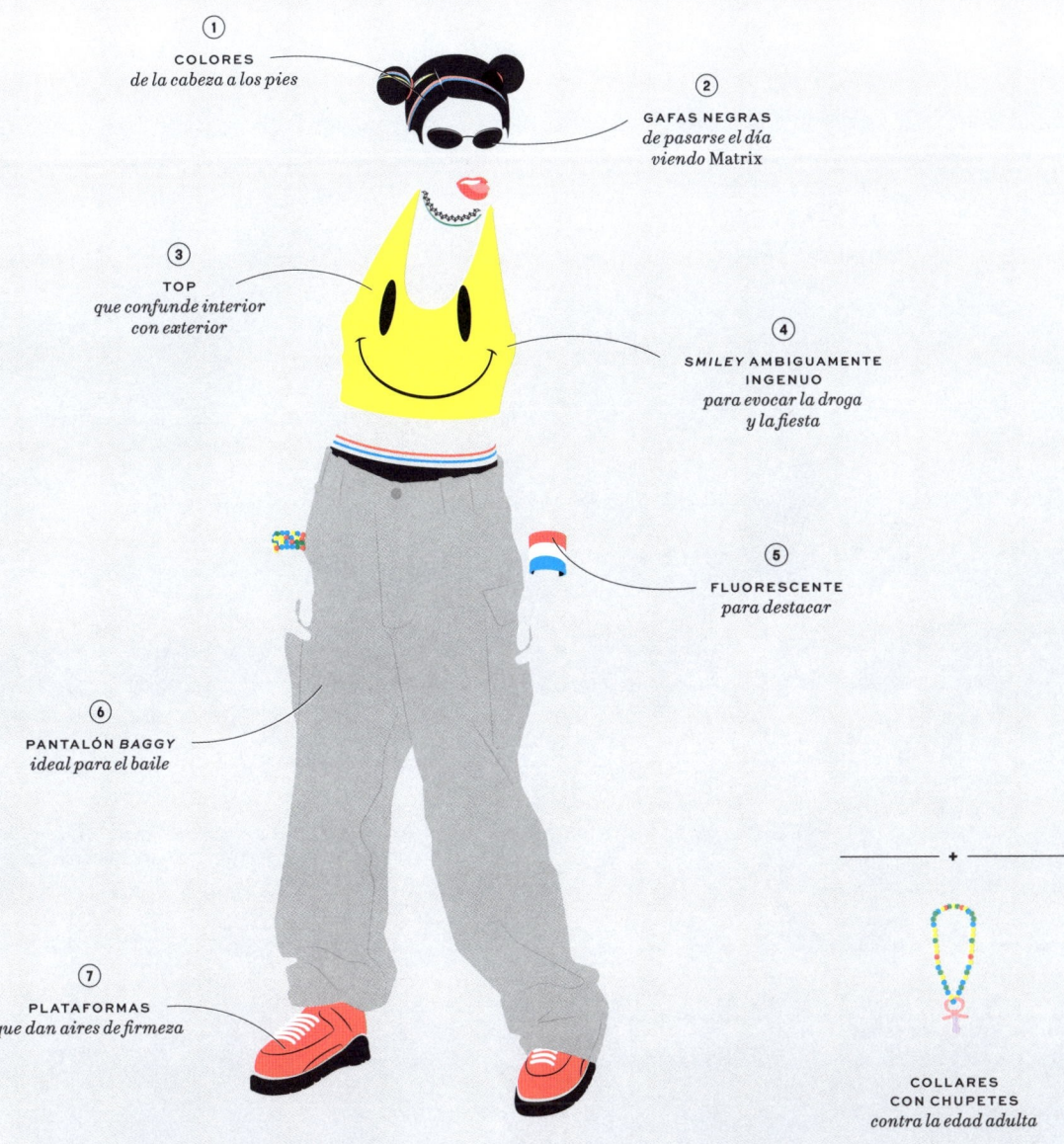

① **COLORES**
de la cabeza a los pies

② **GAFAS NEGRAS**
*de pasarse el día
viendo* Matrix

③ **TOP**
*que confunde interior
con exterior*

④ *SMILEY* **AMBIGUAMENTE
INGENUO**
*para evocar la droga
y la fiesta*

⑤ **FLUORESCENTE**
para destacar

⑥ **PANTALÓN** *BAGGY*
ideal para el baile

⑦ **PLATAFORMAS**
que dan aires de firmeza

**COLLARES
CON CHUPETES**
contra la edad adulta

CINE
Trainspotting

FIRMAS
Prada
Fila
Walter van Beirendonck
Adidas

MÚSICA
The Chemical Brothers
The Prodigy
Fatboy Slim

MODA
Prada (otoño/invierno de 2021)
Paco Rabanne
(primavera/verano de 2022)

EMBAJADORAS
Gwen Stefani
Spice Girls

PEACOCKS
PAVO REAL

CUNA ··· LONDRES

APOGEO ········· FINALES DE LA DÉCADA DE 1960

En la década de 1960, el hombre se despoja
progresivamente de los lastres conservadores
que han definido su vestimenta desde el siglo XIX.
Tanto los *mods* ingleses como los bohemios parisinos
y los *hippies* californianos desmenuzan las normas
de la masculinidad y se permiten ciertos toques
de imaginación.

↑ **John Lennon,** en Londres (1967).

«LA PASIÓN QUE DOMINA
AL HOMBRE ES LA VANIDAD».

HENRY DE MONTHERLANT

UNA FANTASÍA

En ese momento, aparecen
los *peacocks*, los «pavos reales».
Estos estetas londinenses
maridan trajes de reluciente
terciopelo con camisas
Liberty (*véase* pág. 194)
y llamativas corbatas (*véase*
pág. 182). Son habituales de
Carnaby Street, pues allí
se encuentra la tienda de
John Stephen, el diseñador
emblemático del movimiento,
que viste a los Rolling Stones,
los Who y los Kinks. Los
peacocks también pululan por
las refinadas sastrerías de
Savile Row, que redefinen sus
siluetas con audaces chaquetas
sin cuello.

ESPECTÁCULO CALLEJERO

Los *peacocks* de la década
de 1960 tienen sus herederos:
los pavos reales han invadido
las redes sociales. Desde
que Bill Cunningham empezó
a fotografiar la moda de la calle,
es ahí donde todo el mundo
presume. A finales de los 2000,
personalidades como Garance
Doré, The Sartorialist o Tommy
Ton retratan a gente normal
cuyo estilo merece ser
inmortalizado. Un punto
de encuentro es la salida de
los desfiles de moda, donde los
invitados anónimos lucen sus
propuestas personales con
fingida indiferencia.

EL RENACIMIENTO

Es todo un puntapié a las
costumbres burguesas de
la Inglaterra de posguerra.
El movimiento Peacock
adopta también ciertos aires
nostálgicos: estos dandis
(*véase* pág. 324) del siglo XX
recuperan la moda histórica
y reinterpretan el traje a
la francesa, las camisas con
exuberantes cuellos *lavallière*
y el redingote victoriano.
Es una forma de recordar
a quienes tachan su imagen
de afeminada que, hasta
el siglo XIX, el hombre vestía
sedas, encajes y colores;
que «lo normal» en la moda
masculina era precisamente
todo lo que el siglo XX ahora
rechaza. Y que preocuparse
por la apariencia no tiene
nada de malo.

CULTO DEL YO

Instagram nace en octubre
de 2010 y el selfi toma las
riendas. Gracias a los teléfonos
inteligentes, la persona se
escenifica, sola o con amigos,
y se desata una imaginería
narcisista y egocéntrica.
El estilo se muestra con
pretenciosidad y se vigilan
los «me gusta» con cierta
inquietud. El autorretrato
suscita un ansia de validación
casi enfermiza. Incluso quienes
fingen desinterés acaban
por mostrar una modestia
que se intuye falsa. Nunca
antes la mirada del otro
había importado tanto en el
reconfortante espacio íntimo.

①
CORTE DE TAZÓN
como los Beatles

②
GAFAS DE CRISTAL
DEGRADADO
*para disimular los estragos
del* Swinging London

③
LAZO *LAVALLIÈRE*
como guiño histórico

④
FLORES
*como las del estampado
Liberty*

⑤
CAMISA EXTRAVAGANTE
de aire teatral

⑥
TERCIOPELO
*de los sastres
sofisticados*

⑦
BOTINES CON TACÓN
*porque el hombre
se hace andrógino*

MODA
John Stephen
Mr. Fish
Granny Takes a Trip
Alessandro Michele para Gucci
Liberty & Co
Muccia Prada para Miu Miu
y Prada

ICONO
Christopher Gibbs

MÚSICA
The Beatles y *Sgt. Pepper's Lonely
Hearts Club Band*
Jimi Hendrix
Prince
Brian Jones

CINE
El protagonista de la saga
Austin Powers
Modesty Blaise

TELEVISIÓN
Mick Jagger en el programa
Ready Steady Go! en 1966

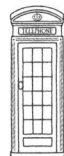

TEDDY BOYS AND GIRLS
DELINQUIR CON ELEGANCIA

CUNA	LONDRES
APOGEO	DÉCADA DE 1950

Tras la Segunda Guerra Mundial, los sastres de los barrios londinenses de clase alta intentan recuperar las tendencias que estuvieron de moda durante el reinado de Eduardo VII, a principios de siglo. Pero las chaquetas resultan demasiado largas, y los pantalones, muy estrechos: el estilo recuerda al denostado traje *zoot* estadounidense y la élite lo rechaza.

↑ *Teddy boys* frente a la sala de baile Mecca de Tottenham, en Londres (1954).

PROVOCAR POR GUSTO

Desde que la aristocracia empieza a dictar las normas de la moda en la Edad Media, quien no respeta sus códigos es apartado. En el siglo xx, causar revuelo es una herramienta más de publicidad. Es el caso de las campañas de Benetton de las décadas de 1980 y 1990. De la mano del fotógrafo Oliviero Toscani, la marca expone cuestiones tan incómodas como el VIH, la pena de muerte o el hambre, al tiempo que promueve el multiculturalismo y la tolerancia.

SEGUNDA VIDA

Estas prendas acaban en las tiendas de los barrios populares y los adolescentes de la clase obrera las compran por poco dinero. Así, hacia 1952, se propaga por Londres y su periferia el estilo *teddy* (diminutivo de Eduardo), que rechaza las convenciones y la austeridad. Es una corriente bastante marginal, mayoritariamente masculina, racista y organizada casi a modo de banda. Las pocas chicas que se suman al movimiento deben tomar prestado el vestuario masculino, ya que la moda femenina no ofrece nada que se pueda usar de forma transgresora.

CULTURA JUVENIL

Con toda la rabia que llevan dentro, los chicos y chicas *teddy* se imponen como una de las primeras tribus urbanas. No quieren parecerse a sus padres y, sin embargo, adoptan atuendos de la época eduardiana; también adoran la cultura estadounidense, sobre todo la música rockabilly, lo que explica sus semejanzas estilísticas con los *zooters*. Los *teddy boys* son percibidos como delincuentes y su manierismo es objeto de burla. Pero representan algo más que una forma de vestir: son un auténtico movimiento contracultural y, en sus diez años de vida en el Reino Unido, abren el camino a otros muchos, como los *mods* (*véase* pág. 304) y los punks (*véase* pág. 328).

«ERAN LOS HIJOS DE LA CLASE OBRERA, DESTINADOS A SER CARNICEROS O PANADEROS, Y QUERÍAN QUE LOS TOMARAN EN SERIO».

CHRIS STEELE-PERKINS

SIN GÉNERO

Con su aire andrógino, las *teddy girls* se anticipan a la tendencia antigénero que se desarrolla actualmente en el seno de una generación que no desea ser identificada por su sexo biológico. La moda ya propone algunas colecciones de género neutro, e incluso hay tiendas que fusionan las secciones de hombre y mujer. En 2020, la Fashion Week de Londres cancela la Semana de la Moda Masculina y organiza desfiles mixtos.

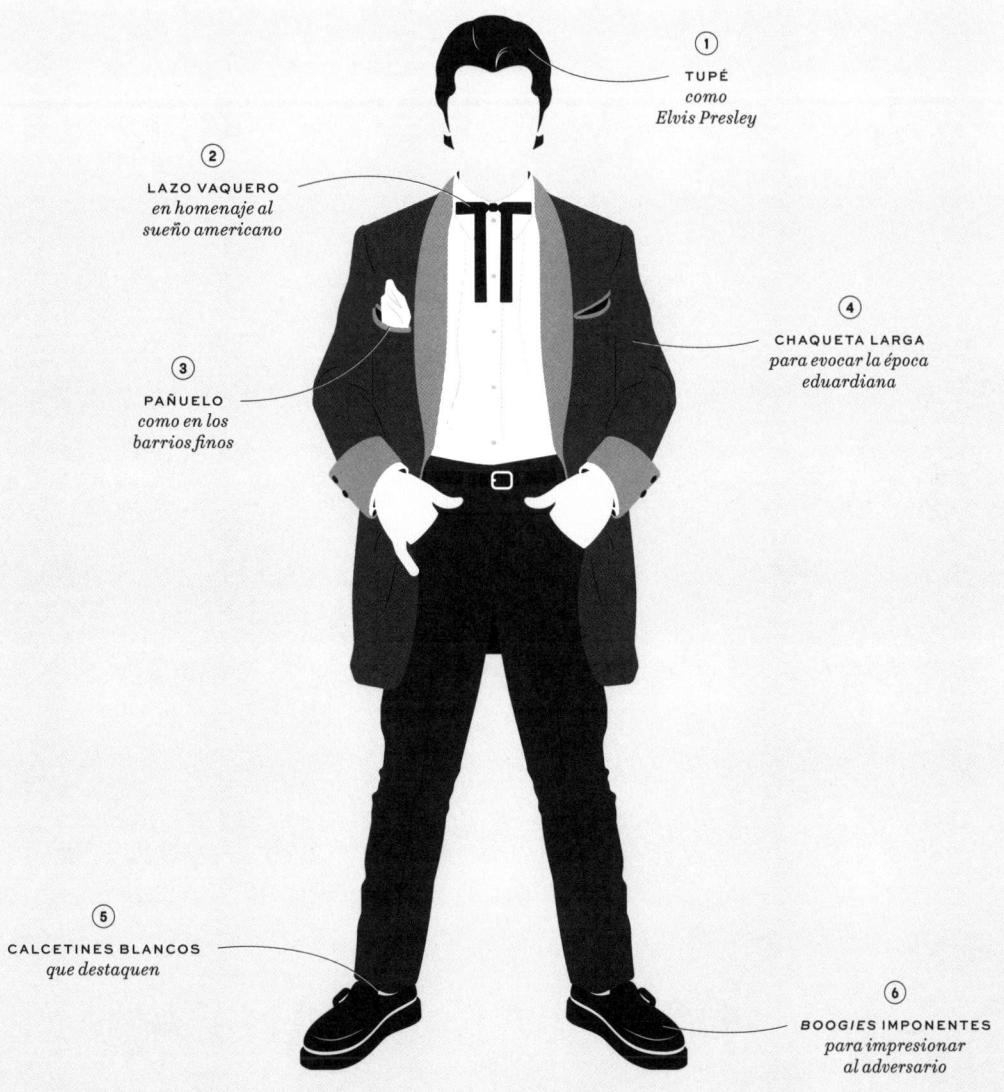

1 **TUPÉ** *como Elvis Presley*

2 **LAZO VAQUERO** *en homenaje al sueño americano*

3 **PAÑUELO** *como en los barrios finos*

4 **CHAQUETA LARGA** *para evocar la época eduardiana*

5 **CALCETINES BLANCOS** *que destaquen*

6 **BOOGIES IMPONENTES** *para impresionar al adversario*

ICONOS
Bill Haley & His Comets
Billy Eckstine
Eddie Cochran

MÚSICA
Rock Around the Clock
La banda sonora de *Blackboard
Jungle* (*Semilla de maldad*)

FOTOGRAFÍA
Ken Russell

CINE
Teddy Boy
Clockwork Orange
(*La naranja mecánica*)

MÚSICA
Arctic Monkeys
The Beatles

MODA
Dior (otoño/invierno de 2019)
Vivienne Westwood
Saint Laurent (primavera/verano
de 2014)

RETRATOS

52 DISEÑADORES

DISEÑADORES
LA IDEA Y EL GESTO

VIRGIL ABLOH
(1980-2021)

AZZEDINE ALAÏA
(1935-2017)

GIORGIO ARMANI
(1934)

CRISTÓBAL BALENCIAGA
(1895-1972)

LUJO URBANO
PÁG. 283

VESTIDO DE BANDAS
PÁG. 232

TRAJE
PÁG. 290

VESTIDO ESCULTURA
PÁG. 222

En 2009, Virgil Abloh toma posiciones con su *concept store* de Chicago, en la que conjuga arte y diseño. No obstante, su colaboración con Kanye West, como director artístico de sus álbumes y conciertos, es la que lo lleva a la fama. En 2013, funda Off-White, una marca de moda deportiva que seduce a la juventud y a la contracultura. En 2018, Louis Vuitton le confía sus colecciones para hombre. Abloh da un nuevo impulso a la casa de artículos de lujo, al tiempo que prosigue con sus proyectos musicales y artísticos.

A principios de la década de 1950, Azzedine Alaïa llega a París desde su Túnez natal y perfecciona su dominio de la confección trabajando para las mujeres más elegantes de la ciudad. Funda su marca en 1980 y la paciencia da sus frutos, pues para entonces Alaïa se ha convertido en un experto en el cuerpo femenino. Es capaz de realzarlo y metamorfosearlo con diseños esculturales que parecen una segunda piel. Su firma son los tejidos elásticos, las cremalleras desafiantes y los talles ceñidos. En la industria de la moda, Alaïa es un artesano, que prefiere lo perdurable a lo efímero.

Giorgio Armani comienza su carrera como escaparatista y, tras una etapa como estilista en Nino Cerruti en la década de 1960, funda su propia casa de moda en 1975. Su carrera internacional comienza cuando viste a Richard Gere para la película *American Gigolo* en 1980. Durante esa década, contribuye al *power dressing* aligerando los códigos de la masculinidad y ratificando los de la femineidad. Armani erige todo un imperio al multiplicar sus líneas y actividades, testimonio de una modernidad de espíritu que jamás ha traicionado la intemporalidad de su estilo.

Cristóbal Balenciaga, que aprende la costura de su madre, funda sus primeras tiendas en España antes de instalarse en París en 1937. Frente a la línea corola impuesta por Christian Dior, Balenciaga prefiere volúmenes asimétricos inspirados en el folclore español —al igual que su gusto por el negro— y en la historia de la moda del siglo XIX. Sus contornos deconstruidos, similares a esculturas, anticipan incluso las redondeces de la década de 1960. A pesar de su carácter innovador, Cristóbal Balenciaga prefiere retirarse en 1968. Se siente superado por un mundo obsesionado con el cambio.

PIERRE CARDIN
(1922-2020)

JEAN-CHARLES DE CASTELBAJAC
(1949)

HUSSEIN CHALAYAN
(1970)

GABRIELLE CHANEL
(1883-1971)

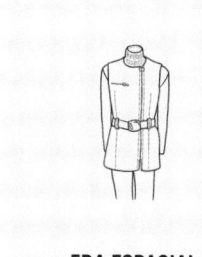

ERA ESPACIAL
PÁG. 266

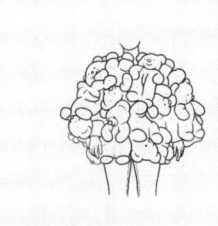

ABRIGO DE PELUCHE
PÁG. 226

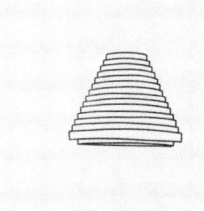

FALDA-MESA
PÁG. 227

TRAJE SASTRE
PÁG. 203

Tras afinar su técnica en las casas de Elsa Schiaparelli y Christian Dior, Pierre Cardin funda su propia *maison* en 1950. De forma precursora, junto a sus colecciones de alta costura, propone también una línea de *prêt-à-porter*, esta última al gusto de la era espacial. Le preocupan la innovación y la estética tanto como el éxito comercial: así, entra triunfalmente en el mercado asiático y multiplica la concesión de licencias. Este movimiento, aunque menoscaba la reputación de su marca, la propulsa a la primera fila de la industria internacional de la moda.

En 1968, Jean-Charles de Castelbajac crea su primera línea de prendas femeninas para la empresa de confección de su madre. Su marca, Ko & Co, juega a reinterpretar y recrear objetos e iconos, con un marcado gusto por el surrealismo y el dadaísmo. La estética lúdica y alegre de sus propuestas refuta la solemnidad de la moda. Castelbajac es un creador todoterreno, que recurre al humor y la poesía para introducir en sus creaciones el arte contemporáneo y la cultura popular, y celebrar así la permeabilidad de lo imaginario.

Tener que dejar su Chipre natal en la infancia tiene un gran impacto en Hussein Chalayan. En Londres, estudia en la escuela de arte Central Saint Martins y, en 1995, funda su propia marca. Chalayan es un intelectual del diseño, al que dota de una reflexión social y política. Sus impactantes desfiles son conceptuales, y sus creaciones, tecnológicas y experimentales, siempre sorprenden. Es un visionario multidisciplinar que se sirve del carácter teatral de la moda para despertar conciencias y narrar historias tan bellas como crueles.

La leyenda Chanel comienza en un orfanato. Gabrielle Chanel, Coco, abre una sombrerería en París en 1909 y una tienda de moda en Deauville en 1913. Sus conjuntos de punto de línea fluida contribuyen a crear una nueva moda. Reina en la década de 1920 con sus vestidos negros, que promueven una elegancia discreta. Al acabar la guerra, protagoniza un sonado regreso con su intemporal traje de *tweed*. Chanel es tanto una mujer como una marca histórica.

COPERNI
(1972 Y 1973)

ANDRÉ COURRÈGES
(1923-2016)

CHRISTIAN DIOR
(1905-1957)

DOLCE & GABBANA
(1958 Y 1962)

TEJIDO ANTIBACTERIANO
PÁG. 282

CAZADORA DE VINILO
PÁG. 267

TRAJE BAR
PÁG. 213

MODA ITALIANA
PÁG. 216

Sébastien Meyer y Arnaud Vaillant se conocen en la escuela de diseño Modart International. En 2013, lanzan su marca, Coperni, de estilo moderno y sobrio. Entre 2015 y 2019, hacen una pausa para incorporarse a Courrèges, a la que inyectan nueva vida combinando los archivos de la casa con propuestas innovadoras. Una vez retomada Coperni, se concentran en experimentar con formas y materiales que conjugan tecnología, artesanía, modestia y virtuosismo.

André Courrèges perfecciona su técnica de confección con Cristóbal Balenciaga, para el que trabaja durante diez años antes de fundar su *maison*, en 1961. Apasionado de la arquitectura, el suyo es un estilo moderno y gráfico, que emancipa y redefine la figura femenina. Courrèges protagoniza su propia utopía futurista y sacude el espíritu de su época; entre otras novedades, la moda le debe la popularidad de la minifalda. Aunque durante años quedó asociada a la imaginería de la década de 1960, la casa despierta en la de 2010 gracias a una juventud cada vez más atraída por el *vintage*.

Galerista antes que diseñador, Christian Dior se hace un nombre en el mundo del arte. En la década de 1930, vende sus figurines a las casas de moda y, durante la Segunda Guerra Mundial, trabaja como asistente del maestro Lucien Lelong. Dior funda su *maison* en 1946 con la ayuda del industrial Marcel Boussac. Su primer desfile causa un terremoto o, mejor dicho, un renacimiento. Christian Dior resucita la alta costura y recupera el gusto por la vestimenta suntuosa y la femineidad exacerbada. Poco importa la modernidad: Dior prefiere la ensoñación. Hasta su repentina muerte, el *couturier* dibuja la moda de su tiempo, imponiendo su estilo con líneas como Corolle, Muguet o Fuseau.

En 1982, Domenico Dolce y Stefano Gabbana fundan una consultoría de diseño. Tres años después, presentan su primera colección, ya bajo la marca Dolce & Gabbana. Las creaciones del dúo, de estilo nostálgico, evocan el sur de Italia y el cine de la década de 1960. Su popularidad crece en la de 1990, principalmente gracias al éxito de la línea D&G, más asequible. La estética sensual y glamurosa de la marca es la expresión de Italia y su iconografía.

TOM FORD
(1961)

MARIANO FORTUNY (1871-1949)
HENRIETTE NEGRIN (1877-1965)

DIANE VON FÜRSTENBERG
(1946)

JOHN GALLIANO
(1960)

PORNO CHIC
PÁG. 243

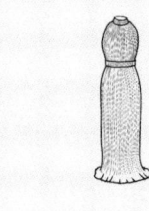

VESTIDO DELPHOS
PÁG. 228

VESTIDO CRUZADO
PÁG. 278

«CLOCHARDS»
PÁG. 206

En el año 1990, Tom Ford se incorpora a Gucci; cuatro años después, asume su dirección artística. Las primeras colecciones son un éxito: con la colaboración de Carine Roitfeld y del fotógrafo Mario Testino, redefine la identidad de la marca y populariza la estética porno chic. Las ventas se disparan y Gucci sale del estancamiento. En 2004, Ford deja la casa y, en 2006, crea la marca que lleva su nombre. El diseñador también explora la dirección cinematográfica; su debut, *A Single Man* (*Un hombre soltero*), es un éxito de crítica y público.

Mariano Fortuny, artista polifacético, con la colaboración de su mujer Henriette Negrin, funda una empresa textil en Venecia en 1899; allí crea nuevos tejidos y motivos. Inspirados por la Antigüedad clásica y por Oriente, se especializan en los terciopelos y los plisados, y estos últimos se convierten en su firma. Al mismo tiempo, contribuyen a una nueva moda femenina, que descarta corsés y volúmenes rígidos en favor de las líneas rectas y suaves. Fortuny y Negrin visten a mujeres de las artes y las vanguardias, a aquellas que se atreven a liberar el cuerpo y su sensualidad con velos y sedas.

Diane von Fürstenberg, joven madre recién divorciada, se lanza al mundo de la moda a principios de la década de 1970. En Nueva York, donde reside, populariza su legendario vestido cruzado, estandarte de una generación femenina moderna, activa y polivalente, tanto como la propia diseñadora: incondicional de las fiestas, mujer de mundo y musa de Andy Warhol, pero también empresaria que ha construido un imperio en unos pocos años. En 1997, tras una década de silencio artístico, relanza su marca (DVF) y su mítico vestido. Llega de nuevo el éxito y Diane von Fürstenberg se consolida como inspirador modelo de triunfo femenino.

Alumno de la escuela Central Saint Martins de Londres, John Galliano destaca ya con su desfile de fin de curso, en 1984. De inmediato, funda su marca y la alimenta con teatralidad, historicismo y sensualidad. En 1996, es nombrado director creativo de Dior. A pesar de las reticencias iniciales, crítica y público acaban rindiéndose a sus presentaciones espectaculares, sus impresionantes creaciones y su gusto por lo singular, que traen un soplo de aire fresco a la *maison*. En 2011, es despedido tras proferir insultos antisemitas. Tres años después, con discreción y la maestría de siempre, vuelve a la pasarela en la casa Martin Margiela.

VALENTINO GARAVANI
(1932)

JEAN-PAUL GAULTIER
(1952)

RUDI GERNREICH
(1922-1985)

ALIX GRÈS
(1903-1993)

ROJO VALENTINO
PÁG. 286

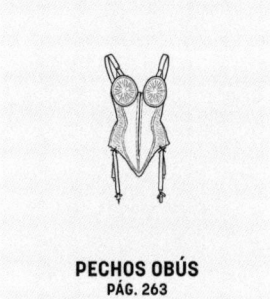

PECHOS OBÚS
PÁG. 263

MONOKINI
PÁG. 291

NEOCLASICISMO
PÁG. 218

Valentino Garavani aprende el oficio en París, en la Cámara Sindical y con Guy Laroche. **En 1959, regresa a Roma y funda su propia casa de modas.** Tras destacar con su colección de color blanco en 1968, durante la década siguiente conquista a las clientas más prestigiosas con su gusto sofisticado e intemporal. Como buen esteta, Valentino propone una moda en la que se respira el lujo, pero sin ostentaciones. Aunque se retira de su propia casa en 2008, su influencia sigue muy presente en la moda italiana.

Autodidacta y aprendiz en la casa Pierre Cardin (entre otras), Jean-Paul Gaultier presenta su primera colección en 1976, antes de establecerse **por su cuenta.** En la década siguiente, deconstruye los imperativos de género y estilo, con maridajes inspirados por sus orígenes modestos y un multiculturalismo esencialmente urbano. Gaultier, *enfant terrible* de la moda, logra, sin embargo, construir una marca de referencia, que sacude la alta costura y encandila al *prêt-à-porter*. Su diálogo con la cultura popular es constante, como demuestran los proyectos como diseñador de vestuario de cine y las colaboraciones musicales.

Tras abandonar su Austria natal huyendo de los nazis, Rudi Gernreich se instala en Los Ángeles en 1938. En 1942, se incorpora como bailarín a una compañía de danza moderna, al tiempo que se inicia en el diseño de moda. Ejerciendo como diseñador independiente, propone siluetas vanguardistas que rehabilitan el cuerpo y difuminan las fronteras del género. Sujetadores flexibles, monokinis y maillots de una pieza permiten, y también expresan, la libertad que tanto ama. En 1970, presenta una innovadora línea unisex, que aspira a abrir el debate sobre la moda y la sociedad.

En 1935, Germaine Krebs, a la que se conoce con el nombre de Alix, funda su *atelier*, Madame Grès. Enseguida destaca por sus prendas de punto de estilo neoclásico, intemporales y cuyos elegantes plisados realzan el cuerpo con ligereza y sensualidad. Escultora de formación, confecciona sus diseños directamente sobre el cuerpo de la modelo, creando así un estrecho vínculo entre carne y materia. Tan popular en la década de 1970 como lo era en 1930, en 1972 es elegida presidenta de la Cámara Sindical de la Alta Costura de París.

DEMNA GVASALIA
(1981)

ROY HALSTON
(1932-1990)

IRIS VAN HERPEN
(1984)

SIMON PORTE JACQUEMUS
(1990)

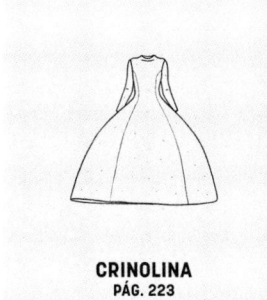

CRINOLINA
PÁG. 223

ESTILO DISCO
PÁG. 219

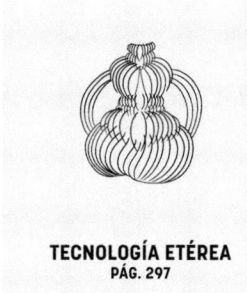

TECNOLOGÍA ETÉREA
PÁG. 297

SANTÓN
PÁG. 252

Demna Gvasalia, licenciado por la Real Academia de Bellas Artes de Amberes, se forma con grandes de la costura como Walter van Beirendonck y Martin Margiela. En 2014, junto con su hermano Guram, funda Vetements, que subvierte los códigos de la moda tradicional y rápidamente se convierte en marca de culto. En 2015, se incorpora a Balenciaga: su inconformismo se alia sorprendentemente bien con la sofisticación de la histórica *maison*. No en vano, con toda su originalidad, Demna Gvasalia conoce bien el lenguaje íntimo y colectivo de la moda.

En 1961, Roy Halston crea el sombrero utilizado por Jackie Kennedy en la investidura presidencial de su marido; ya es un sombrerero de renombre, pero es entonces cuando despega su carrera de diseñador. Con el cambio de década, lanza su *prêt-à-porter*, una línea de estética minimalista y sofisticada —a veces incluso masculina—, concebida para una clientela adinerada. También destacan sus creaciones para la noche: en la década de 1970, sus vestidos de estilo disco pueblan con naturalidad la atmósfera festiva e imprevisible de Nueva York. A lo largo de la década siguiente, el aura de la marca pierde brillo tras excederse en la concesión de licencias.

Iris van Herpen, que se forma con Alexander McQueen, se establece por su cuenta en 2007. Sus propuestas son reflexiones poéticas inspiradas por la danza y la arquitectura, que giran en torno a la tecnología y la experimentación, pero sobre todo a la materia y la manera en que esta cohabita con el cuerpo. Esta diseñadora prodigiosa amplía las fronteras de la creación y acerca la moda a un futuro que se intuye orgánico y escultural.

Este joven autodidacta de la Provenza francesa funda su marca en París cuando aún no ha cumplido veinte años. El estilo de Simon Porte Jacquemus destaca por su audacia y ligereza. Aunque presenta sus propuestas en el calendario oficial de París desde 2012, es en 2017 cuando su popularidad se dispara: el público queda atrapado por unas prendas que evocan el sur de Francia sin clichés ni esnobismos. Jacquemus construye esta cercanía también mediante las redes sociales y con operaciones comerciales innovadoras, que refutan los códigos del lujo en favor de una moda más accesible.

REI KAWAKUBO
(1942)

PATRICK KELLY
(1954-1990)

CALVIN KLEIN
(1942)

CHRISTIAN LACROIX
(1951)

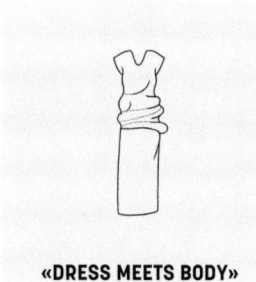

«DRESS MEETS BODY»
PÁG. 256

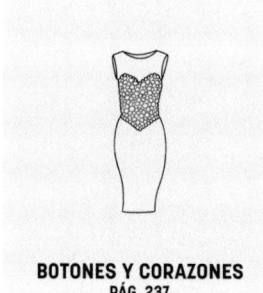

BOTONES Y CORAZONES
PÁG. 237

VESTIDO LENCERO
PÁG. 217

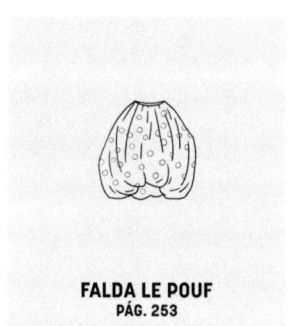

FALDA LE POUF
PÁG. 253

Rei Kawakubo, que entra en la moda como diseñadora autodidacta, funda Comme des Garçons en Tokio en 1969. En 1980, presenta su primera colección parisina y las críticas son feroces: su estilo deconstruido, que redefine las normas de lo bello y de la moda, tropieza con el gusto occidental. A pesar de todo, el nuevo vocabulario de la diseñadora japonesa convence a quienes rechazan las convenciones. Rei Kawakubo juega con las formas del cuerpo, la abstracción y la artesanía textil. Es una visionaria de la moda contemporánea.

A finales de la década de 1970, Patrick Kelly se instala en Nueva York, donde presenta sus primeros diseños. Después de trasladarse a París, funda su propia marca en 1985 y el éxito es inmediato. Sus creaciones, de una alegría exuberante, nacen de la reflexión sobre el racismo y la herencia afroamericana. En 1988, Kelly entra en la Cámara Sindical del Prêt-à-porter de París, pero su carrera termina abruptamente dos años después, cuando fallece por causas relacionadas con el VIH.

En 1968, Calvin Klein funda la marca que lleva su nombre; en aquella época solo diseña abrigos. Tras ampliar sus líneas con moda deportiva, salta a la primera fila en 1979 utilizando como trampolín un icono del estilo americano: el pantalón vaquero. Al mismo tiempo, alumbra una nueva identidad comercial a golpe de publicidad provocadora y colecciones de ropa interior. También construye una estética que honra al minimalismo inherente a la moda de su país. Con sus exitosos perfumes y los ídolos juveniles de sus campañas, Calvin Klein es la encarnación de la década de 1990.

Aunque su sueño es ser conservador en un museo, Christian Lacroix acaba inclinándose por la moda y entra en la *maison* de Jean Patou. En 1987, funda su propia casa. Pero su afecto por la historia del arte no solo no desaparece, sino que marca sus colecciones, cuyas figuras a menudo parecen salidas de una pintura. A veces se permite guiños más específicos, con piezas de las que el pasado no renegaría. La obra de Lacroix, que también se nutre de sus orígenes arlesianos y provenzales, rinde homenaje a sus pasiones personales.

KARL LAGERFELD
(1933-2019)

JEANNE LANVIN
(1867-1946)

GUY LAROCHE
(1921-1989)

CHRISTIAN LOUBOUTIN
(1964)

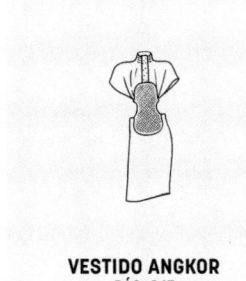

VESTIDO ANGKOR
PÁG. 247

TÚNICA DE ESTILO
PÁG. 287

CLAIR DE FESSES
PÁG. 274

ZAPATO PIGALLE
PÁG. 209

La carrera de Karl Lagerfeld es prolífica. Comienza trabajando como asistente en las casas de Pierre Balmain y Jean Patou; en 1960, se reinventa como diseñador independiente, al tiempo que asume las direcciones artísticas de Chloé (de 1964 a 1983) y de Fendi (a partir de 1965). Su llegada a Chanel en 1983 impulsa su renombre: logra despertar a la dormida *maison* con la reinterpretación de sus piezas históricas, con una estética a la vez pop, lujosa, erudita e impertinente. En 1984, lanza su propia marca e inicia una carrera como fotógrafo. Lagerfeld, en constante mutación, entra en la posteridad como un hombre del Renacimiento.

Jeanne Lanvin se distingue por su talento polifacético. En sus comienzos como sombrerera a principios del siglo XX, se hace famosa con sus creaciones para mujeres y niños; este vínculo madre-hijo es su sello publicitario, e incluso se refleja en su logotipo. En 1926, Lanvin es la primera mujer que presenta colecciones para hombre, al tiempo que prueba suerte con el interiorismo y la cosmética. Inspirada por las bellas artes y por el movimiento *art déco*, concibe siluetas sobrias y modernas, que adorna con refinados bordados y un agudo sentido del color.

Guy Laroche funda su *maison* en 1957. Es un maestro de los códigos de la costura, que sabe crear comodidad para la mujer con prendas sobrias e innovadoras. Su estilo se caracteriza por los colores acidulados y por una sensualidad juguetona, la cual se manifiesta en escotes vertiginosos —que alcanzan su paroxismo con el famoso vestido sin espalda de la actriz Mireille Darc en 1972—. Laroche, diseñador ambicioso, amplía sus actividades en la década de 1970 y convierte su marca en una compañía industrial influyente.

A principios de la década de 1980, Christian Louboutin trabaja como aprendiz con el zapatero Charles Jourdan. Aquella experiencia le permite establecerse por su cuenta y vender a otros sus creaciones. En 1991 funda su propia marca, con la que llama inmediatamente la atención de la prensa especializada y de la alta sociedad. A medida que gana renombre y sus zapatos figuran en los desfiles de los mejores diseñadores, crece una clientela internacional atraída por las suelas rojas. Louboutin navega entre lo burlesco y lo fetichista, entre el arte conceptual y la fantasía traviesa, con un estilo que somete a constante renovación.

MARTIN MARGIELA
(1957)

ALEXANDER MCQUEEN
(1969-2010)

ISSEY MIYAKE
(1938- 2022)

THIERRY MUGLER
(1948-2022)

CHAQUETA STOCKMAN
PÁG. 257

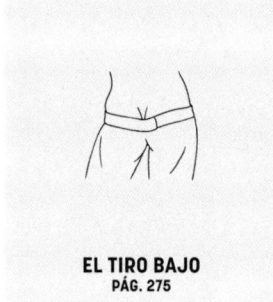

EL TIRO BAJO
PÁG. 275

CORPIÑO
PÁG. 262

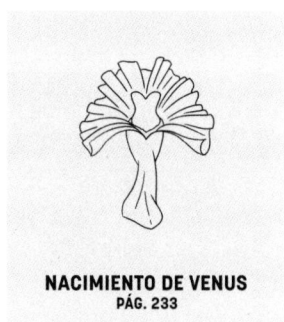

NACIMIENTO DE VENUS
PÁG. 233

Licenciado en la prestigiosa Real Academia de Bellas Artes de Amberes, Martin Margiela trabaja como asistente de Jean-Paul Gaultier hasta 1988, año en el que funda su propia casa. Es un diseñador atípico, alérgico a entrevistas y fotografías, que cree en un anonimato al servicio del trabajo colectivo y de la moda. Esta originalidad se refleja en sus desfiles, semejantes a espectáculos artísticos, así como en sus creaciones, en las que conjuga artesanía, costura y segunda mano. Entre 1997 y 2003, Margiela ocupa la dirección artística de Hermès, donde logra conciliar el lujo con el anticonformismo.

Tras revelar su talento en su colección de fin de curso en el Central Saint Martins de Londres, Alexander McQueen continúa su formación con varios sastres de la capital británica, antes de fundar su marca en 1992. Es un creador torturado y comprometido, y sus colecciones giran en torno a cuestiones perturbadoras: la violencia, la muerte, la salud mental, la sexualidad, la identidad... Sus desfiles son espectaculares, provocadores e incómodos; sus propuestas, inéditas en la moda, oscilan entre el historicismo, la proeza artesana y la sensación orgánica. Abatido por la muerte de seres queridos y por la depresión, McQueen se suicida en 2010.

Issey Miyake, estudiante de arte fascinado por el universo textil, organiza su primer desfile japonés en 1963 y lo titula «Poema de tela y piedra». Poco después se instala en París y allí trabaja para Givenchy y Guy Laroche, tras lo que regresa a Tokio para fundar su propio estudio. En 1971 presenta su primera colección en Nueva York y, a partir de 1973, es invitado a desfilar en París. Las poéticas creaciones de Miyake beben tanto del Lejano Oriente como de Occidente. Por encima de todo, destacan sus investigaciones sobre el tejido, gracias a las cuales reinventa formas y materiales que concilian la tecnología con la artesanía.

Bailarín clásico de formación, así como interiorista, Thierry Mugler comienza su andadura como diseñador independiente vendiendo sus creaciones a las principales casas de *prêt-à-porter*. En 1973, funda su propia marca y nada contra la corriente *hippie* con propuestas glamurosas que exaltan la feminidad. En la década de 1980, influido por el pop y la cultura, sus colecciones se hacen más teatrales y esculpen o incluso remodelan el cuerpo de la mujer.

RICK OWENS
(1962)

MIUCCIA PRADA
(1949)

EMILIO PUCCI
(1914-1992)

PACO RABANNE
(1934-2023)

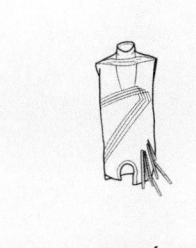

SEXO IMPÚDICO
PÁG. 296

ATHLEISURE
PÁG. 208

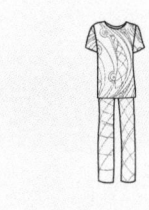

PSICODELIA
PÁG. 199

VESTIDO METÁLICO
PÁG. 270

Rick Owens abre su primera tienda en Los Ángeles en 1994. En 2003 se traslada a París y allí, con su compañera Michèle Lamy, concibe una moda que sigue los códigos de la deconstrucción, con asimetrías, ensalzamiento del error y colores oscuros. Gótico, punk, antimoda...: son muchos los calificativos con los que se intenta describir a Owens, cuyas propuestas evolucionan con los años, desde el minimalismo y la moda deportiva hasta el futurismo y la teatralidad, sin dejar nunca de interrogar al mundo y a la sociedad.

Hacia 1975, Miuccia Prada se incorpora, como responsable de complementos, a la empresa de marroquinería fundada por su abuelo en 1913. En 1988, firma su primera colección de *prêt-à-porter* y, en la década de 1990, se suma a la corriente minimalista. Funda Miu Miu, la hermana rebelde de Prada, en 1993. Su estilo femenino, descarado y artístico, se nutre principalmente de referencias de las décadas de 1940 y 1960. Apasionada del arte contemporáneo, la diseñadora, junto con su marido, crea la Fundación Prada en 1995.

El esquí abre las puertas de la moda a Emilio Pucci, gran deportista. En 1949, abre en Capri su primera *boutique*, donde la *jet-set* internacional encuentra el guardarropa perfecto para las soleadas vacaciones: ligero pero elegante. En la década de 1950, apuesta por los motivos coloridos y psicodélicos y concibe un estilo *hippie* elegante que le permite gozar de gran popularidad hasta el siguiente decenio. Emilio Pucci crea una identidad lúdica muy reconocible y a la vez intemporal.

La trayectoria de Paco Rabanne en la moda comienza en 1965, con su colección «Doce vestidos imposibles de llevar fabricados con materiales contemporáneos». Es el manifiesto de un diseñador (y antiguo estudiante de Arquitectura) que aplica a las prendas de vestir las técnicas de la joyería y la metalurgia. Los metales remachados, soldados, ensamblados y labrados, junto con los cueros perforados, crean siluetas futuristas que rebaten el gesto ancestral del corte y confección. Rabanne contribuye así a redefinir la moda y su lenguaje.

OLIVIER ROUSTEING
(1985)

SONIA RYKIEL
(1930-2016)

YVES SAINT LAURENT
(1936-2008)

ELSA SCHIAPARELLI
(1890-1973)

BROCADO ROCKERO
PÁG. 246

RAYAS
PÁG. 260

VESTIDO MONDRIAN
PÁG. 271

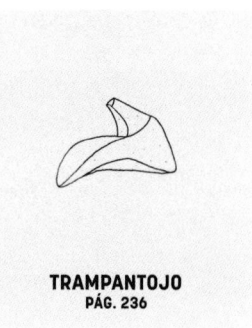

TRAMPANTOJO
PÁG. 236

Después de trabajar para la casa italiana Roberto Cavalli, Olivier Rousteing se incorpora a Balmain en 2009 y, dos años después, es nombrado director artístico de la *maison*. Con su mezcla de moda deportiva, glamur y referencias pop, el joven diseñador sacude las convenciones del lujo y se apropia de los códigos del *star system* y de las redes sociales. De esta manera, alcanza renombre internacional, mientras se codea con las celebridades más influyentes, como Beyoncé, Kim Kardashian o Jennifer López. Rousteing conoce el poder de la imagen y de los famosos, y no le avergüenza utilizarlo.

A principios de la década de 1950, Sonia Rykiel diseña su primera prenda estando embarazada: es un suéter similar al que visten los hombres, pero más ceñido, como si fuera demasiado pequeño. Este «jersey de niño pobre» tiene éxito y lanza la carrera de la diseñadora. Veinte años más tarde, concibe un vestuario femenino lúdico y sensual, que responde a las necesidades de una mujer cada vez más activa. Durante toda su carrera, Rykiel juega con los diferentes rostros de la femineidad, explorándola tanto en su dimensión intelectual como en la erótica.

Cuando Christian Dior fallece repentinamente en 1957, su asistente toma las riendas: se trata de Yves Saint Laurent, un tímido joven que enseguida se hace un nombre al frente de la *maison*. En 1962, con su socio y pareja, Pierre Bergé, funda su propia casa, desde la que habla a la mujer emancipada: le propone esmóquines, saharianas y vestidos con estampados geométricos. Como el gran coleccionista que es, a menudo utiliza motivos artísticos y se inspira en las culturas del mundo para diseñar creaciones a veces insolentes, con frecuencia deslumbrantes. Saint Laurent viaja por todas las décadas atento al susurro de las mujeres.

La aristócrata italiana Elsa Schiaparelli llega a la moda en 1927 casi por casualidad. Sus primeras creaciones son jerséis con motivos en trampantojo, que seducen a las redactoras del *Vogue* estadounidense. Con su carrera ya lanzada, se establece en la plaza Vendôme de París, donde se convierte en una de las diseñadoras más solicitadas de la década de 1930. Su señal distintiva son las colaboraciones artísticas y las influencias surrealistas, de las que nacen unas sorprendentes creaciones, traviesas pero que no abandonan los parámetros de la alta costura. Elsa Schiaparelli, diseñadora vanguardista e influyente, cierra su casa en 1954.

JEREMY SCOTT
(1975)

MARINE SERRE
(1991)

HEDI SLIMANE
(1968)

PAUL SMITH
(1946)

CULTURA POP
PÁG. 207

ESTAMPADO DE LUNAS
PÁG. 195

CORTE CEÑIDO
PÁG. 242

CAMISA DE FLORES
PÁG. 194

Jeremy Scott, que huye de su Misuri natal en cuanto puede, consigue lanzar su propia marca en 1997 en París, a pesar de estar sin blanca: sus creaciones reutilizan trapos viejos, restos de tejido y bolsas de basura. Tras llamar la atención de la tienda Colette, que empieza a vender estos diseños, el trabajo de Scott se populariza. En 2013, es nombrado director artístico de Moschino: la combinación entre el universo exuberante de la marca italiana y este creador imprevisible es todo un éxito. Scott no solo diseña bajo la influencia de la cultura pop, sino que se funde con ella colaborando con sus estrellas más destacadas.

Tras su período de formación con diseñadores como Martin Margiela o Alexander McQueen, Marine Serre se alza en 2017 con el Premio LVMH para jóvenes talentos. De inmediato, desarrolla su propia marca, encarnada en un motivo de media luna, que se convierte rápidamente en el emblema de los adeptos a la diseñadora. Fiel a sus principios de sostenibilidad medioambiental, Serre prioriza el *upcycling* y diseña colecciones limitadas, que demuestran que se puede triunfar en la moda aun zarandeando sus códigos.

En 1996, Hedi Slimane asume la dirección artística de las colecciones para hombre de Yves Saint Laurent. El mundo descubre entonces su gusto por las formas ajustadas y la virilidad andrógina. En 2000, debuta en Dior Homme y es allí donde su figura arquetípica adquiere una nueva dimensión y se hace tan popular que la casa experimenta un crecimiento comercial excepcional. El estilo Slimane se impone, mientras que el diseñador se prodiga fotografiando a músicos de rock. En 2012, regresa a Saint Laurent para encargarse de las colecciones para mujer; en 2018, se marcha a Celine.

Paul Smith es un autodidacta que descubre la moda en el taller de confección donde trabaja de adolescente. En 1970 abre su primera tienda: es un antro minúsculo, en el que vende tanto sus propias creaciones como prendas de otras marcas. Gana renombre rápidamente con un estilo que reivindica y subraya la influencia inglesa, y que es deudor tanto de la cultura pop como de sus recuerdos de infancia. En 1993, lanza su línea para mujer, un paso más en el desarrollo de una casa que no es solo una marca de moda, sino un estado del espíritu.

KENZO TAKADA
(1939-2020)

GIANNI VERSACE
(1946-1997)

VIKTOR & ROLF
(1969)

VIVIENNE WESTWOOD
(1941-2022)

MODA ALEGRE
PÁG. 238

HOMBRE BARROCO
PÁG. 198

VESTIDO-MEME
PÁG. 229

ZAPATO GHILLIE
PÁG. 295

Con diecinueve años, Kenzo Takada es el primer estudiante masculino en entrar en la escuela de moda Bunka, en Tokio. En 1965 se traslada a París, donde vive de vender sus diseños, hasta que en 1970 abre su primera *boutique*, Jungle Jap. El creador japonés llama la atención de la prensa, que aprecia su multiculturalismo, la alegría de un estilo que conecta Oriente con Occidente y el enfoque lúdico e informal de sus desfiles. Kenzo Takada desarrolla todas las líneas de su marca antes de venderla a LVMH en 1993. Pierde entonces el derecho a utilizar su nombre propio, Kenzo, pero no su nombre completo.

Aprendiz precoz de su madre, que es costurera, Gianni Versace se forma en París, y tras algunos trabajos como diseñador, funda la casa que lleva su nombre en Milán en 1978. Sus propuestas evocan su amor por las artes, en especial por el barroco italiano, y celebran la opulencia y la sensualidad tanto de la mujer como del hombre. Versace, apasionado del teatro, prepara desfiles que son espectáculos, siempre extravagantes y a veces provocadores. Rodeado de las principales *top models*, entra en la década de 1990 imponiendo sus aires de decadencia barroca al minimalismo imperante. Es asesinado frente a su casa de Miami en 1997, en la plenitud de su gloria.

Viktor Horsting y Rolf Snoeren se conocen en 1989 cuando estudian en la Academia de Arte y Diseño de Arnhem, en los Países Bajos. En 1998, presentan su primera colección de alta costura en París, una serie de piezas híbridas a medio camino entre el arte conceptual y la moda. Tanto es así que sus colecciones, más que acabar en las tiendas, son adquiridas por los museos. Viktor & Rolf ofrece líneas comerciales, pero su corazón sigue siendo la creatividad experimental, que se muestra en desfiles espectaculares similares a instalaciones artísticas.

En 1971, Vivienne Westwood y su compañero Malcolm McLaren abren en Londres una tienda de ropa, Let It Rock. Más adelante, McLaren se convierte en el mánager de la banda punk Sex Pistols, mientras Westwood se lanza a crear una moda que concentra los códigos provocadores de ese movimiento contracultural. En 1981, el dúo sale de la marginalidad y presenta su primera colección oficial. Desde ese momento, Westwood es imprescindible en los desfiles londinenses. Sus propuestas, que distorsionan la historia, las artes, la cultura y las tradiciones británicas, son un puntapié a los convencionalismos y un altavoz de su compromiso político y social.

MARCAS Y CREADORES
ÍNDICE

PRENDAS Y ACCESORIOS
ABECEDARIO

CRÉDITOS FOTOGRÁFICOS

© GettyImages:
ABC Photo archives: 133, 141
AfrikImages Agency: 314
Alain Dejean: 211, 268
Alex Dellow: 346
Anwar Hussein: 47
Archive photo: 137
Barbara Alper: 124
Bettmann: 179, 322
Bob Thomas: 176
Catwalking: 214
Columbia TriStar: 186
Daniel Simon: 234
David Montgomery: 169
Dirck Halstead: 220
Edward Berthelot: 197
Erica Echenberg: 318
Ernst Haas: 200
Estrop: 224
Fairchild: 170, 231, 308
Foc Kan: 324
FPG: 26
Gareth Cattermole-MTV: 111
Gene Lester: 53
Genevieve Naylor: 163
Gutchie Kojima-Shinko Music: 338
H. Armstrong Roberts-ClassicStock: 95
Harry Langdon: 154
Historical picture archive: 51
Howard Sochurek: 250
Image press: 254
IWM: 129
Jack Manning: 340
Jack Robinson: 182
Jean-Louis Atlan: 44
Jean-Louis Urli: 69
John Downing: 344
John Kobal Fondation: 139
John Metson Scott: 293
Kammerman / Gamma-Rapho: 215
Kirn Vintage Stock: 320
Larry Ellis: 159
Lee Lockwood: 119
Lynn Goldsmith: 131
Manchester Daily Express: 19
Mandadori portfolio: 146
Masha Raymers: 336
Matthew Sperzel: 330
Michael Ochs Archives: 12, 144, 172, 306, 310
Mirrorpix: 100, 241, 304, 316, 332

New York Daily Archive: 326
Paramount Pictures: 48
Patrick Mc Mullan: 312
Penske Media: 255, 289
Peter Turnley: 116
Photo File: 88
Popperfoto: 82
Reporters Associés: 269
Ron Gallela: 38
Rose Hartman: 259
Santi Visalli: 277
Science & Society Picture Library: 36
Slim Aarons: 75
Stephane Cardinale - Corbis: 184
Sunset Boulevard: 73, 160
Sydney O'Meara: 201
Ullstein Bild: 334, 342
Victor Boyko: 230
Victor Virgile: 223, 225
Virginia Turbett: 328
Weegee (Arthur Fellig)-International Center of Photography: 66
WWD: 22, 34, 204, 229, 240, 244, 276

© Gamma Rapho:
Anthea Simms-Camerapress: 273
API: 10
Giancarlo Botti: 64, 120
Graham Wiltshire-Camerapress: 20
Jean-Philippe Charbonnier: 81
Keystone France: 24
Lebon: 171
Victor Virgile: 205, 296, 297, 298

© [2023] Museum Associates / LACMA. Con licencia de Dist. RMN-Grand Palais / image LACMA: 218
© & Daughter: 156
© Alamy: 245 (dpa picture alliance archive), 251 (Pictorial Press), 80 (United Archives GmbH), 136 (Granger-Historical Pictures archive)
© Alpha Industrie: 60, 122
© Artcurial: 206
© Balibaris: 71
© Batsheva: 79

© Birdman (Alejandro González Iñárritu), 2014: 103
© Birkenstock: 50
© Bougainvillea London: 78
© Bridgeman Images: 127, 153, 210
© Brioni: 155
© Bruce Weber: 104
© Burberry: 173
© Calvin Klein: 217
© Charles Michalet: 92
© Archivos Chloé: 24
© Colección particular: 77, 84, 115, 123, 158, 199, 219, 238, 239, 243, 252, 253, 256, 257, 261, 266, 270, 275, 294
© Coperni: 282
© Courrèges: 267
© Cristóbal Balenciaga Museoa: 222
© Diane Von Fürstenberg: 278
© Dolce & Gabbana: 216
© Drake's: 42
© Emil Larsson: 263
© Eve Arnold / Magnum Photos: 63
© Evening standard archives: 56
© Frida Kahlo / Nickolas Muray Photo Archives: 181
© G.H. Bass: 174
© Giorgio Armani: 290
© Hermès: 249
© Hiro, 1967 / cortesía del Victoria and Albert Museum, Londres: 221
© Hugh Holland: 90
© Indigo Union: 86
© Jil Sander: 166
© La Botte Gardiane: 43
© Le Grand Blond avec une chaussure noire (Yves Robert, 1972): 274
© Library of Congress: 41
© Life Photo Collection: 68
© Louboutin: 209
© Louis Vuitton: 279, 285
© Maas Museum: 150, 198, 228, 242
© Marine Serre: 195
© Max Mara: 152
© Mirto: 118
© Mudam: 227
© Musée départemental Albert Kahn: 32, 148
© Musée du quai Branly – Jacques Chirac, Dist.

RMN-Grand Palais / Claude Germain: 180
© Museo del Traje, Madrid: 213
© National Archives at College Park / coloreado de Sebastien de Oliveira: 102
© National Gallery of Victoria, Melbourne: 262
© Neighborhood: 65
© Next: 135
© Norman Parkinson: 112
© Paris Match / Walter Carone: 106
© Paris Musées, Palais Galliera, Dist. RMN-Grand Palais / image ville de Paris: 70, 233
© Paul Smith: 194
© Peter Knapp: 265
© Peter Lindbergh (cortesía de Peter Lindbergh Foundation, Paris): 264
© Prada: 208
© Roger-Viollet: 109 (Georges Kelaïditès), 87 (Jack Nisberg), 151 (Janine Niepce), 258 (Jean-Régis Roustan), 288 (Laure Albin Guillot), 292 (TopFoto), 235 (Ullstein Bild)
© Ron Dorff: 105
© Row Mango: 59
© Sotheby's: 283
© Stephen Shore: 189
© Ted Baker: 188
© Kyoto Costume Institute: 291
© The Metropolitan Museum of Art, Dist. RMNGrand Palais / image of the MMA: 226, 287, 207, 232, 236, 237, 246, 271
© Tom Ford: 67
© Tricot: 23
© Umrao Singh Sher-Gil: 161
© Unsplash: 31 (Romeo-a), 21 (Unseen Histories / Library of Congress)
© Valentino: 286
© Vivienne Westwood: 178, 295
© Vogue: 284

Se han realizado todos los esfuerzos posibles para obtener los derechos de reproducción de las fotografías incluidas en este libro. En caso de verse afectados derechos de terceros, por favor, contacten con Éditions du Chêne.

HAYLEY EDWARDS-DUJARDIN

Hayley Edwards-Dujardin, licenciada por la École du Louvre y el London College of Fashion, es historiadora del arte y de la moda, así como profesora de Historia y Sociología de la moda, ámbito en el que aborda en particular las relaciones entre la cultura visual y la teoría de la moda. Sus publicaciones e investigaciones abordan cuestiones como los vínculos entre arte y moda, la historia de las artes, la fotografía, el cuerpo y la identidad, la moda contemporánea y la descentralización de la teoría de la moda. Es autora de varias obras sobre arte.

AGRADECIMIENTOS DE LA AUTORA

Quiero dar las gracias a mis seres queridos por todo el apoyo y entusiasmo que han demostrado durante los largos meses de investigación y redacción que dieron forma a este libro y, en particular, a quienes no deben dudar de la influencia que han tenido en mi trabajo: mi familia, mis amigos, mis estudiantes, las personas desconocidas que encontré en la calle... ¡Gracias por alentar constantemente mi curiosidad!

También quiero expresar mi agradecimiento más profundo a todas las personas que han colaborado en la producción de esta obra: obviamente, a mis editores, Emmanuel Le Vallois y Hélène Sevin, que me han acompañado con un ímpetu y una motivación inquebrantables; a Sabine Houplain, por su mirada sagaz; al Bureau Berger, que se ha encargado de la dirección artística; a Timothy Durand y The Shelf Studio, por sus ilustraciones; a Arpiné Movsisyan, junto con Ambrine Haddadi y Joséphat Mboma, por el estilismo fotográfico, y a Violaine Carrère, por las fotografías de bodegón que se incluyen en el libro.

También doy las gracias a las marcas que han confiado en nuestro proyecto.

Mi agradecimiento final es para todas las personas que han hecho y hacen la moda: las que crean el sueño, la polémica, lo cotidiano, lo político. La moda nunca dejará de fascinarme y nunca dejaré de investigarla.

BLUME

Título original *Indémodables*

Dirección editorial Emmanuel Le Vallois
Edición Hélène Sevin, Lucas Lescure
Dirección de arte Sabine Houplain
Creación gráfica Bureau Berger, NWB Studio,
Nathalie Kapagiannidi, Noémie Deslot, Sophie Della Corte
Ilustración Timothy Durand, The Shelf Studio (páginas 305 a 347)
Fotografía Violaine Carrère (páginas 13, 14, 15, 16, 18, 27, 28, 29, 30, 33,
35, 37, 40, 45, 46, 49, 52, 54, 55, 58, 61, 62, 72, 74, 76, 83, 85, 89, 94, 96,
98, 99, 101, 108, 110, 113, 114, 121, 126, 128, 130, 132, 134, 138, 147, 162, 164,
165, 168, 177, 185, 202, 203, 212, 248, 260)
Estilismo Arpiné Movsisyan, Ambrine Haddadi,
Joséphat Mboma
Preimpresión Reproscan
Traducción Cecilia Furió Villaseca
Revisión de la edición en lengua española
Estel Vilaseca Álvarez
Responsable del Área de Moda, LCI Barcelona
Coordinación de la edición en lengua española
Cristina Rodríguez Fischer

Primera edición en lengua española 2024

© 2024 Naturart, S.A. Editado por BLUME
Carrer de les Alberes, 52, 2.o, Vallvidrera
08017 Barcelona
Tel. 93 205 40 00 e-mail: info@blume.net
© 2023 Éditions du Chêne, Hachette Livre, Vanves (Francia)

I.S.B.N.: 978-84-10048-63-0
Depósito legal: B. 9095-2024
Impreso en China

WWW.BLUME.NET